U0824777

编委会名单（按姓氏笔画排序）：

毋雅蓉　许加彪　苏子庚　李　杰　杨忠宁

吴子珺　何　江　邹智飞　张　凯　张国伟

张洪涛　郑臣喜　胡　兵　郭小良　曹　丹

融媒体系列教材

融媒体实务

王宏　主编

中国传媒大学出版社
·北京·

序言　融媒体发展趋势

很高兴得知阳光学院王宏副教授主编的《融媒体实务》即将出版。王宏副教授在媒体领域潜心耕耘几十年,既有宝贵的实践体会,又有丰富的教学经验,相信本书能不负众望,成为现阶段我国媒体融合发展方面的一本很好的教材。目前全国近两千个县市区都在开展“县级融媒体中心”的建设,这是一场极具中国特色的媒体革命,也是一场互联网时代的革命,它将对社会、人们的生活和工作都产生较大的影响,需要大量的人力和物力的投入。无论是省级融媒体平台还是县级融媒体平台的建设,其核心之一都是大数据的采集和应用。大数据的三大特点:数据量持续激增、数据类型不断丰富和数据流转速率需要大幅提升,也是融媒体平台的主要特征。我们生活在一个信息时代,每天产生的海量信息堆积在人们面前。融媒体平台要很好地采集、处理、存储这些海量信息,并提炼出有价值的信息为人们服务。

近年来,人工智能技术取得了革命性的突破,“智能+”时代已经到来,智能+融媒体已开始得到高度重视。智能融媒体建立在融媒体大数据基础之上,采取新一代人工智能技术手段,具有诸如智能新闻写作、智能编剧、智能分镜头脚本、语音识别、人脸识别、图文内容智能审核、视频内容智能审核、视频智能编辑成片等功能,能进一步实现融媒体平台的信息智能化、服务个性化。

毫无疑问,我们已经迎来了一个以媒体融合发展为特征的全媒体时代。伴随人工智能和高速移动通信(如5G)、高清高速显示(如4K、8K、VR)等技术的快速发展,可以预见,一个新的智能融媒体时代即将到来。

融媒体技术作为未来媒体的基础有着重要的现实意义和长远的发展前景。衷心希望《融媒体实务》一书能为我国融媒体中心建设和融媒体人才培养任务作出显著而务实的重要贡献！

曹立宏

（人工智能研究专家，中国传媒大学脑科学与智能媒体研究院院长，博士生导师、教授）

2019 年 10 月 12 日

前　言

在互联网时代,物联网和新媒体成为时代主力军,“融媒体”理念的提出、形成、应用、发展进入了一个新的时期,冲击着广播、电视、报纸、电影、路牌等传统媒体。随着互联网、移动客户端等数字技术日趋成熟,新媒体和传统媒体在市场中激烈竞争,刀光剑影、难分伯仲。以新媒体发展为前提,以互联网创新技术为手段,传统媒体与新媒体的优势互补,使得两者的优势发挥得淋漓尽致,一同为时代高歌,为人民服务。“融媒体”也不再是一个理念或者一个独立的媒体。2019 年 1 月 15 日《县级融媒体中心建设规范》《县级融媒体中心省级技术平台规范要求》由中共中央宣传部和国家广播电视总局联合发布,成为融媒体建设国家标准(GY/T),推动了全国县级融媒体中心建设启动。从此“融媒体”有了一个完整的定义:融媒体即融合媒体,指广播、电视、报刊等与基于互联网的新兴媒体有效结合,借助多样化的传播渠道和形式,将新闻资讯等广泛传播给受众,实现资源通融、内容兼融、宣传互融的新型媒体。“融媒体”概念的提出,加快了全国县级融媒体中心建设,促进了媒介融合向纵深发展,为建设资源集约、结构合理、差异发展、协同高效的融媒体传播体系指明了方向。从国家级媒体、省级媒体延伸到基层县级媒体,融媒体建设呈现出战略升级、全面深化的态势。

互联网时代的主要特征就是“互联网+”,即融合。融合技术的应用推动互联网时代飞速发展,大数据技术成为融媒体平台的关键技术。融媒体平台的大数据中心通过云端计算,为融媒体平台智能化提供了坚实基础,也为智能融媒体概念的形成和发展提供了理论依据和强有力的技术支撑。智能融媒体将改变人们的生活,为社会发展注入新的活力。如今我国大力发展融媒体,使其理论研究和技术应用走在世界前沿。融媒体的理论研究和技术应用也将随着“一带一路”建设被推广到沿线国家和地区,为其社会经济发展提供有力支持。

目前我国融媒体平台建设主要采取以政府为先导、传统媒体为主体的建设思路,以县级为单位建设融媒体中心平台,融合传统媒体和新媒体以及多种形式的媒体,在有关部门的支持下,把党务、政务纳入其中,开展综合服务。融媒体平台具有信息量大且传递速度快、管理合理、播出发布融合化等特点,其中直播回传、资源共享、大数据采集、资源汇聚等功能为广大用户提供了有价值的信息和创作源泉。县级融媒体平台的技术核心是平台创新,通过将平台上的岗位进行权限划分,沿用传统媒体的管理机制,使审批流程和播出流程统一到一个平台上。平台创新技术在于生产工具应用,利用平台上的资源进行在线编辑、在线审核传输,提高了效率。记者利用“北斗定位”系统进行定位,成为融媒体平台的一大亮点,它有助于实现区域内各部门之间的统一指挥、合理调配、通联协作。省级技术平台提供技术支持,为县级融媒体平台提供云计算服务,同时开展网络直播、舆情分析、生产统计、收视率调查、接收群众爆料等业务。省级技术平台代表有关部门指导县级融媒体平台的策划、选题、监管、安全防范等工作。

本书以阳光学院融媒体实验室和阳光融媒软件为基础,内容由融媒体平台实际操作过程总结而成。该实验室是以县级融媒体平台建设为蓝本建立起来的,应用软件是以媒介融合理论为基础、以《县级融媒体中心建设规范》等为标准开发出来的,并在多个融媒体平台上得到应用,取得了较好的效果,也为我们积累了经验。我们在实验应用过程中发现了不少问题,比如指挥大屏的内容应由哪些模块组成、电视现场直播是否能为县级电视台提供播出讯道、记者即时定位能否为政务服务平台提供通联协作等。在这里特别感谢北京中广上洋科技股份有限公司的大力支持,为我们解决技术难题,提供理论依据上的支援,尤其是在软件开发应用上给予我们新启发。例如,融媒体平台广告播出技术能否为物联网提供服务等,在试行“元洪在线”过程中,融媒体广告播出技术得到了验证,不仅可行且取得了较好的经济效益。目前融媒体技术还不成熟,许多问题还有待于研究和解决。

我们在高校融媒体教学实践和县级融媒体应用探索中,研究总结出"传媒为基础,融合为方向"的指导思想,即融媒体新思维。这不仅为融媒体平台建设提供了方向,也为融媒体平台高素质应用型人才培养提出了教育方针。虽说目前还无法向社会输送融媒体人才,但是在不远的将来会有更多的融媒体高素质应用型人才走向社会。

《融媒体实务》以《县级融媒体中心建设规范》《县级融媒体中心省级技术平台规范要求》为基础,以阳光学院融媒体综合实验室为实验基地编写而成。在此感谢北京中广上洋科技股份有限公司、福州朗星视频科技有限公司、福建探索文化传媒有限公司等单位的大力支持。全书图文并茂,深入浅出、条理清晰地详细介绍了融媒体中心平台应用的作用、特征及步骤,具有科学理论和实践应用的双重意义,适用于高等院校的新闻传播、数字媒体设计、文化产业管理、广告设计、广播电视编导等专业学生,也可作为省、县级融媒体中心培训教材。

在此特别感谢中国传媒大学脑科学与智能媒体研究院院长、博士生导师曹立宏教授为此书撰写序言;感谢乔海署教授、郗永勤教授的指点,郑立恒、游舒颖参与编审工作;感谢陈志远、林雪娟、欧阳紫慧、蔡美澜、吴慷丽的帮助。

由于编写时间短,加之融媒体是互联网时代的新生事物,没有充足的成熟平台借鉴,因此本书还存在许多问题和有待探究的新课题,有不足之处,敬请谅解。

王　宏

2019 年 8 月 16 日夜

于福州 三坊七巷

目录 contents

第一章　互联网时代的媒介特征　/ 1

第一节　进入互联网时代　/ 2

第二节　新媒体的特征与作用　/ 8

第三节　全媒体的概念、作用及特点　/ 14

第四节　互联网时代的中国媒介　/ 16

第二章　融媒体时代的特征　/ 21

第一节　融媒体理念　/ 22

第二节　融媒体的主要特征　/ 25

第三节　融媒体时代的标志　/ 29

第三章　省级融媒体技术平台　/ 41

第一节　省级融媒体技术平台的建设　/ 42

第二节　省级融媒体技术平台的构成　/ 48

第三节　宣传管理服务与媒体协作　/ 52

第四节　建立大数据云平台　/ 59

第五节　平台安全保障　/ 60

第六节　平台权限划分　/ 63

第四章　县级融媒体中心平台内容　/ 65
第一节　县级融媒体中心平台建设　/ 66
第二节　县级融媒体中心平台建立的基本条件　/ 67
第三节　县级融媒体中心平台的总体架构　/ 70
第四节　县级融媒体中心平台生产工具　/ 97
第五节　县级融媒体平台基础设施配套要求　/ 102

第五章　县级融媒体中心平台应用　/ 105
第一节　线索管理　/ 106
第二节　网络汇聚　/ 109
第三节　记者行动　/ 110
第四节　资源平台　/ 113
第五节　新闻文稿　/ 115
第六节　播出、发布审批流程　/ 118
第七节　融合发布管理　/ 134

第六章　直播通道应用　/ 141
第一节　融媒体移动直播　/ 142
第二节　移动直播的条件　/ 148
第三节　记者外采直播通道　/ 152
第四节　现场直播内容审核　/ 154
第五节　现场直播前的准备工作　/ 155
第六节　直播应急措施　/ 157
第七节　记者定位　/ 158

第七章　微信公众号应用　/ 167
第一节　微信的概况　/ 168
第二节　微信推文编辑　/ 170

第三节　微信编辑的基本要求　/ 183
第四节　微信视频采集工具及功能　/ 195
第五节　融媒体平台微信模块的基本功能　/ 198

第八章　社交媒体应用　/ 201
第一节　社交媒体概述　/ 202
第二节　微博制作　/ 203
第三节　招聘类媒体应用　/ 218
第四节　QQ 的应用　/ 221
第五节　H5 制作　/ 223

第九章　融合播出发布与指挥大屏　/ 227
第一节　发布管理　/ 228
第二节　发布平台　/ 231
第三节　发布分类　/ 234
第四节　发布日志　/ 238
第五节　发布监管　/ 241
第六节　指挥大屏概述　/ 242
第七节　指挥大屏的功能　/ 247
第八节　指挥大屏的模块　/ 251

第十章　大数据云平台建立　/ 259
第一节　大数据概述　/ 260
第二节　大数据采集　/ 263
第三节　大数据分析　/ 266
第四节　大数据与融媒体　/ 268
第五节　舆情分析　/ 270

参考文献　/ 277

第一章 互联网时代的媒介特征

重点提示

①互联网时代主要特征：互联网+、互联网时代思维和互联网时代创新
②小众化和个性化是互联网时代的特性之一
③新媒体是互联网发展的必然产物，它助推互联网发展前进的步伐
④全媒体概念提出，新媒体内涵延伸，融媒体建设加快
⑤媒介转型是当今互联网时代的一个重要任务，媒介是形式，媒体是内容

学习目标

①学习掌握互联网时代的媒介特征及其在人类社会中的作用，认识互联网时代媒介无处不在、无时不有的特点，要成为互联网时代的弄潮儿
②学习掌握互联网融合概念，认识融合与传统间的关系，让融合新技术发挥更大的作用
③认清传统行业转型为大势所趋，了解掌握融媒体技术。互联网时代到来，融媒体理论体系逐渐完善，技术日趋成熟，影响面更广

互联网时代把世界变小、把国家拉近、把人们汇集，具有显著的融合特征。新媒体改变传统媒体的思维观念，打破传统媒体一统天下的局面，它让人们随时随地、快速便捷地获得信息。全媒体概念还未完全形成，融媒体趁势而起，并很快成为互联网主力军。融媒体的兴起，将是互联网的一场变革。“传媒为基础，融合为方向”的融媒体新观念，将给媒介和媒体人带来新的活力。

第一节　进入互联网时代

20世纪中期人们提出的"计算机的出现注定改变人们的生活"的断言,如今已成为现实。随着社会的发展、科学技术的进步,计算机迅速改变着这个世界。它把世界变小、把国家拉近、把人们汇聚。互联网是"计算机互联网络"的简称,那么计算机又是怎样把世界连接在一起的呢?全球最大的网络在刚建立时被叫作因特网。它由巨大的计算机网络体系组成,因此又被叫作互联网。正是因为它的出现,人类的生产、生活经历了翻天覆地的重大变革。在高新技术不断创新、人工智能研究不断深入、科技信息化不断融合的今天,互联网改变了人们的生活方式,也改变了人们的思维方式。互联网是时代进步的必然产物,是科技发展的重要标志。互联网已经融入世界的每一个角落,让世界成了"地球村"。人们的情感理念、价值取向、道德标准、思维方式、行为习惯、生活方式等,都在互联网的普及和影响下发生了巨大而深刻的变化。

一、互联网时代的特征

(一)创新是基础,深化互联网的融合

互联网时代的特征以创新型高科技"互联网+"模式为代表。创新是互联网时代的基础,"互联网+"是它的标志,是互联网思维进一步实践的成果,它推动经济形态不断发展演变,从而带动社会经济实体不断发展壮大,为改革、创新、发展提供广阔的网络平台。"互联网+"通俗地说就是"互联网+行业",行业代表着人类万象,但二者并不是简单的相加,而是利用信息、通信技术以及互联网平台,让互联网与传统行业、新生事物进行深度融合,让互联网融入人类生活中,创造新的发展生态。互联网的发展给各个传统行业带来冲击是必然的,但它们不是相互排斥而是相互交融的,传统行业要想与互联网融合就要转变观念、创新思维、吐故纳新、向前发展。"+"表示融合性,更深层次融合在于开放性、生产性、生态性。它代表一种新的社会形态,即充分发挥互联网在社会资源配置中的优化和集成作用,将互联网的创新成果深度融入社会各领域之中,提升全社会的创新力和生产力,形成以互联网为基础设施和实现工具的经济发展新形态。

在互联网时代,世界变小,人们交流更便利,信息来源更广泛,人们的创新意识提高,"不创新,就灭亡"(语出亨利·福特,美国福特汽车创始人)。创新意识是人类社会发展的一个标志,是引领发展的第一动力,已经成为建设现代化经济体系的战略支

撑。因此创新意识强是互联网时代的一个显著特征。“创新意识是决定一个国家、民族创新能力最直接的精神力量。在今天，创新能力实际就是国家、民族发展能力的代名词，是一个国家和民族解决自身生存、发展问题能力大小的最客观和最重要的标志。”①在新时代，“大众创业、万众创新”已经成为一种常态。从互联网发展的趋势来看，创新的浪潮席卷而来。创新以互联网为重心，借助互联网的大数据、云平台计算，依托互联网的互联互通，随着互联网的发展深入人心。创新是互联网发展的基础，企业以创新为保证生存的重要手段，借助互联网在激烈的市场竞争中求得生机。

由教育部主办的中国“互联网+”大学生创新创业大赛，自 2014 年创办以来，掀起了一股“创新创业”浪潮，覆盖全国高校，成为影响极大的赛事之一（见图 1-1）。大赛以“‘互联网+’成就梦想，创新创业开辟未来”为主题，旨在深化高等教育综合改革，激发大学生的创造力，培养“大众创业、万众创新”的生力军；推动赛事成果转化，促进“互联网+”新业态形成，服务经济提质增效升级；以创新引领创业、创业带动就业，推动高校毕业生更高质量创业。

图 1-1　中国“互联网+”大学生创新创业大赛

（二）消费层面的小众化成为互联网特征之一

小众化是互联网时代的特征之一，是相对于“大众化”这个概念而言的。它指的是社会阶层内部一些人由于某种共同的兴趣、爱好或品性，通过互联网而聚合成一个

① 孙敬全，孙柳燕.创新意识[M].上海：上海科技出版社，2010：49.

小圈子的趋势。随着互联网强势发展，物联网快速抢占市场商机，再加上民众消费水平不断提高，中国市场已经进入小众化消费的阶段，人们的消费需求开始离散，大而全的市场格局开始分化。不管你的需求多么特殊，不管你想要什么样的产品，不管你需要世界上哪个国家或地区的特产，你只要到物联网上寻找，几乎都能找到，而且能及时无误地通过快递直接送到你的手中，让你足不出户就能享受到贵宾服务。这种全新的商业模式给众多的中小企业带来了发展机会。过去那种靠规模经济取胜的大而全模式被灵活多变的小而专模式取代。只要中小企业懂得适应互联网时代特征，懂得聚焦创新，懂得走差异化道路，就能做出比大企业更好的小众化产品，得到某个特定群体的偏爱。可以说小众化思维是现代市场营销的前提，不理解小众化概念，就谈不上对互联网时代的认识，就不懂得市场营销。从这个维度来看，中国的小众化时代已经到来。

就消费层面而言，小众化也成为市场经济的一个显著特点。人们的消费包含物质消费和文化消费。从物质消费上看，人们不再聚集到百货商场选购自己心爱的物品，而是敲键盘移鼠标在网上选择自己的商品。互联网改变了人们传统的消费习惯和消费观念，促进消费水平的提高。从文化消费上看，新媒体的崛起使得现代传播观念随之发生变化，互联网的文化消费日益增长，通过互联网观看文艺作品成为一种时尚。同时，微信群、QQ 群、微博、论坛、社区等以爱好、职业背景、社交关系等因素连接在一起的小群体已成为互联网时代的一个符号，成为人们生活中不可或缺的一部分。以小群体为主的互联网社交模式已形成一种独特的文化。

从技术发展角度看，电脑和互联网的发展是一个关联体，以个体为中心的聚集过程形成了一个小群体，它培育或强化了一种“关注个体、尊重平等”的文化思潮。

（三）提升互联网服务，强调个性化的物联网

借助云计算、物联网、人工智能等创新技术，“互联网+”正以小众化和个性化的方式颠覆未来生活。随着人工智能的发展，物联网将用户和硬件、用户和服务有机地绑定在一起。未来，物联网将向着智能互联网演进，因此促进物联网发展势在必行。

企业若是想为广大消费者提供充满人情味的个性化精准服务，就必须在以下两个方面下足功夫：

第一，拓展产品技术创新，充分挖掘客户的个性需求，开拓广泛的市场；

第二，大数据为“一对一”的服务提供了条件，切合客户个性需求的个性化服务使个性化服务策略具备了落实条件。

企业从各个渠道采集海量的基础数据，这些数据结构是否合理，决定了企业能否用好大数据。企业应当利用数据分析结果来细分市场，设计个性化的营销服务方案。互联网经济中的客户需求总是处于动态变化中，这就要求企业必须重视数据的更新工

作,不断收集数据、挖掘需求,不断完善个性化服务,这才是互联网服务的真谛。

个性化的物联网因此诞生,通过合法渠道获得个人信息数据,进行个性化的数据分析,为企业进行市场调查、决策、产品研发等提供科学依据,帮助企业为用户提供更好的服务。

(四)互联网智能化,形成智能化网络

互联网经过十几年发展,如今进入 3.0 时代,即智能互联网时代。这是一场场景化革命。商业营销开始重视占领场景、延伸场景、交易场景的跨界,互动、智能的“全时段、全渠道、全融合”的全营销模式发展起来。智能互联网不仅以物联网技术为基础,还以人工智能与高速无线传输(如 5G 网络传输)为基础,以平台型智能硬件为载体,按照约定的通信协议和数据交互标准,结合大数据与云计算应用,在智能终端、人、云端服务之间,进行信息采集、处理、分析、应用,具有高速移动传输、大数据分析与挖掘、智能感应与应用的综合能力,更具有创新意识、服务意识,能够向传统行业渗透融合,迅速提升传统行业的服务能力,扩展企业市场空间,连接各行各业,进行线上线下跨界营销、服务。

智能化是指事物在网络、大数据、物联网和人工智能等技术的支持下所具有的能动地满足人们各种需求的属性。要实现智能化,就要有一套完整的系统。这个系统是现代通信与信息技术、计算机网络技术、行业技术、智能控制技术汇集而成的针对某一方面的应用智能集合。随着信息技术的不断发展,其技术含量及复杂程度也越来越高。智能化的概念逐渐渗透到各行各业以及我们生活的方方面面,相继出现了智能住宅小区、智能医院、智能家庭等,它们以智能化建筑为基点,展现人类未来智能化的生活方式。信息技术的发展让因特网和移动通信全方位地渗透到我们的生活中,各种无线通信技术的日趋成熟对这个新的浪潮起到了推动作用。而智能家庭网络的出现和移动终端的发展为信息社会注入了新的生机和活力,逐渐勾勒出了科幻电影中的智能社会的轮廓。

(五)用户信息在线化,获取信息网络化

在线,是计算机领域常用语,即计算机处在网络连接状态,可与其他用户进行交互,获取、传递、应用信息。我们知道人们接收信息有两种模式,一种是主动接收,另一种是被动接收。用户总想把关于自身的有价值的信息传递给其他用户,这就是我们日常所说的广告;同时用户也要了解、掌握其他用户有价值的信息。用户从哪里获得信息呢?从媒体上获得,就叫被动接收;利用搜索引擎输入关键词获得信息,就叫主动接收。

截至 2019 年 6 月,我国网民规模达 8.54 亿,较 2018 年底增长 2,598 万,互联网普及率达61.2%,较2018年底提升1.6个百分点;我国手机网民规模达8.47亿,较2018年底增长2,984万,网民使用手机上网的比例达99.1%,较2018年底提升0.5个百分点。面对如此大的市场,哪个企业家不想抢占?史蒂夫·乔布斯(Steve Jobs)、比尔·盖茨(Bill Gates)、马克·艾略特·扎克伯格(Mark Elliot Zuckerberg)、马云、刘强东、李彦宏、马化腾等一批互联网精英,创造出一个个互联网和物联网神话。人们通过物联网不仅可以获取信息,还能进行交易支付,这让更多的产品得以通过互联网和物联网在线交易。

产品在线化,顾名思义,就是指将原有产品从传统的销售渠道中分离出来,将其与互联网紧密结合,通过互联网拉近产品和消费者之间的距离,实现消费者快速消费的目的。产品在线化成为一种新兴且潜力巨大的经营模式,也是企业改变其经营模式的主攻方向之一。

二、互联网时代的思维方式

互联网的出现给信息传递模式带来了一场革命,大大提升了信息连接和传递的效率,有效减轻了信息不对称问题。发展至今,互联网信息的连接模式也在不断变化,每一次变化都伴随着互联网经济的一次革新。互联网怎么变化都离不开人的因素,因为是人创造了互联网。互联网改变了信息传递方式和速度,增加了人们获取或传输信息的数量,从而改变了人们的思维方式。人的大脑思维方式是人类创造新物质的决定因素,也是互联网应有的思维方式。

2011年,百度公司创始人李彦宏在一次演讲中首次提出"互联网的思维",其后演变成"互联网思维"。李彦宏在与传统产业的企业家探讨发展问题时说道:"我们这些企业家今后要有互联网思维,可能你做的事情不是互联网的,但你要逐渐从互联网的角度去想问题。"如今,这种观念已经被越来越多的企业家甚至理论学术界认可。"互联网思维"一词也演变出多个不同的解释。

互联网思维,就是在(移动)互联网+、大数据、云计算以及人工智能等科技不断发展的背景下,对市场、用户、产品、企业价值链乃至整个商业生态进行重新审视的思考方式。人工智能与大数据在深刻改变着中国人的生活,我国信息技术领域的部分核心技术实现了新的创新和突破。集成电路、操作系统、人工智能、大数据、云计算、物联网等前沿技术研究加快;量子通信、高性能计算等取得了重大突破,一大批互联网新技术应用走在世界前沿。信息化发展取得的历史性突破,给人民群众带来了实实在在的获得感。党务、政务、公安、医疗、教育、消防等服务领域都通过互联网实现了互联互通。共享单车、移动支付、通过互联网改善社会服务和民生保障等,成为互联网应用的典范,并传播到更多的地方。“互联网+”战略的实施,成为传统产业升级、制造产品提质的推动力,也为更多人提供了创新创业的机会,为发展中国经济、带动全球经济,创造了新的机遇。

互联网时代的思维方式,不局限在互联网领域及企业。这里的互联网,不单指 PC 端互联网或者移动互联网,而是泛互联网,因为未来的网络形态将是跨越各种终端设备的,包括台式机、笔记本、平板、手机、手表、眼镜、飞机、汽车、高铁和各行各业的设备等。

三、互联网时代的融合

互联网时代最耀眼的词,非“融合”莫属。融合成为各个国家、企业和个人的追求。何为融合?物理意义上指熔成或如熔化那样融成一体。互联网时代的融合将网络上的个体汇集于一体。融合是互联网时代的转折点,是一场革命。移动互联网是当前的时代发展方向,已经势不可当,物联网更是未来 10 年的产业发展趋势,气势如虹。互联网时代的曙光已经到来,世界将告别我们刚刚熟悉的信息时代。工业革命、第四次科技革命带来的世界产业格局的剧烈变化正在席卷全球。互联网对传统行业的改造在碰撞和融合中悄然发生,行业间、产业间的跨界合作将会无远弗届。

10 年前,就有精明的网络巨头想要实现互联网的融合,他们认为这不仅仅是简单的商业并购行为,具有前瞻眼光的他们看到了互联网的未来。在中国,以 BAT[百度公司(Baidu)、阿里巴巴集团(Alibaba)、腾讯公司(Tencent)三大互联网公司首字母的缩写]为首的巨头已经开始进行一系列应对跨界趋势的并购融合,其中也包括我们熟悉的文化产业。阿里巴巴已经开始众筹电影了,你能想象今后的电影是按照观众喜好设置剧情走向吗?这只是变化的冰山一角。互联网融合即将迎来春天。智能硬件成为创富新动力,在线教育成为现实,吃喝玩乐都在拥抱互联网……移动互联网大潮正以前所未有之势席卷传统行业。在融合与碰撞之间,行业横向整合和纵向重塑正在进行。

实现互联网融合,首先要解决网络融合技术难关。网络融合(Network convergence)包括两个层面的融合:数据传输层的融合和应用层融合。数据传输层的融合是将以前分别基于 PSTN 电话网的语音数据和基于有线电视同轴电缆的视频数据,以及基于 IP 的信息数据,整合到一个网络中进行传输,这个物理媒介就是融合网络。它统一了在不同网络上传输的多种数据。应用层的融合是把以前各种异构网络上的应用全部整合到一个 IP 网络上,从而实现在应用上的统一,这是一种高层的融合。追求高效的通信技术手段,提高效率,降低成本,一直是企业 IT 建设的关注点。

与所有的新兴技术一样,融合网络技术的真正价值在于如何利用先进的技术系统帮助用户降低成本、提高效率,通过网络赢得客户的认同以增加竞争优势。建设融合网络的核心就是在现有的网络平台上,将语音、数据、视频、图文等真正融合成突破商业通信障碍的利剑,最终服务于客户。

第二节 新媒体的特征与作用

一、新媒体的概念

(一)新媒体概念的由来

新媒体这一概念最早是由美国哥伦比亚广播电视网(CBS)技术研究所所长戈尔德马克于1967年提出的。他在发表的一份关于开发电子录像(EVR)的报告中,把电子录像称为"新媒体"。1969年,美国传播政策总统特别委员会主席罗斯托在向尼克松总统提交的报告书中多次使用"新媒体"一词,由此,"新媒体"一词开始在美国社会流行并逐渐扩展到全世界。新媒体并非新兴或者新型的媒体的统称,互联网造就新媒体,新媒体助推互联网发展。新型的媒体或者新兴的媒体都是通过交互网络传递信息的新媒体。这是狭义的概念。互联网时代新技术层出不穷,新媒体也随之发生变化,对新媒体的概念众说纷纭,人们都在为新媒体做新的解释,因为新媒体的内容在不断丰富,而且这种狭义概念不能满足新媒体发展的需求,更不利于行业的交流沟通。故而,业内研究人员对媒体进行了细致研究,分析了大量市场数据,综观专家学者对新媒体的认识和看法,并结合消费者的观点,总结出相对准确的新媒体定义。

(二)新媒体的概念

清华大学熊澄宇教授认为:"新媒体是一个不断变化的概念,在今天网络基础上又有延伸。无线移动的问题,还有其他新的媒体形态,跟计算机相关的,都可以说是新媒体。"也就是说利用互联网进行信息传播的任何载体或媒介都为新媒体,这是广义的定义。它是在一定调研基础上得出的,非强加概念。新媒体概念随着行业的发展变化而改变。新媒体是新的技术支撑体系下出现的媒体形态,如数字杂志、数字报纸、数字广播、移动电视、桌面视窗、数字电视、数字电影、触摸媒体等。相对于报纸、杂志、广播、电视四大传统意义上的媒体,新媒体被形象地称为"第五媒体"。

(三)互联网时代新媒体的重要性

"网络"与"新媒体"是一种相辅相成、相互促进的关系:新型的网络技术的发展会催生新型媒介。在科技蓬勃发展的今天,互联网显得特别重要,不同国界、不同民族、不同地区相互交往,人们之间的相互依赖性增强,便捷的信息通信技术缩短了人们之间的距离,利用信息通信技术进行的交流更为迅速和广泛。从社会发展来看,信息化已经成为时代发展的主流,世界各国纷纷把发展信息技术作为社会和经济发展的重大战略目标。科学和技术的进步与发展,在推动信息社会的发展方面发挥着越来越重要的作用。互联网已成为一个时代的象征,新媒体成为这个时代的宠儿,它在迅速发展的同时,越来越深入地影响着我们的生活。

(四)我国新媒体产业发展趋势

《新媒体蓝皮书:中国新媒体发展报告(2019)》指出中国新媒体产业发展呈现出五大趋势。

第一,新媒体产业中的新巨头崛起。大数据、人工智能等新技术给新媒体产业带来新冲击和新机遇,新媒体产业内部也会进一步分化,技术实力强、团队竞争力强、生态协同好的互联网平台会抢占越来越多的市场份额。长期以来形成的 BAT 三巨头格局极有可能会被后来者打破,并形成新的新媒体产业格局。

第二,5G、区块链新产业将逐步落地。在 5G 产业方面,2019 年 6 月 6 日,工业和信息化部经法定程序,向中国电信集团有限公司、中国移动通信集团有限公司、中国联合网络通信集团有限公司、中国广播电视网络有限公司四家企业颁发了基础电信业务经营许可证,批准四家企业经营“第五代数字蜂窝移动通信业务”。可以看出,我国 5G 发展进入全面深入落实阶段,5G 产业化取得初步成果。在新媒体产业领域,5G 将帮助新媒体产业公司吸引更多的用户,帮助 VR、AR、MR 有效落地,通过物联网实现万物互联。在区块链产业方面,区块链在 2018 年前半年高速成长之后在后半年遭遇寒冬,未来随着场景的丰富和落地,区块链产业将取得实质性进展,区块链金融、政府数据上链、区块链版权、区块链广告等方面也会取得快速发展。

第三,新媒体产业上市融资将更为便利。2019 年 1 月 30 日,科创板系列规则征求意见稿正式发布。3 月 13 日,上交所向各保荐机构发布了《关于组织科创板股票发行上市审核系统集中测试演练的通知》,2019 年 7 月 22 日第一批科创板公司上市。科创板重点支持新一代信息技术、高端装备、新材料新能源、节能环保以及生物医药等高新技术产业和战略性新兴产业,推动互联网、大数据、云计算、人工智能和制造业深度融合。可以看出,未来新媒体产业公司将成为科创板上市企业的重要力量,这将为新媒体产业公司带来重大利好。

第四,产业互联网成为突破新方向。新媒体产业公司在消费互联网上积累了足够用户、数据和能力之后,亟待把现有能力向产业赋能,帮助传统产业转型升级,以更充分地实现能力最大化。目前,腾讯、优酷、百度等纷纷向产业互联网转型,产业互联网的拓展能力和拓展程度将在一定程度上决定新媒体产业公司的新发展空间。

第五,组织架构调整成为新趋势。新媒体产业公司为了更好地适应外部环境和自身发展战略,重构和优化组织架构势在必行。腾讯、阿里巴巴、字节跳动已纷纷调整组织架构。未来新媒体产业公司组织架构调整的方向将是分权、灵活和协同。这主要表现在网络视频上,从图 1-2 可以看出,网络短视频用户规模及使用率急速增加,促使各大门户网站都做出了调整。同时也可以看出 2016 年 6 月至 2019 年 6 月手机网民规模及其所占网民比例。

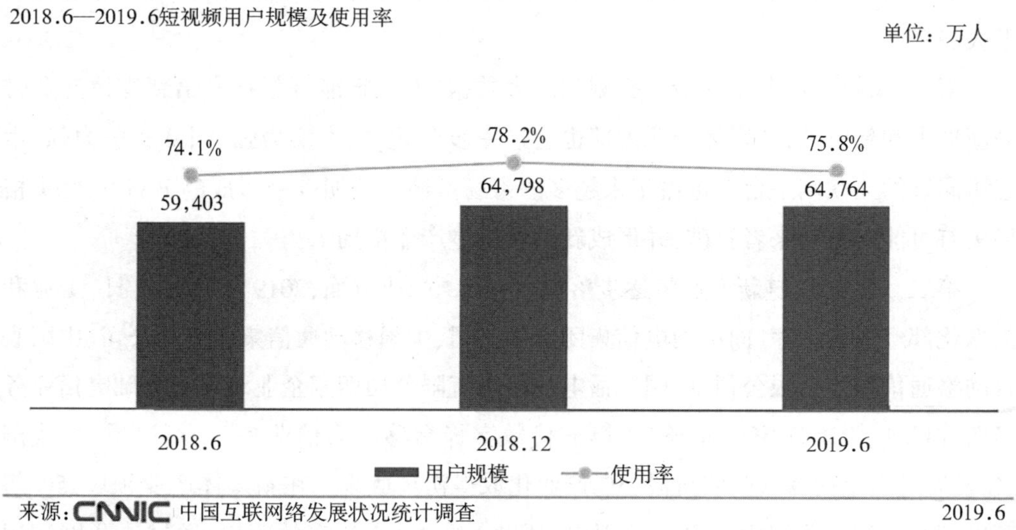

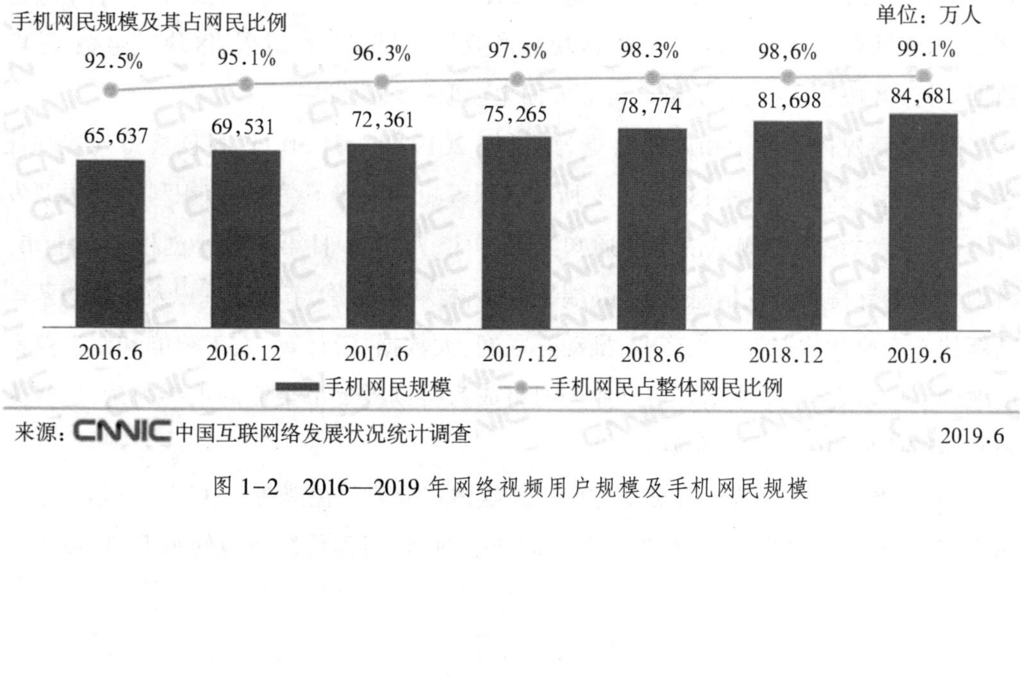

图 1-2 2016—2019 年网络视频用户规模及手机网民规模

二、新媒体的作用

（一）冲击传统媒体

媒介是传播信息符号的物质载体，指的是信息传递的载体、渠道、中介物、工具或技术手段；媒体是从事新闻、视频编辑制作，音频编辑制作和图文编辑工作的专业机构，是采集、加工制作和传播信息的社会组织。比如，中央电视台新闻频道是媒介，因为它是视频的载体；中央广播电视总台就是媒体，因为它是从事新闻工作的专业机构。互联网时代新媒体发展迅猛，冲击着传统媒介，相对应的媒体自然也受到了严重冲击。这主要表现在：关注传统媒体的人数在迅猛下滑，其收视率、收听率和购买量受到冲击，经济效益呈现负增长，许多媒体纷纷退出。这是因为新媒体改变了人们接收信息的方式，新媒体带来的不仅仅是方式的转变，更重要的是观念上的转变。

（二）改变传递信息的模式

新媒体不仅冲击了传统媒体，而且改变了我们传递信息的模式。在过去，人们从传统媒体上获得信息和享受信息带来的快乐，如今人们利用互联网随时随地、随心所欲地获得或传递信息，而且能够与他人进行互动。新媒体在发展，其内容、形式更多样，让人们目不暇接；尤其是以融媒体为代表的新兴传播模式，使媒介内容形式更加强大，信息获取更加便捷。融媒体的形成和发展将是互联网发展强有力的推手。

（三）促进创新技术发展

随着互联网技术的发展，信息的传播愈加方便快捷。信息呈爆炸式增长，但也带来了可信度、准确度下降，信息传播“碎片化”“信息过剩”等问题。新媒体产业是以人为本、以创新技术为支撑发展起来的，它正在逐步渗透到不同行业，满足人们多样化的需求。新媒体技术发展迅速，从微信、微博到短视频、H5 等，带来的不仅是一轮又一轮的技术革命，还有行业的重大变革，改变了经济发展的模式。在新媒体环境下，人的自主性提高，人们可以通过自主制作内容、自主选择内容来加深对世界的了解。未来，新媒体技术将会渗透到更多的行业中，改变人们的思维方式和消费方式。当然，必须正确看待新媒体技术的价值，始终以人为中心，理性地把握技术开发的边界。随着互联网时代创新技术的到来，新媒体技术也在不断创新发展，5G 网络传输、大数据、云端、4K/8K 视频等技术日趋成熟并得到深入应用，这也加速了新媒体发展。

三、关于我国未来新媒体产业发展的思考

新媒体发展也带来一些问题,这些问题阻碍新媒体发展的步伐。由于新媒体产业的发展改变了经济发展模式,催生了新的业态,对人们的生活产生了重要影响,因此如果不解决好存在的问题就会引起一系列的连锁反应。任何新生事物都会存在一些问题,我们要用发展的眼光来看待,因此在看到新媒体产业带来的便利的同时,我们也应该有一些理性思考,促进新媒体的健康发展。

(一)用户为王,价值引领

在互联网时代,新媒体的发展从以内容为王转为以用户为王需要一个漫长的过程。小众化、碎片化和个性化成为新媒体的特征。服务对象就是用户,明确目标方能引领新媒体技术更好地发展。新媒体受众的共同需求就是获得既有价值又有新意的原创作品内容。这就需要以人为价值引领,不能伪原创,更不能粗制滥造,甚至制造虚假信息。越来越多的传统媒体将"既有观赏价值又有人文味道"的元素注入自主创办的新媒体中,这样不仅有个性,还实现了传统媒体与新媒体的融合。新媒体的传播速度快,但是一味图快而随意发表内容,甚至忽视质量、编造虚假信息的话就会影响用户的体验和感知。只有以匠人精神在内容上精耕细作,才能确保所发布内容的品质,才会拥有忠诚度较高的用户。

(二)理性应用新媒体技术

2017 年,《中国制造 2025》《" 互联网+"行动指导意见》《"十三五"国家科技创新规划》等文件相继发布,推动了新媒体技术的快速发展。新媒体技术为人们的生活带来便利的同时,也给人们的生活带来了一些威胁,使人们的隐私更加透明。如今,在流量就是收益的互联网盈利模式下,网络平台靠增加点击量和传播率来博取关注的冲动可以理解,但千万不能忘却技术无罪、监管有责的基本原则。在发展新媒体技术的时候应该恰当地将技术融入生活各领域,正确引导公众合理使用新媒体。

(三)加强网络环境的管理

新媒体技术使得网民可以自制内容并进行传播,这造成了色情淫秽、违法犯罪等内容频出,各种短视频、网络直播平台的内容一度处于野蛮生长阶段。为净化网络舆论空间环境,2017 年国家互联网信息办公室先后发布《互联网新闻信息服务管理规定》《互联网信息内容管理行政执法程序规定》等相关管理办法和规定,对于形成积极健康的网络文化氛围具有重要意义。2017 年 6 月 1 日,《网络安全法》正式实施,标志着网络空间治理、网络信息传播秩序规范、网络犯罪惩治等方面的法制化管理基础更

加坚实。政府应继续推动不同行业的法治化进程,形成互联网法规治理“常态化”与“长期化”。

(四)共享经济影响新媒体产业发展

共享经济是一种全新的经济模式,其蓬勃发展有效盘活了社会闲置资源,提升了社会资源利用率和生活的便捷性。共享经济的发展在一定程度上依赖我国新媒体产业的发展,信息共享、资源共享等在新媒体平台上涌现并为共享经济的发展提供土壤。人们越来越享受共享经济带来的便利,这促生了更多新媒体环境下的商业模式及产品,两者相辅相成,共同发展。

(五)网络视听结构重塑,强化行业自管自律

新媒体中新发展起来的网络视听行业已进入高速发展期。2019 年,中国网络视听行业在用户规模、内容创作、产业发展、技术应用等方面继续保持较快发展势头,在新型文化业态和文化消费模式中影响力持续扩大。如图 1-3 所示,截至 2019 年 6 月,我国网络视频用户规模达 7.59 亿,较 2018 年底增长 3, 391 万,占网民整体的 88.8%。在行业主管部门的管理引导下,网络视听领域“泛娱乐主义”风潮得到有效遏制,宣传思想文化阵地进一步巩固,行业发展呈现用户规模不断扩大、行业集中度不断强化、产业发展日益成熟等新特征。2018 年 4 月 27 日,我国颁布《中华人民共和国英雄烈士保护法》,对宣传弘扬英雄烈士事迹和精神、维护英雄烈士尊严和合法权益做出了法律性规定。国家广播电视总局也先后出台《关于加强网络直播答题节目管理的通知》《关于进一步规范网络视听节目传播秩序的通知》《关于做好暑期网络视听节目播出工作的通知》《关于学习宣传贯彻〈中华人民共和国英雄烈士保护法〉的意见》等规范性文件,及时加强对视听新业态的管理,不给存在导向问题、版权问题、内容问题的视

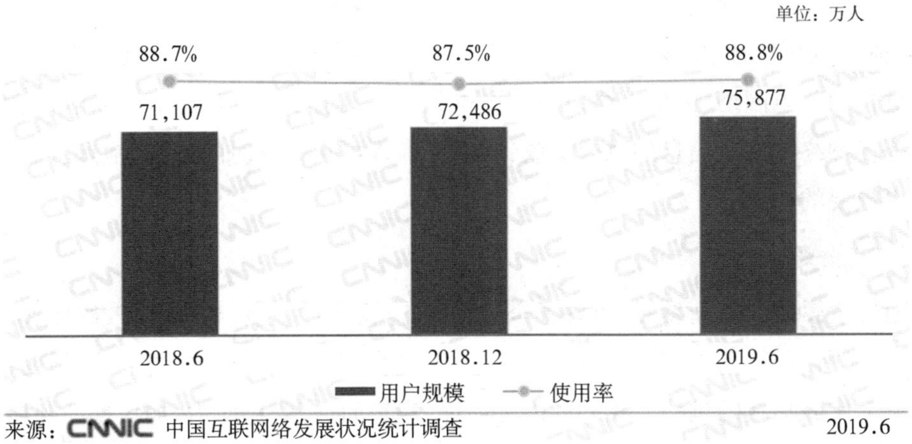

图 1-3 2018 年 6 月至 2019 年 6 月网络视频(含短视频)用户规模及使用率

听节目传播机会，积极营造健康清朗的网络视听环境，巩固网络视听向好向上的传播秩序。

第三节　全媒体的概念、作用及特点

一、全媒体概念的形成

全媒体的概念并没有在学界被正式提出，它来自传媒界的应用层面。由于媒体形式不断变化，媒体内容、渠道、功能层面的融合不断加强，媒体的内涵更丰富。随着全媒体春晚收视、2014 年“两会”全媒体传播指数、“马航失联”卫视全媒体传播指数等的推出，电视全媒体收视传播的应用逐渐被接受（见图 1–4）。

图 1–4　济南报业全国“两会”全媒体报道（图片来源：齐鲁网）

（一）全媒体的概念

全媒体是指媒介信息传播采用文字、声音、影像、动画、网页等多种媒体表现手段（多媒体），利用广播、电视、音像、电影、报纸、杂志、网站等不同媒介形态（业务融合），通过融合的广电网络、电信网络以及互联网络进行传播，最终实现用户以电视、电脑、手机等多种终端完成信息的融合接收，实现任何人可在任何时间、任何地点，以任何终端获得想要的信息。

（二）全媒体的意义

随着全媒体的不断发展，出现了全程媒体、全息媒体、全员媒体、全效媒体，信息无处不在、无所不及、无人不用，这使得舆论生态、媒体格局、传播方式发生深刻变化，新闻舆论工作面临新的挑战。我们要因势而谋、应势而动、顺势而为，加快推动媒体融合发展，使主流媒体维持强大传播力、引导力、影响力、公信力。

二、全媒体的作用

（一）新媒体与传统媒体的总和

全媒体不仅包括报纸、杂志、广播、电视、音像、电影、网络、卫星通信在内的各类传播工具，还涵盖视、听、看、触等人们接收资讯时用到的全部知觉。全媒体针对受众的不同需求，选择最适合的媒体形式和通道，深度融合，提供超细分的服务，实现对受众的全面覆盖，获得最佳传播效果。全媒体的概念近年来得到很大的发展，引起了越来越多人的重视，并开始在新闻传播、远程教育等领域广泛运用。

（二）深度融合

媒介融合由浅入深，从"物理变化"趋向"化学变化"。注重多种传播手段并用的全媒体新闻将发展为多种媒体有机结合的融合新闻；各种媒体机构将发展为真正有利于融合媒介运作的新型组织机构；全媒体记者将与细分专业记者分工合作；媒介机构也将在新的市场格局中寻找自身新的定位和业务模式，构建适应全媒体需要的产品体系和传播平台。

（三）资源共享

全媒体在传媒领域里整体上表现为大而全，而针对受众个体时则表现为超细分化服务，实现资源共享。举例来说，对同一条信息，全媒体平台可以将其处理成不同的表现形式，但有时也会根据不同个体的个性化需求以及信息表现的侧重点来作出调整。全媒体超越"跨媒体"的地方就在于其用经济的眼光来看待媒体间的综合运用，其前提条件是资源共享，以求投入最小、传播最优、效果最大。

三、全媒体的主要特点

全媒体具有以下几个特点：

（1）全媒体是人类目前掌握的信息流手段的集成者。从传播载体上看，它包括报纸、杂志、广播、电视、音像制品、电影、网络、卫星通信等；从传播内容所需技术支持平台来看，除了传统的传播技术，还有基于互联网和电信的4G、5G等。

（2）全媒体并不排斥传统媒体的单一表现形式。它在整合运用各媒体表现形式的同时仍然很看重传统媒体的单一表现形式，并视单一形式为"全媒体"中"全"的重要组成部分。

（3）全媒体体现的不是"跨媒体"时代的媒体间的简单连接，而是全方位的融合——网络媒体与传统媒体乃至通信的全面互动、网络媒体之间的全面互补、网络媒体自身各方面的全面互融。

(4)全媒体在整体上看是大而全的,但针对受众个体时则表现为超细分服务。例如在展示某一楼盘信息时,可用图文展示户型图和楼盘推介书中具有描述性的客观信息,可用音频和视频更为直观地展示动态信息。

第四节　互联网时代的中国媒介

一、中国媒介发展过程中存在的问题

在媒介全球化的浪潮下,我国媒体起步较晚、发展迅速,致使中国本土媒体一开始就缺乏全球化的意识,并直接导致中国媒介非全球化进一步加剧。

(一)起步晚、发展快,为求效益盲目模仿

中国现代媒介的起步比西方晚,真正的大发展大繁荣始自改革开放。在改革开放之初,中国的本土媒介就有抢占市场的意识。随着改革开放不断深入,尤其是近十年来,传统媒体受到互联网的冲击,面临严峻的挑战。在近年来越发激烈的市场份额大战中,各媒体为了自身发展,或主动或被动地大量引进、学习外国媒体经验,使得外国媒体的模式、理念在中国受到追捧,这其中以日本、韩国、美国三国的影响最甚。可以说,为了迅速发展而出现的盲目模仿、观念扭曲,是中国媒介反媒介全球化失利的最主要原因。在许多外国传媒集团对中国市场还心存顾虑的时候,中国本土媒体已经迫不及待地将其制作模式、营销理念等大量引入,并在受众中广泛传播,这导致了“韩流”“日流”“美流”交相盛行,本土传统文化衰弱的局面。

(二)媒体集团化,改革不彻底

自从1996年国内出现第一家传媒集团——广州日报报业集团以后,人们从不同的角度、以不同的心态对新闻传播领域的这一新生事物进行观察、分析、评价。尤其是当国内的传媒集团数量增加,并有了一些不俗的业绩表现以后,持怀疑、否定态度的人越来越少,越来越多的人支持推进传媒集团建设,做大做强传媒集团,以适应市场需求。

我们也应看到,由于我国传媒业受到政策影响,存在区域化分割、行业化分割以及传媒集团自身能力不足等方面的问题,同时国有、股份、合资、独资等多种性质的传媒集团出现在市场上展开激烈竞争。以行政关系为骨架组建起来的传媒集团与目标有

一定的距离，很多“集团”仅仅是改变了表面形式或名称，并非具有竞争力的经济实体。

（三）小而全，大锅饭，难以做大做强

我国媒体规模普遍较小，无法同国际级的传媒集团抗争。长期以来，我国的媒体主要靠国家财政拨款来维持。各县市区乃至街道都建立了电视台、广播电台和报社。吃惯了“大锅饭”，又沉迷于小而全，成为中国媒体的特色。改革开放后，媒体产业迅猛发展，但因管理不善而出现“散”“滥”等问题。为了适应市场发展的需求，增强各自的竞争实力，各媒体寻找有共同利益目标、彼此需要、有价值的传媒公司，选择最佳组合形式进行并购。这是因为做大仅仅是手段，做强才是真正的目的。规模大不等于强大，强强联合才是组建集团的真正有效途径。

（四）盈利模式单一，经济效益不佳

传媒集团盈利模式比较单一，广告是其最主要的经济来源。在当今经济全球化进程中，媒体的产业化发展在相当高的程度上决定着传媒集团的运作模式、竞争能力和经营效率。我国的传媒业刚刚步入产业化的初始发展阶段，传媒集团的组建带有先天的行政烙印；如今广告成为传媒集团的主要收入来源，吃惯了行政拨款饭的传媒机构要实现自我盈利谈何容易。

（五）不适应互联网发展，媒介融合缓慢

互联网时代新媒体促进了传统媒体的融合。互联网时代的主要特征就是“互联网+”，即融合。媒介融合势在必行，我国媒介融合创新技术已经走到世界的前沿。2019 年 1 月 15 日，我国颁布了《县级融媒体中心建设规范》等国家标准规范，政府支持、企业投资建设，从县级开始建设融媒体中心。融合小而全的县级各路媒体，在中心平台上实现资源整合、大数据汇集、党政服务和新媒体应用，便于做大做强媒体，促进我国融媒体建设事业发展。但是我们必须清楚地看到，县级融媒体建设过程中仍然会遇到很多问题，还需要进一步改进。

二、互联网时代对中国媒介未来发展的思考

在互联网时代，媒介融合走向前台。面对强势文化的来袭，我国在媒介融合的过程中要从各个不同的方面保持本土传媒的独立性与多样化。首先我们要加快传播媒体现代化、国际化的步伐，拒绝单方面的“拿来主义”。因此，我国媒体进一步国际化、逐步适应互联网时代媒介融合的要求，是抵御其他国家文化渗透的最有效的途径。其次，要注重加强国际合作与交流。在信息化时代里加强合作与交流是顺应和满足时代

发展的必然要求。只有坚持“引进走出”的策略,才能最大限度地实现中国媒体的良性发展。最后,要适应互联网时代发展的要求,走“互联网+”融合道路,加快智能融媒体开发步伐,提升融媒体产业发展品质,促进我国融媒体产业走在世界前沿。

三、互联网时代中国媒介转型论

互联网时代催生了新媒体,媒介转型势在必行。近年来,学界、业界关于媒介转型有很多讨论。这些讨论大多集中在两个主要的方面:一是传媒体制的转型,一是资讯传播技术发展带来的媒介融合。传媒体制的转型在中国有三十余年的发展过程。进入 21 世纪,人们开始把传媒业看作文化产业或文化事业。根据中央文化体制改革的基本要求,我国传媒业已进入了事业与企业两分开的时代。不同性质的媒体实行不同的改革策略。随着传媒改革力度的加大,中国传媒在市场化的道路上大踏步迈进。传媒企业越来越强,传媒集团的规模越来越大:由过去单一媒体的裂变到跨媒体的兼并融合,再到跨地区的传媒集团建立。传媒集团的性质和作用远非昔日所能想象。在经济全球化、经济信息化的知识经济年代,传媒集团不仅是一个日益增强的经济组织,更是一个充满活力的学习型组织。知识资本而不是政治资本逐渐成为媒体的核心竞争力。

(一)媒介转型是互联网时代的必然要求

基于互联网尤其是移动互联网的新媒体之所以对传统媒体行业能产生革命性的影响,是因为互联网具有传统媒体不可比拟的优势。互联网能使信息交流和获取的效率更高、成本更低。它的最根本的特性就是分享,唯有分享才可能把资源聚拢在一起,因此共享性、实时性、互动性、虚拟性、服务性几方面的综合构成了互联网的本质属性。

传播的本质是寓于传播关系的建构和传播主体的互动之中的, 传播是社会关系的整合,是通过一种被传播的内容来反映或说明一种关系的。互联网的功能本质,就在于无限构建人和人、人和物、物和物之间的“连接”。媒介转型对于这种“连接”起到了决定性的作用。

(二)媒介转型对传统媒体人的影响

对于转型发展的传统媒体人来说,互联网使其打通了与海量受众之间的无限“连接”,构建起深度“连接”的互动社区,其与“粉丝”群体的“自由人的自由联合”变成现实。对传统媒体衰变的挤出效应早有预判的转型先锋,自觉或不自觉地顺应了这股“传统媒体大而衰、自媒体小而美”的发展趋势。互联网时代的新媒体给传统媒体带来了一场革命,在这种变革的促使下,具有专业知识技能的传统媒体人开办、运营自媒体,开始关注细分的垂直领域,进行满足特定群体需求的内容生产和产品开发,并逐步开发出灵活的营销模式,实现自己的商业价值。基于移动互联网智能终端的普及,各种人际网络、巨量传播节点的互联互通得以实现,人际沟通和社会协同无远弗届、无所不能。这种巨大的可能性对社会的意义就在于:原本散落在每个角落、每个人身上的闲置的时间、闲置的智能以及潜在的消费需求等,在全人际、全天候、全链条上被充分地开发、调用和激活。

(三)媒介转型是未来趋势

互联网时代的媒介转型首先是人们思想观念的转变,传统媒体如何适应互联网时代发展要求,如何改变传统观念,是人们所要思考的问题。

1. 传媒为基础,融合为方向

我们说媒介转型,不是让传统媒体消亡,恰恰相反,是让传统媒体焕发出新的活力。我们提出了"传媒为基础,融合为方向"的互联网时代新媒体、融媒体发展新思维。价值观要体现,思想要转变,媒介要融合,技术要创新,这才是媒介具有活力、动力的象征。我们不能抱着传统媒体这棵大树,排挤互联网时代的新思维。媒介转型是一个过程,不是谁消灭谁,而是互补、共赢、共生存、共发展。

2. 媒体存在的价值

就媒体本身的意义而言,媒体是具备价值的信息载体。载体有一定的受众,具备信息传递以及受众反馈的时间、空间条件。这些元素综合形成媒体的基本价值。载体本身的价值,加之所传递信息的价值,共同构成媒体存在的价值。

3. 自由人的自由联合——自媒体

自媒体内容的主要表现形式有文字、图片、音频、视频等,内容的呈现形式丰富多样。运营自媒体的核心和关键在于有优质内容,只有品质优良的内容才会受到人们的追捧、关注及转载,流量变现也就变得更加容易。每个人的文化水平、教育背景及思维方式不同,创作内容也会体现出领域和专业的区别。在自媒体的内容运营上,一定要找自己最擅长的领域或者最感兴趣的领域,这是动力的来源。

思考题:

1.阐述互联网时代的特征。

2.互联网时代媒介融合的特征是什么?

3.互联网时代媒介转型的重要性有哪些?

4.你是如何理解"传媒为基础,融合为方向"的融媒体时代新思维的?

第二章 融媒体时代的特征

重点提示

①融媒体由理念发展到融媒体时代

②融媒体概念的形成对融媒体中心建设和融媒体新思维的提出具有指导作用

③融媒体时代的主要特征

④融合格局的形成，表现为文化自信和媒介权威

⑤互联网融合的主要标志就是创新

学习目标

①掌握融媒体的核心，认识融媒体概念，了解“互联网+”是融媒体时代的主要内容

②了解融合格局的形成过程，认识融媒体中心成为强势媒体的发展趋势

③树立文化自信和融媒体权威性

今天，融媒体兴起并成为新宠儿，结合当今互联网发展的特性——“互联网+”，媒介融合成为新标志。融媒体具有互联网时代特征——高时效、碎片化、互动性（社交化）、深入性、短暂性、服务性、颠覆性。“互联网+”重新定义媒介和媒介融合，媒介融合的范围和程度决定融媒体中心建设的成败，它必将引起未来传媒格局的变化。我们应树立文化自信，构建融合思维，提升融媒体权威性，推动融媒体中心传媒产品创新。

第一节　融媒体理念

互联网开启了一场人类技术革命,在互联网时代受到最大冲击的是传统媒介和媒体,新媒体的出现向传统媒体提出了挑战。人们还没来得及掌握和应用新媒体时,全媒体概念便出现了,人们又开始了喋喋不休的争论。大家都急于定义这个互联网上的新名词。如今融媒体横空出世,从理念到产业发展,经历了一个非常短暂的阶段,终止了理论定义之战。事物是发展的,人类社会也是发展的,有创新才有社会的进步。在互联网时代,创新成了新动力,不断催生新事物,融媒体就是代表之一。“媒体融合”(media convergence)最早由尼古拉斯·尼葛洛庞蒂提出,美国马萨诸塞州理工大学教授浦尔认为媒介融合是指各种媒介呈现多功能一体化的趋势。

一、互联网媒体融合概念

媒体融合是在20世纪末提出的一个话题,如今,融媒体已经成为一个实实在在的产业。何谓融媒体?它又是怎样的一个产业呢?对于一个软件公司来说,拥有自己的融媒体理念,就能够创造出自己的一套完整的系统。“互联网+”与媒体融合在时间上的契合,表明任何关于媒体融合的探讨都离不开“互联网+”的时代背景,而“互联网+”也应当成为深入理解媒体融合的一个重要参数。

所谓融媒体,就是充分利用媒介载体,把广播、电视、报纸、互联网、新媒体等既有共同点又存在互补性的不同媒介,在人力、内容、宣传等方面进行全面整合,实现“资源通融、内容兼融、宣传互融、利益共融”的新型媒体。也就是说,融媒体是在互联网时代的基础上,融合所有的媒体和媒介,向人们提供各类信息。我们应充分把握互联网时代发展的大趋势,依靠互联网思维,掌握“融”的内涵,在内容、机制、用户、技术、功能、平台等方面进行融汇、融通。

二、新型融媒体

融媒体理念的形成和发展,促进了融媒体产业的形成和发展。融媒体产业的兴起推进了融媒体新技术的开发和应用,而新媒体促使所有传播形态向数字化靠拢。从性质上看,新媒体就是融合媒体的主力军。而我们所说的媒体融合,实际上是站在传统媒体的立场上,将传统媒体与新媒体融合在一个空间中。这不仅仅是创设一个网站、开通几个微信公众号、发几条微博、拍几条抖音就能做到的,而是要从内容、渠道、技术、组织到运营进行全面改革与提升,打破原有流程,实现深度整合。

聚焦移动互联网应用场景,把传统媒体垂直化转型为新媒体与自媒体,这是媒体融合的发展方向。媒体融合的关键是组织架构重塑,而组织架构重塑需要靠流程再造来推动。融媒体平台的建立符合“互联网+”发展趋势,同时为传统媒体流程再造提供了现实的技术支持。

三、“互联网+”是融媒体的先决条件

在互联网发展中的相当长的一段时间内,我们把互联网看成一项技术或者一种传播手段和传播渠道。这是一种误读,造成许多混淆。因此,过去我们对互联网的应用和把握,一言以蔽之,即“+互联网”模式。这种思维在既有的工作逻辑、影响力逻辑、价值逻辑方面有一定的局限性;由于加上了互联网,多了一些平台和受众能接触的终端,所以很长一段时间内我们把互联网看成一种延伸物、一种工具,甚至淡化了我们的价值、管理能力、影响力等。这样的模式并没有把互联网的核心体现出来。

20 世纪 60 年代,加拿大传播学者麦克卢汉提出了“媒介即信息”的观点:一种新的媒介的出现,最重要的不是它作为一种传播渠道出现,而是作为一种革命性的、改变社会的力量出现。控制论创始人罗伯特·维纳在其著作《控制与社会》中提出,人和人通过信息传播连接在一起,从而组成社会。这一理论出现后,很快便成为社会认可度较高的理论。信息传播作为黏合剂,有什么样的信息传播的形态、方式,就有什么样的社会结构方式、组织方式。社会传播形态的重大改变,会引起社会结构、社会形态的深刻改变。

人们开始重新认识互联网时代,提出了“互联网+”融合理念。有些人似乎还不习惯这种用法,认为这是把互联网看成了一个“垃圾桶”。现在一些人对“互联网+”的认识仍然是“+互联网”的模式。

无论怎么说,“互联网+”以“融合”为标志,把互联网视为现实社会的基础。我们是在互联网的环境下展开工作的,我们必须适应新时期新常态的要求,创造出跟这样的时代和现实相匹配的大众传播模式和运营模式。

四、云计算是融媒体的核心

融媒体的开放性除了表现在技术的开放性、介质的开放性上,还表现在内容的开放性上,其内容制作与先前相比有很大的不同。

云计算,是近几年提出的一种计算模式,是分布式计算、并行计算和网格计算共同

向前发展的产物。系统前台采用实用付费的方式,通过互联网向用户提供服务。在运行系统后台,大量的集群使用虚拟机的方式,通过高速互联网互联,组成大型的虚拟资源池,提供智能分析数据的能力。这些虚拟资源池可自主管理和配置,用数据冗余的方式保证虚拟资源的可用性,并具有分布式存储和计算、高扩展性、高可用性、高用户友好性等特征。云计算是一个包含大量可用虚拟资源(例如硬件、开发平台以及服务)的资源池。这个虚拟资源池可以根据不同的负载动态地调整配置,以达到更高的资源利用率。

云计算的模式是媒体未来发展、媒介融合的理想模式之一,实现了大数据分析、舆情分析、资源共享。从可行性来看,云计算的模式最适合大型传媒机构,如涵盖网络电视、电台、报纸、杂志、移动媒体、广告等多形态的传媒集团。借助云计算,可将复杂的权限管理和多媒体形态的报道呈现方式简单化,更可将复杂的受众订阅及定制服务简单化、集约化。云计算与云存储的信息共享模糊了媒介之间的界限,当信息的区分度不大时,信息的形式就显得更重要了。这为融媒体的发展提供了动力,云计算与云存储同时为融媒体的管理提供了技术上的可能性。

云计算的出现对于媒体的影响是深远的,以往媒体竞争主要为"速度之争",而云计算提供了一种新的可能,从理论上而言,任何人都可以从云端获得信息,信息获得的"零时差"终结了"独家报道"的优势。竞争在另一层面展开,这一层面便是"独家阐释"。

五、一键群播是融媒体新技术的主要特点

同时在所有的媒介上播出同一条信息,这在传统媒体时代是不可思议的。以前如果要在不同媒介上同时播出一条新闻或信息,需要多方协调,还需要一定的技术支持等,如今融媒体平台可以轻松实现一键群播。把所有的媒介融合在一个平台后,怎么播、怎么审核、怎么协调等问题都涌向融媒体平台。

在传统媒体中,播出节目需要经过很严格的审核流程,而在新媒体中,播出、发布变得便捷无比,速度更快,时效更强。融媒体的关键技术之一是权限划分,即按照管理者的身份划分职务权限。权限管理使得新媒体能在融媒体平台上更有效地发挥自身的特点,合理地、有章可循地把信息快速传递出去。

目前对融媒体平台的应用基本上是以当地政府为主体,以企事业单位为辅的。融媒体平台通过一定的流程完成信息的采集、编辑、传递,在区域内传递党和政府的声音,传递正能量,播出发布群众喜闻乐见的、寓教于乐的节目和信息,结合新媒体形式传递多种信息。

六、融媒体走向台前

2019年1月15日，中共中央宣传部、国家广播电视总局联合发布了《县级融媒体中心建设规范》《县级融媒体中心省级技术平台规范要求》，为县级融媒体中心省级技术平台建设制定了操作指南和建设规范。它标志着我国融媒体建设已经走向台前，向世人展示我国融媒体建设的模式。同年4月9日，中共中央宣传部新闻局、国家广播电视总局科技司联合发布了《县级融媒体中心网络安全规范》《县级融媒体中心运行维护规范》《县级融媒体中心监测监管规范》，进一步完善了融媒体平台建设国家标准和规范，强有力地推进了融媒体平台建设和融媒体产业发展，使我国融媒体建设和技术水平走在世界的前列。

县级融媒体中心建设是新时代治国理政的新举措，是强化新闻舆论阵地、提升社会治理水平、加大风险防范力度的有效方法。县级融媒体中心建设将打通媒体融合的"最后一公里"、连接群众的"最后一公里"、基层治理的"最后一公里"，更好地满足人民群众的信息需求，扩大主流价值的影响力，让党的声音传得更广、传得更深入。

第二节　融媒体的主要特征

一、融媒体的主要特征

建设融媒体平台、推进融媒体发展成为互联网时代的新趋势。融媒体不仅融合了传统媒体、吸收了新媒体，还接纳了不断涌现的新兴平台。融媒体具有以下十个特征：

(1)高时效、碎片化、互动性(社交化)、深入性、短暂性、颠覆性，是融媒体的主要特征。由于融媒体是互联网时代的产物，因此其高时效、碎片化、互动性特征非常显著。

(2)包容性和交融性。各类媒体相互渗透、相互影响，形成了一个相对独立的媒介环境。传统媒体和新媒体的交融、新的媒介形式的出现，都需要有包容性和交融性。

(3)移动客户端为主体。手机客户端代表的移动互联网媒体作为第五媒体，以新媒体的方式为主流媒体重新定义。移动互联网是融媒体发展的一个前提条件，从新媒体发展到今天的融媒体依靠手机、平板电脑等移动终端，实现了采、编、播的一体化，移动终端成为互联网时代新技术发展的一个标志。

(4)权威发布。"权威发布"被个性化重新定义，有思想、有传播能力(表演、演说、写作能力)的自媒体成为舆情中心。这是由融媒体平台现有的性质决定的。目前由地方政府建设的融媒体平台,主要是为当地的政治、经济、教育等服务的。

(5)严肃性与自由性的统一。媒体人和受众的界线正在淡化。

(6)专业、精细、有特色(个性),是新媒体人立足的法宝。融媒体平台建设催生了一个新群体——融媒体人。他们在融媒体平台上采集搜索信息,编辑、制作、传递信息,进行资源共享、交流互动。

(7)传媒为基础,融合为方向。新媒体与传统媒体相互依存而不是取代,形成立体的“融媒体”。传统媒体在互联网时代要转变观念、求得发展,不能停止脚步。传媒为基础,融合为方向,这是互联网时代媒体融合的核心。

(8)“开放、互动、包容”三性统一。开放性(对行业和社会)、互动性(容许各种评论)、包容性(吸收更多的创新产品)是融媒体生存和发展的“命门”。以地区为主体的融媒体平台建设,体现的就是开放性;互动是互联网的一大特性,互动把人们拉近了、让世界变小了;对任何新生事物必须有“海纳百川”的胸襟。

(9)资源优化,科学管理。媒介所有权、信息采集、新闻表达和记者技能的融合,会不断催生新的形式并使其升级。融媒体平台的建立让不同媒体走到一个平台上,让不同媒介融合为一个中心。信息采集、使用,资源优化、合理利用,需要一套科学管理体系来约束,这不仅涉及版权问题,而且还涉及效率问题。

(10)权限划分,智慧服务。智慧服务的互动方式取代简单粗暴的管理方式。融媒体平台的一个关键技术是权限划分技术,利用这一技术,能够根据不同的职务确定人们在平台上的权限,解决了编审播出管理的瓶颈问题,实现了智慧服务、智慧分割功能,能有效地管理每一条信息的采集、审核、编辑和发布。

二、融媒体与新媒体的关系

互联网时代新媒体和融媒体相互交融,它们之间是既辩证统一又相对独立的关系。

(一)新媒体是融媒体应用的一部分

媒体融合的使命,其实就是推动传统媒体使用新技术,与以新媒体为代表的互联网技术共生存。新媒体在不断发展,融媒体平台在不断完善,融媒体技术在不断创新,新媒体和传统媒体的融合是一项艰巨的任务。新媒体在融媒体中占有不可替代的位置,微信、微博、QQ、微视频及网站等,都是融媒体平台上的主力军。

应大力融合传统媒体,重振主流媒体的传播力,更好地发挥喉舌作用,实现舆论引导,优化社会治理,重点关注媒体生产与传播方式,实现采访、编辑、生产、发布等职能的分离,对以前分散在各个媒体部门的记者、编辑等进行统一的管理与调度,整合重复的职能与部门,从而形成适应融媒体中心发展的组织形式,使其高效工作,满足资源配置需求。

(二)新媒体发布依托融媒体

在融媒体平台搭建之前,新媒体发布主要是分散式的。各大社交平台的出现使得内容的发布更加自由便捷,随手拍摄的视频、图片,随心写的文章和短语,借助互联网就能发布出去,但是个人发布的影响面较小、受众有限、传播力很弱,不会引起大众广泛关注;而门户网站及自媒体具有一套发布流程,它们的影响面较大、受众较广,具有一定的号召力。要想有效地将新媒体的内容发布出去,借助融媒体平台是最佳选择。

一键发布是融媒体平台的关键技术,它融合了传统媒体的发布系统,也结合了新媒体的发布渠道,连接门户网站和发布平台,为不同类型的新媒体提供快捷发布的渠道;与此同时,它还可以采集自媒体中有价值的信息,将其提供给平台上的媒体应用;融媒体平台有一套资源管理系统,利用云平台和链接技术,输入关键词就可获得自媒体发布的有价值的信息,达到资源共享的目的;融媒体平台的审核流程和管理制度都应用了智能分割技术,条块清晰、发布有序、快捷便利,有利于内容审核和发布。

(三)新媒体分散,融媒体集中

分散性是新媒体的一个主要特征。自媒体的发展,加速了分散面的扩大,“人人为媒体,人人被媒体”的时代已经到来。在自媒体时代,不同的声音来自四面八方,“主流媒体”的声音逐渐变弱,人们不再接受被一个“统一的声音”告知信息,每个人都在根据所获得的资讯对事物做出判断。自媒体有别于专业媒体机构,它是由普通大众主导的,将传统的“点到面”传播转化为“点到点”传播的信息传播活动。同时,自媒体也是为用户提供信息共享,传播内容兼具私密性和公开性的信息传播方式。

融媒体平台的主要特点就是新旧媒介融合,形成媒介的中心点。由于媒介的传播、发展都具有各自的规律,若要让多种媒介保持协调一致则需保证各个媒介有机地配合。融媒体技术融合了多种媒介传播技术,可在空间、时间等方面实现多种媒介智能协调、资源共享,由此保证了信息传播协同性的实现。

融媒体实现了多种媒体的有机集成。融媒体覆盖了图像、图形、文本、语音、视频等多种媒介信息,但“融媒体”体现的不是“跨媒体”时代的媒体间的简单连接,而是全方位融合——网络媒体与传统媒体全面互动、全面互补、全面互融。总之,融媒体覆盖全面,技术手段新颖,媒介载体广泛,受众遍布各个领域。

三、融媒体媒介技术

融媒体平台的媒介开发程度是由媒介新技术决定的。媒介技术发展到今天,媒体已不再是单一介质的社会组织,而是容纳了多介质的复合型社会机构。这一变化犹如化学反应,它不是各种媒介的简单相加而是整合式的多元发展。介质"开放性"依赖于"技术先导",而技术的先导性又决定了媒介的发展。互联网时代的显著特点就是高新技术频现和移动互联,助力未来云计算与物联网智能化,以及智能融媒体的形成。这些技术革新将进一步提升媒体介质的开放性。以移动互联为例,移动互联的基础是 4G 技术。4G 技术的开发解决了移动互联的核心技术难题,使移动互联业务进入普及阶段。今后,5G 网络传输技术将促进媒介开放向纵深发展,涉及各个行业。因此,移动互联互动式的生产方式带有强烈的技术先导色彩。移动互联业务首先要有配置理想的移动终端(目前阶段最理想的是 5G 手机),配置差的移动终端无法享受到全面的移动互联服务。从媒介角度来看,一部配置较好的移动终端就是一个多媒体设备终端,这是媒介融合的基础。用户可以用移动终端编辑制作并传播文字、声音、图片和视频,便利地进行融媒体生产。

不管以何种心态看待当下的媒介发展,媒介之间的边界越来越模糊已是既成事实。先前对广播、电视、报纸、杂志等的定义,在开放的媒介生态下已发生全面变化。一方面是媒介融合成为趋势;另一方面是媒介"入侵者"出现,使"边缘类媒体"扩充,催生了媒介生态群。媒介融合促进了媒介开放,推进了技术革新。例如手机从模拟到数字,再到今天的智能化,改变了媒介的开放程度(见图 2-1)。从 2G 到 3G,再到 4G、5G,媒介的传输速度加快,传播的内容更加多样。由此可见,媒介开放程度与新媒体技术是息息相关的,每一次技术革新都给媒介带来巨大的变化。

2G 手机　　3G 手机　　4G 手机

图 2-1　手机的演变

第三节 融媒体时代的标志

一、融媒体时代

互联网时代催生了融媒体时代，媒介融合预示着一个新时代的到来(见图 2-2)。除了扩展对媒介既有的狭义理解之外，这还意味着对传统媒介产业链有了新认识。媒介产业链不再限于新闻生产、交换、消费等环节，新媒体的加入让媒介产业链有了新的变化。

“互联网+”不是一个简单的融合模式，它是由融合技术和融合理念结合而成的。移动互联的“内容+服务”模式是融媒体时代的另一种模式创新，它拓展了融媒体平台的内容，增加了服务对象，更主动地、广泛地吸收用户。例如，互联网媒体在移动互联时代的盈利模式主要有两种，一种是成为移动互联的“内容提供商”，通过内容贩卖获利，如手机小说、手机视频、无线音乐下载等；另一种是成为移动互联的“服务提供商”，通过研发相应的服务，如移动定位、手机查询、移动社区等收取增值费用。

图 2-2　融媒体时代图解

在移动互联的信息类业务中，除了传统的网页浏览之外，以 Push 形式推送移动广告、新闻的业务发展非常迅速。移动互联让纸媒重生，解决了“谁通过什么渠道为报纸付费”的问题。《时代》杂志前主编萨克森在为《时代》杂志撰写的封面文章《谁来拯救报纸》中曾这样提议：应该建立“一种界面极为简单的‘一键式’支付系统，让读者产生购买报纸的冲动”。网络报纸“需要某种像数字硬币或快易通(E-ZPass)数字钱包那样的东西”。实际上这是一种“微支付”的理念，即对所提供的产品或者服务，只收取小额费用，最好是能够小到“无关痛痒”，让用户举手间就能做出支付决定。这样就解决了为报纸付费的问题。由此可以得出这样一个结论：宏大的叙事、高昂的收费与融媒体是格格不入的，纸媒要想重生，转变思想观念是第一步。

融媒体时代，创新才能创造生命力。创新意味着转变思维，创新意味着推陈出新，从原有的一个中心转为“一个中心与三个基本点”，那就是以“融媒体”为中心，以“数据”“用户”与“服务”为基本点，这一点非常重要。

融媒体时代介质的开放程度取决于技术的变革，介质“开放性”纵深化，促使传统媒体与新媒体进入一种"共融与共荣"的阶段。门户网站的版图十年前已定,新进入者的成本高,胜出机会低。特别是中国互联网经过了十多年的发展,江山渐定,版图已分。面对受众路径依赖、广告消费习惯等因素的改变,门户网站有两个选择:一个选择是进入"融媒体时代求新生",另一个选择是"等待结束"。前者无疑更有意义,这是因为媒介已经发展到了融媒体阶段,互联网时代高新技术的应用和创新理念层出不穷,改变着社会也改变着我们的生活。因此,传统媒体与时代融合必然能求得新生。后者无意义是因为商业网站在中国已然发展了十余年,随着 UGC(用户生产内容模式)等的产生,商业网站对传统媒体的内容依赖度早已不如从前,传统媒体失去了十年前的"要价权",用户至上已经成为自媒体的一个特征。融媒体时代,传统媒体何去何从?唯有解放思想不断创新。未来是一个媒体"共融"才能"共荣"的时代,"共融"需要高素质人才,我国各高校积极建设融媒体实验室,为培养应用型高素质融媒体人才提供实验基地,如图 2-3 所示。

图 2-3　融媒体实验课堂

二、融媒体时代现状

县级融媒体中心是一个具有时代高度的好形式、好方向。它的建立成为互联网时代的一个全新标志。它犹如省级融媒体平台的卫星,围绕着省级融媒体平台实现媒介完全融合。它既有独立性又有统一性。独立性是指县级融媒体中心是一个完整的融合平台,麻雀虽小五脏俱全,它有权限划分、现场直播、实时定位、互联互动、一键多发、资源共享、党务政务服务等功能,但是它的规模较小,服务器配置和电视频道较少,具有一定的局限。统一性是指它与省级融媒体平台共同构成一个完整的融媒体平台,可以与省级主管部门以及其他县级融媒体中心通联协调,实现统一指挥、统一协调、资源共享、安全保障等，并与第三方互联，实现真正意义上的融合。省级融媒体平台为县级融媒体中心提供云计算、大数据服务，为智能融媒体、人工智能领域的发展奠定坚实的基础。这将是互联网时代的一个象征，一个庞大的融媒体体系即将呈现在世人面前。

(1)融媒体中心的“融”，应当朝着基于信息文明的互联网技术所形成的方向融合、转型，而不是为了保护、守住由基于工业文明的机械和电子技术所形成的传统媒体的内容、形态和渠道。要把传统媒体融入融媒体中心，“传媒为基础，融合为方向”这一宗旨，诠释了“传统媒体不灭，与互联网共存”的理念。

(2)微博、微信、头条、微视频等应用已经成为当今社会信息领域中的主角，它们就如一颗颗覆盖几亿用户、拥有无数转发器的通信卫星。建设同样的平台需要大量的人力、物力、资金和技术的支持。这些“卫星”就是县级融媒体中心未来转型栖身的主战场。

(3)媒介播出发布的通道是融媒体的核心之一。互联网兼备播出和发布的功能，但它更是生产者，是能够替代数以亿计劳动力的，高效进行复杂的信息分拣、分发并能够对外界信息刺激做出反应的，可以不断成长的生命体。传统的广电传输、报刊出版发行等融入融媒体中心后将焕发出强大活力。这些播出发布系统仅仅是融媒体中心的一个接口，信号同步连接，就能发挥更大作用。

(4)融媒体中心建设席卷中国大地，但目前只有少数大型媒体机构做成了融媒体综合内容平台。目前，县级融媒体中心建设的国家标准和规范已经出台，从业者应根据互联网时代的特点，做好县级融媒体中心的建设，因为它与省级融媒体平台是同一领域的垂直平台；要实现传统媒体与新媒体融合、与党务政务服务融合、与第三方互联融合。

(5)新闻采集、编辑、播出在我国有一套规范的审批流程。在融媒体中心进行权限划分，采用总编辑核准制，既保留了原有审批流程，又吸纳了新媒体的管理模式，快速便捷，提高了效率。由于在市县区范围内，有价值的新闻较少，难以支撑起一个独立的新闻应用，所以它采用省级融媒体平台链接模块，这能使当地新闻变得丰富多彩。

(6)融媒体中心不仅仅是一个媒体平台，它也是一个社交平台。融媒体中心实现了媒体互动，使得媒体更具有生命力，提供更精准服务。互动与直播是融媒体的一大特点，直播系统的嵌入，使得融媒体中心焕发了活力。如今已不再是花费高昂费用租用国际通信卫星来直播的年代，直播变得更加便捷，所以只要主流社交媒体平台经营好自己的渠道，就能很好地实现政令的下达和民情的上传，实现有效的信息传播和舆论引导，传统媒体依然是强势媒体。

(7)融媒体中心是一个综合性平台，当地党政服务窗口也被纳入其中，与第三方互联。平台可以延伸到乡镇、村庄，更好地为农村服务；与此同时，还可以通过融媒体中心开展基础党建工作,加强基层党组织建设,更好地为人民服务。

(8)融媒体中心建设是一个巨大繁杂的系统工程,虽可普及基层,但它绝对不是市县区级媒体的财力、人力所能够开发出来的。目前我国县级融媒体中心建设主要是政府行为,一部分为企业行为,多方融资,共同参与。

(9)县级融媒体中心按照国家规范标准建设。该规范基于县级融媒体中心的业务类型,规定了总体架构、功能要求、基础设施配套要求、关键技术指标及验收要求等内容。规范颁布后,不同的融媒体中心使用统一标准,为各地融媒体中心之间互联互通奠定了坚实的技术基础,有利于将县级融媒体中心建成主流舆论阵地、综合服务平台和社区信息枢纽,发挥好引导群众、服务群众的重要作用。

(10)县级融媒体中心开设党务政务服务窗口,与第三方互联,除了极具地方特色的项目外,平台还打通了通往全世界的信息接口,创造出更多的商业机会。

综上所述,融媒体平台是一个自上而下的大型系统工程,根据我们的国情,要全国一盘棋,结合互联网时代的要求,科学地发展融媒体平台。今后,融媒体平台建设和应用将为"一带一路"沿线国家提供支持或帮助,为建设人类命运共同体作出贡献。

三、融媒体时代传媒格局的变化

(一)角色转换:从"受众"到"用户"

传统媒体的受众是"读者、观众、听众"的统称,这种被动式的媒介消费及单向的推送式传播令受众只能被动接收媒体编排过的内容,受众的个性化受到一定程度的限制。而传统媒体"点对面"的传播模式,使内容呈现单一化,无论受众的品位如何、兴趣如何、职业如何,都只能接收相同的信息。

互联网、移动信息接收终端的出现彻底改变了用户接收信息的方式,传统社会生活中的媒体的时空和习俗遭到解构,个性化的互动影响力和时空自由不断增强,个人时空不再与媒体时空绑定。互联网时代融媒体赋予受众的信息选择权,使受众成为信息传播的参与者,在"传播者"与"受传者"的角色间自由转换。这种由"受众"到"用户"的角色转换,改变了大众传播模式。

(二)内容主体转变:用户为王

以互联网为代表的高新技术推动着现代社会的高速发展,融媒体重新打造媒介形态与传播格局,被动接收各类信息的受众被"用户"取代。内容生产者在坚守"内容为王"底线的同时,还应看到行业生态的转变——"用户为王"。

传统媒体时代,内容占据着绝对的核心地位,出版、销售等环节只是附属。内容决定了传播形式，也决定了传播媒介。在互联网时代，新媒体的内容、平台、渠道以及终端的作用日渐凸显，此时的“融媒体”已经成为新的概念，它跨越了时空阈限、形态界限乃至文化隔阂，政治、经济、文化等领域也受其影响发生着形态变化。以互联网为核心，包括新闻传媒业、电信业、文创产业在内的完整产业链逐渐形成并日益壮大，传播对象由受众变成用户。“顾客是上帝”已经成为公认的真理，在互联网时代媒体的宗旨仍然是服务，服务的对象就是用户。

在互联网时代，融媒体用户的注意力不再集中于某几个品牌的媒体上，他们把目光和注意力集中到了移动端的屏幕上，一些细化的强势应用、微信公众号、微博、微视频等媒体平台分散了用户的注意力，培育出大量忠实用户，成为信息传播的全新霸主。“用户为王”标志着互联网服务改变了“人找信息”的模式，出现了一种全新的概念——“信息找人”，用户至上。在创作上，内容为王；在融媒体平台上，用户为王。

（三）市场的赋能：从市场“营销”到用户“共存”

融媒体平台与用户的关系已经成为媒介经营的核心。要想获得牢固的融媒体用户系统和稳固的关系，就需要用户之间、用户与产品之间积极互动，在互动的过程中产生仪式感与认同感，激励用户对平台“驻足”。

在消费升级的大背景下，大众从被动接收信息的受众逐渐成长为具有独立思考和判断能力的用户，用户从“单一选择”向“多元选择”转变。它直接影响内容的生产者，使融媒体平台的生产和营销思路随之发生转变。观念的转变、思路的变化为用户共存创造了先决条件，创新创意、挖掘品牌、作品更迭的附加属性成为用户共存的决定因素。

（四）个体时空的拓展：从“单一”到“汇集”

互联网时代高新技术的革命催生了碎片化的阅读方式，将媒介消费与用户的日常生活紧密联系在一起，用户在这个时空中成为主角。因为技术的进步，尤其是VR和移动直播的诞生、5G网络传输的使用，融媒体用户可以随时随地、快速便捷地走进任何时空现场，进行沉浸式传播消费。融媒体平台吸引了众多的用户，他们汇集在一起共享欢乐时光。

在传统媒体时代，用户对于信息的解读只能基于单一的传播符号，不论是使用视觉符号的报纸还是使用声音符号的广播，只能满足单一感官的信息需求。电视的视频信号虽然实现了场景再现，但是摄影机的盲区制约着用户的视野。融媒体新技术的出现使用户真正摆脱时空的束缚进入现场。在信息互动的过程中，用户的个体空间也得到最大限度的延伸。当用户消费媒介信息和产品时，他们也在线上以“虚拟角色”的状态呈现，便捷的媒体为媒介消费开辟了社会空间和个人空间，个体时空得到极大延伸。

(五)提升消费自由度:从时间“缩短”到速率“上升”

传统媒介内容通常以信息包的形态出售。在单一销售中,不论是对品牌整体的追求,还是被个别信息内容吸引,甚至是毫无使用价值的信息,用户都要接受,而且必须为全部信息付费。而在互联网时代的融媒体中,移动网络信息传输通道出现后,个人化的信息消费机制的兴起缩小了信息的规模,用户根据自己的需要选择有价值的信息,只需付出一对一的信息成本。因此信息生产者必须认清这种融媒体销售模式,将信息的选择权还给消费者,但依然保有编辑制作的权利,通过精心编排的版面、用户数据分析、有价值的信息、类型群体等,引导用户合理的媒介消费行为,进而激发消费群体不断加快信息更新的频率。

从整体行业生态分析,用户分给单位信息的时间和精力不断缩短,信息的消费单位在不断下降,但是信息获取行为的频率却在大幅提高。个性化和碎片化的趋势并不意味着市场的萎缩,反而证明了用户媒介消费时间的增加,消费自由度脱离了媒介的时空线从而转向特定个体时空,内容生产者要凭借信息内容保持媒介影响力。

(六)生产路径创新:传媒产品的不断更新

内容生产者在创作过程中,会更注重创新的路径。按照拟态环境理论,用户通过与媒介互动获得的认知,都是对现实世界的拟态还原。不同时空环境背景下的用户对文化观念的理解存在差异;在同一文明中,生活方式的差异也影响着个体对文化的认知程度等。传统媒体时代,新闻业的生产方式令用户的文化消费习惯与媒介绑定,无论用户是否接受,都得按照内容生产者的思路走下去。不同传播介质的特性压缩和改变着文化观念,进而编织了媒体专属时空。

互联网时代高新技术的创新促进了信息传播业的数字化创新过程,依托代码与编程,任何信息都得以兼容共存,这就是融媒体。融媒体的创新,不仅是技术的升级、前端产品的生产创新,更涉及市场创新与思维创新。

(七)融媒体思维要有新方式:从“弱势”到“强势”

融媒体新思维又是什么呢?“传媒为基础,融合为方向”,这就是融媒体新思维。融媒体新思维集中于“媒介融合”,体现在“融合”上;要让传统媒体获得新生,让新媒体取得发展,展现媒体的强势,突出文化自信。它表现为全新形态的媒介产品赋予了用户更多的参与权和话语权,尤其是在社交媒体当道的互联网时代,任何形态、任何内容的媒介产品只有最大限度地引起消费者的互动和转发才有传播力。影响力小,这是“弱势”,也是由自媒体的性质所决定的。信息生产者契合时代要求,加强平台建设,利用平台把松散的个体汇集在平台上,融合在一起形成一个次中心,再向外传播,这是

"强势"。例如,将自拍视频在个人的朋友圈中发布,传播力度小;若要增加这条视频的观看量,就要进行推广,告知朋友圈内的人帮忙转发,可能积极响应者甚微;如果在视频平台上发布视频,由于内容公开,影响力可能扩大几百倍;如果把它放到融媒体平台上发布,影响力可能扩大上千倍上万倍。

(八)内容强调娱乐化:从"严肃"到"娱乐"

一直以来,大众对传统媒体的认识定位在"严肃"上,对新媒体的认识基本停留在"娱乐"上。传统媒体的新闻是人们获取新闻信息的来源。美国学者尼尔·波兹曼提出"新闻是一种娱乐形式",说的是从严肃播报新闻到娱乐说新闻的转变。在经济利益导向下,新闻娱乐化的方式提升了传媒产品的效用与使用价值,满足了受众需求,提高了经济效益。新媒体的娱乐化程度越来越高,提升了新媒体的经济效益。传统媒体上的许多收视率较高的娱乐节目转向新媒体,例如《爸爸去哪儿》《我是歌手》《拜托了冰箱》等都取得了巨大的经济效益。大众化的传媒消费习惯更加趋向于娱乐化。近年来,大众媒介娱乐化现象已成为不争事实,不论是综艺节目还是大众传媒,都呈现出娱乐化倾向。

融媒体中心的内容生产也要注重娱乐化,这不仅是大众的要求,也是互联网时代的要求。

(九)提供个性化体验:用户从"场景"到"虚拟"

互联网时代高新技术的创新促进了媒介融合的快速发展,融媒体时代媒介形态彻底颠覆了传统媒体形式单一的特点,内容呈现的方式更加多元,能为用户提供更舒适的阅读体验,让用户沉浸其中,全身心投入。主要表现在:以往用户要实现一定的场景内容需要动用大量的人力和物力,现在可利用 AI、VR 等高科技手段,在得到个性化体验的同时获得有价值的信息。如:在 2019 年 3 月全国"两会"期间,出现了多种技术的"跨界"整合,如人民网出品的 H5 作品《"两会" 入场券》中包含着移动直播;"小明 AI 两会"体现了人工智能中"人"与媒介的互动、虚拟与现实的融合。全景拍摄场景时代的到来,让个体有了"真实体验"的感觉,追求个性化的适时体验成为超越时空的重要因素。AI、VR 和全景技术在"两会"报道中都得到了应用(见图 2-4、图 2-5)。

融合新闻产品注重用户体验,利用大数据与 VR 技术营造出一个轻松的阅读场景,并结合大数据简化信息,提高阅读效率。可视化手段使新闻更加直观,内容变得浅显易懂。

图 2-4　AI 在“两会”报道中的应用

图 2-5　VR(左)和全景技术(右)在“两会”报道中的应用

(十)媒介信任向融合信任转变:从“关注”到“关系”

融媒体中心具有文化的属性,不同地区、不同国家所建立的融媒体中心的文化特性存在一定差异,这是由文化消费者来决定的。法国社会学家皮埃尔·布迪厄的“文化资本论”认为,特定的文化消费模式不仅是个体文化素养的体现,也生产并定义着个体的社会关系。

文化自信,强我中华,就是要建立起中华民族的文化自信。文化是一个国家、一个民族的灵魂,文化自信是更基础、更广泛、更深厚的自信,是一个国家、一个民族发展中更基本、更深沉、更持久的力量。融媒体中心建设属于文化建设的范畴,互联网时代融合信任度的提高是文化自信的表现。通过融媒体中心打开权威性传播途径,依托社交媒体平台构建社群,成为媒介经营的必经之路。我们应以文化自信为基础,创新内容融合为技术,充分发挥融媒体的信息传播广、功能强、服务好的优势,打造“互联网+”融合的全新业务模式。

在融媒体时代,用户对于媒介的消费依托于媒介菜单;在信息爆炸时代,用户更加渴望优质内容与信息。用户对于优质内容的选择,是基于对信息渠道或信息发布平台的信任的。人民日报"中央厨房"青创营推出的H5作品《史上最牛创业团队》,以视频的形式讲述中国共产党的创业之路,以生动鲜活的画面、酷炫的场景讲述革命先辈们的创业之艰,勉励大众珍惜今日的和平与幸福。其新颖的标题吸引了用户点击,而对内容的情感共鸣又引发了用户更广泛的转载。

四、融媒体中心创新传媒产品是重点

(一)以用户为核心增强自信

传统媒体的单向推送式传播,是"点对面"的单向传播,内容单一,缺少情感交流。互联网时代媒介融合背景下,媒介与用户之间不再是单纯的信息传播者与接收者的关系,而是双向传播关系,更主要的是二者在传播过程中建立了信任。

在融媒体中心传媒产品的生产环节上,需要更多的技术团队、创意公司进入平台内部,吸引更多的应用型高素质人才,从而为发展提供人力、财力和智力支持,催生数据新闻、H5等新兴产品形态,以及AI、VR等高技术手段,促使传媒行业更加多元和细分化。以个体为代表的松散型媒体工作室,从边缘进入主流媒体的产品生产中。社交媒体的个性化成为行业的重要发展方向。

融媒体中心的优势就在于可多渠道扩展受众面,增加用户数量。融媒体中心的传媒产品在设计阶段就要考虑中心所处的地区、文化特征以及传媒产品表现形式的差异化、多元化,尤其是中心用户基于多屏终端的使用习惯,将各终端、平台、渠道的信息内容聚合分类、交叉处理,搭建多主体参与和众媒介交互的信息共享平台。

(二)以形式多样的互动为目标

媒介行为本身体现了与媒介相关的价值内涵。从媒介经济层面来分析,媒介逐渐多样化,然后再汇集到融媒体中心,形成一定的优势。在以传统媒体为主导的大众传播时代,单一性是其主要特点。用户期待媒介本身以及媒介所承载内容的新颖化。

在国内,数字内容生产只是利用数字技术对文本进行再处理的过程,但在国际上,谷歌、亚马逊等企业已经将战略目标定位为终极场景公司。媒介融合的多样性促使用户对产品的认识度提高,让媒介融合更具普遍性,互动成为主要手段。

在与融媒体中心的媒介进行互动的过程中,用户对媒体创新产品的感性认识得到提高。依托互联网与数字化技术生产出的传媒产品,在技术上具备了融合基础。在数字化浪潮的冲击下,不同形态媒介间加速融合。尤其是传统媒体经历网络化、数字化、智能化的改造后，纷纷转战两微一端，即微博、微信、移动客户端，依托它们实现互动的社交，成为一大亮点。

融媒体平台在生产传媒产品时，选定内容之后，不仅要关注技术与新传播形式，更应思考用户互动环节的细节再生。在互动中不仅要实现语音互动和视频互动，还要实现符号互动、意念互动，构建场景的真实感。

（三）内容生产以质量为最高目标

网络空间中，低成本的信息采集和发布过程使得传统受众既是传播者又是接收者。信息的传播空前迅速，也导致了信息选择的困难以及信息选择的不自由。托夫勒在《未来的震荡》中对今时今日之尴尬做出了准确预言："过多的选择并不能使人从束缚中解脱，相反，它会成为烦恼的来源，甚至引发无法选择的选择。"托夫勒将这种尴尬的境遇形容为"选择将是超选择的选择，自由将成为太自由的不自由"。此时，优质信息更加容易获得青睐。例如，人民日报社在2020年初新冠肺炎疫情的报道中推出"新冠肺炎疫情实时动态"，包含疫情地图、疫情速报、疫情防控、疫情捐赠、最美逆行者等多个板块，通过人工智能大数据、手机客户端将最新的政策和信息第一时间发布。

在信息全球化的浪潮中，汹涌而来的信息也一度令人无所适从，从浩如烟海的信息流中精准获取所需信息变得日益困难，眼花缭乱的视觉界面、匆匆滑过的屏幕，用户要在大量垃圾信息中做出选择。信息爆炸的困扰，在于信息的生产速度和现存规模远远超出人们的分析认知能力，反而降低了人们的决策效率，信息搜集所耗费的时间成本甚至超过了信息自身的价值。

（四）以社交关系网为渠道

最早的社交网站只是针对特定的用户群体，随着用户数量的增加、资本的注入，逐步拓展为开放型社交网站。在今天的中国互联网市场上，不同的社交媒体以其传播特质的差异性定位占据特定的领域，从而分化了互联网市场。

在社交媒体的虚拟空间中，国籍、年龄、职业、受教育程度等人口统计学特征上的社群分化逐步出现，尤其是群聊功能的推出，更是令传统意义上的"人脉圈子"成为现实，同质化群体的聚集成为网络空间人际传播的新特征。用户之间的关系，也变为"朋友""联系人""粉丝""追随者"等，之前素昧平生的陌生人能够因为共同的兴趣爱好、观点立场迅速变得熟悉起来。

在互联网中，同类型个体之间紧密度较高，反之则紧密度关系较弱，被称为"弱关系"。个体在社会格局中都存在强弱关系连接，不同社交媒体平台将个人框架组合为媒介框架，移动社交媒体使人类重新虚拟部落化，人与人之间的社会关系也随着社会进步变得越来越复杂。

社交媒体在一定程度上是个体社交关系的集合，同质化群体的形成，暗示了社交媒体中的在线社区是依托人际关系而构建的。在传媒产品与用户的互动中，产品在构建仪式感和话题方面得到强化。逆时序的线性结构令话题在互动中呈现金字塔结构，人际关系基于产品在社交软件的公共空间中形成网状系统，个体的自我操控能力得到较大程度体现，在互动中实现了自我彰显。

在信息爆炸时代，产品的创新不仅是技术的升级、前端产品的生产创新，更涉及市场创新与思维创新。融媒体成为展示互联网高新技术的应用平台，用户成为融媒体服务的主要对象。作为内容生产者，融媒体不仅要借助科技使用户全身心沉浸其中，更要赋予产品以文化内涵，提升用户对品牌的信赖度，在社交平台上实现链式传播的奇迹。

思考题：

1.融媒体理念的基本含义是什么？

2.如何认识县级融媒体中心？

3.怎样认识融媒体从“内容为王”转为“用户为王”的趋势？

4.如何理解融媒体平台碎片化催生“信息找人”？

5.你认为创新是互联网时代的主要标志吗？

6.怎样理解“传媒为基础，融合为方向”的融媒体新思维？

第三章 省级融媒体技术平台

重点提示

①省级融媒体技术平台的总体架构，每个模块之间的关联
②融媒体技术平台宣传管理服务与媒体协作
③党务、政务等综合服务接口创建
④为平台用户建立相对应的服务项目接口端，使用大数据云平台
⑤做好线上线下技术培训工作

学习目标

①全面认识掌握省级融媒体技术平台总体架构和平台安全保障关键技术，确保融媒平台平稳安全运作
②掌握融媒体平台上服务项目的分类技术、宣传管理服务和综合服务，创建项目接口端，为用户提供服务
③转变思想观念，认识互联网时代融媒体新思维，学习掌握融媒体技术平台上的权限划分、审批管理流程等

省级融媒体技术平台是为县级融媒体中心服务的核心平台，是实现媒介融合的关键工程。它把传统媒体和新媒体以及互联网服务有机融合在一起，并且不断吸纳创新技术。它使“互联网+”的实现成为可能。省级融媒体技术平台是实现统一指挥、统一协调、统一部署的主管平台，平台的搭建对县级融媒体中心的运营有着举足轻重的作用。搭建过程包括平台的架构、资源共享创建、大数据收集、设置创建项目接口；省级平台为县级融媒体中心提供线上线下培训；平台安全保障体系的建立；平台上的权限划分设定。

第一节　省级融媒体技术平台的建设

省级融媒体技术平台是指为县级融媒体中心服务、党建服务、政务服务、公共服务、通联协作、增值服务等业务开展提供技术支撑、运营维护的省级云平台。它以云计算、大数据等现代信息技术为基础,基于融合发展的云架构,为区域内所属的县级融媒体中心提供服务;通过能力建设、开放接口、流程重构,支持电视台或广播电台链接生产和新业务的弹性部署;在满足传统业务流程的同时,满足媒体融合发展的多业务流程,满足互联网时代要求,为新业务提供统一内容支撑、技术服务、数据分析、运营计费等服务。作为一体化技术业务平台,它能有效地支撑在媒体融合发展背景下的电视台或广播电台创新业务的快速发展。这里所指的平台为计算机硬件或软件的运行环境,大数据指不用随机分析法(抽样调查)而对所有数据进行分析处理的方法。大数据的5V特点由IBM提出,即Volume(大量)、Velocity(高速)、Variety(多样)、Value(价值)、Veracity(真实性)。

省级融媒体技术平台按传统归属关系可以分为报刊融媒体平台和广播电视融媒体平台,但就其未来的发展方向来看,其功能和作用的界线将随着融合技术的发展愈来愈模糊。现代融合技术还提出了混合媒体的概念,目前学术界还没有一个权威定义。一般认为省级融媒体平台建设是指在省级部门建立融媒体平台,利用移动互联网、云计算、智能终端等技术,对现有的传统媒体进行技术改造,融合现有及新兴媒体平台,提供实时与非实时、交互的综合业务,满足用户个性化、多样化业务需求,开展基于传统媒体系统的新型融合媒体平台建设。因此,省级融媒体平台应该本着从封闭到开放、从单维度服务到多维度服务、从内容到用户、从“造船出海”到“造船”“借船”并举、从紧耦合到模块化设计的思路进行建设。

省级融媒体平台下设县级融媒体、企业融媒体、物联网融媒体等,其中县级融媒体中心是运营机构,是县级所属媒体的融合。以县级为单位的融媒体中心,融合了县级电视台、广播电台、报社,县级政府官网、党务和政务服务平台,官方微博、官方微信公众号等新媒体。它为区域内的广大受众提供信息传递和互联网服务。企业融媒体中心是以媒体集团和企业为主体建立的融媒体平台,主要是传统媒体的转型。企业融媒体中心把新媒体纳入平台,创新更多的内容和形式,在激烈的市场竞争中占有一席之地。有的地方媒体建立了新媒体中心,但它与融媒体平台性质不一样,大多为官方网站提供运营、维护服务。物联网融媒体发挥物联网融合万物的超强力量,必将在今后助力省级、区县级融媒体的发展,成为国家政策宣传的重要渠道、公共信息汇集和发布的重要平台、产业信息和企业信息汇聚和推广的重要渠道。

一、省级融媒体技术平台概况

目前融媒体平台主要以省为单位建设,省辖各市县区、企业、社会团体等建设的融媒体中心,统称为“县级融媒体中心”。省级融媒体技术平台(以下简称“省级技术平台”)采用开放的云架构,具有松耦合、资源池化、高端、可扩展等特性,具备满足业务发展、快速迭代升级的能力,可采用微服务架构方式实现。省级技术平台的存储、计算、网络能力应适配省域内县级融媒体中心的接入需求。省级技术平台还具有多租户的管理机制与技术手段,能实现不同网络、不同业务之间的云主机隔离和安全控制;根据不同用户、不同业务的计算、存储、网络负载情况,实现资源的动态分配、弹性伸缩。平台还应具备系统抗灾能力和数据备份手段。

省级技术平台包括基础资源、工具、服务、运营管理、宣传管理服务与媒体协作以及安全保障等部分。基础资源主要包括基础的计算、存储和网络资源等,为工具和服务提供基础支撑;工具主要包括精编生产工具、快编生产工具、微博微信生产工具、数据分析工具、App 定制工具、生产协同工具等;服务包括媒体服务、党建服务、政务服务、公共服务、增值服务等;宣传管理服务与媒体协作主要包括宣传管理服务、内容监管、通联协作、内容交换和培训指导等功能。

运营管理是省级技术平台的一项主要工作内容,它包括租户管理、服务管理、计量计费、运行维护、监测监管、资源管理以及统计分析等功能,为县级融媒体中心的正常运营提供支持。省级融媒体平台的安全保障体系关系到全省县级融媒体中心的正常运行,它为县级融媒体中心建立起一道铜墙铁壁。省级技术平台安全保障体系包括物理安全、网络安全、主机安全、应用安全、数据安全、云安全、安全监测等。省级技术平台通过业务数据接口与县级融媒体中心以及第三方系统互联互通,以更有效地支撑县级融媒体中心的业务开展。

二、省级融媒体技术平台的定位

在互联网时代,省级融媒体平台是县级融媒体中心运营的关键支撑平台。融媒体技术平台就是通过互联网为一定区域内多个融媒体中心提供大数据服务的平台。目前主要是以省级技术平台为主要平台覆盖全省,通过平台建立起与省域内县级融媒体中心互联互通、信息共享、协同互动的机制。我国于 2019 年 1 月制定了省级技术平台定位、规范标准,明确了省级融媒体平台的功能和作用。省级融媒体平台的主要功能是宣传管理、通联协作、党务政务服务、互联网服务和资源共享。

如图 3-1 所示,省级技术平台不仅为省域内县级融媒体中心的业务开展提供云端服务和技术能力支撑,而且还为省域内县级融媒体中心的业务开展提供基础资源支持,同时为宣传管理部门提供宣传管理和内容监管的技术支撑。由此可见,省级技术平台为平台上的用户提供了强有力的技术支持,全面系统地为县级融媒体中心服务。其宣传管理的职能保证了它的权威性,在协调各方、应急处理等方面发挥着重要作用。

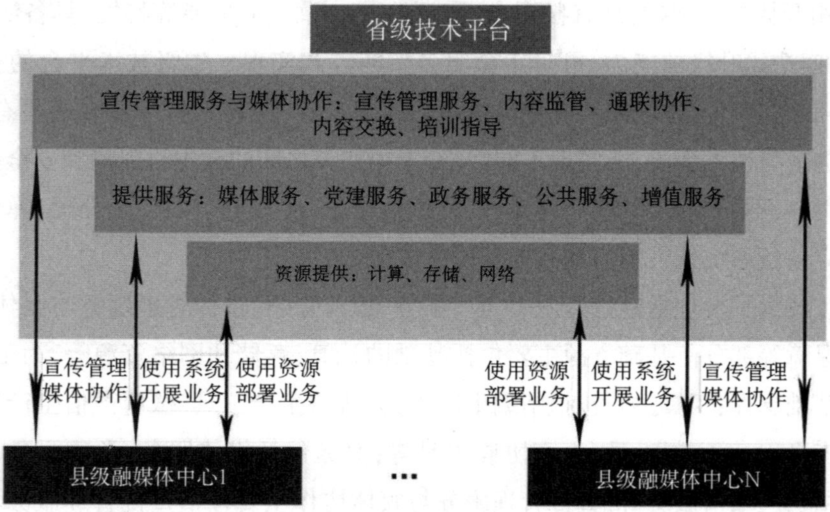

图 3-1 省级技术平台定位示意图

三、省级融媒体技术平台建设的意义

省级融媒体技术平台建立有着重要意义,它的意义在于:

(1)全省县级融媒体一盘棋:省级平台基于几十个县级融媒体中心,为了满足各个融媒体的不同需求,在存储、计算、技术、网络服务等方面实现全省融媒体一盘棋,使得新闻生产、宣传服务管理等的交流交换更便捷、更畅通。

(2)通联协作、统一部署,应对突发事件:由于各市县的媒体之间协作受到很多制约,对突发事件的新闻报道、信息交流等存在渠道不畅通等问题。省级技术平台能使各个县级融媒体中心在应对突发事件、重大活动上能够步调一致、协作应对,有利于在信息传递、宣传上配合政府部门采取相应措施,把事件的实时情况快捷、真实地传播给大众。

(3)打通互联网当地政务服务"最后一公里":省级技术平台支持县级融媒体中心对接政府部门服务平台,实现政务服务为民办实事功能,让市民足不出户就能在网上享受政府提供的服务,享受互联网时代融媒体带来的服务红利。

(4)在省级技术平台上实现资源共享:县级融媒体中心可基于省级技术平台提供

的多渠道信息汇聚能力，打破各县市区的行政区划，实现信息共享、资源共享，为今后智慧政务服务、智能融媒体等奠定基础。

(5)党务服务到每一个用户：支持县级融媒体中心对接各级党委技术平台，按照"媒体+"的要求，实现党建服务，把党的政策、党的组织建设落实到每个角落，充分发挥基层党组织和党员模范带头作用。

(6)把安全保障放在首位：省级技术平台要为所辖县级融媒体中心提供安全保障。由于省级技术平台投资大、空间大、运行能力强，能对平台上的物理安全、基础网络安全、主机安全、数据安全等领域建立起强有力的安全防护，筑起铜墙铁壁。

四、省级融媒体技术平台的作用

省级融媒体技术平台的服务对象是平台内的所有用户群体。它不仅包含县级融媒体中心的所有功能，而且还有其独有的强大功能。县级融媒体中心是省级融媒体中心的一部分，既有个性又有统一性。省级技术平台包括省级行政区划内的县级融媒体中心、所属传媒机构融媒体中心、新媒体中心、党务政务服务平台、跨区域联合融媒体中心等。省级技术平台主要特点是：投资规模大，平台技术强、功能多样性、大数据中心、安全保障、技术链接、培训服务。因此省级融媒体技术平台具有以下作用：

(1)平台是县级媒体融合建设的核心。县级融媒体应用技术是在省级平台建设基础上建立起来的，省级平台对其辖区内县级融媒体中心建设、管理和运营提出指导性的意见和建议，并为所管辖融媒体中心提供技术支持和内容支持。

(2)为县级融媒体中心提供业务支撑。省级技术平台为县级融媒体中心提供媒体发布、活动策划、对外服务、租户管理、运行维护、监测监管、资源管理等服务；支持县级融媒体中心在内容、渠道、平台、管理、运营等方面的深度融合。

(3)宣传管理服务与媒体协作。省级技术平台面向宣传管理部门，统筹管理和协调省域内的宣传报道工作，保证省级宣传管理部门向县级融媒体中心下发宣传报道任务和相关指导意见渠道的畅通，向县级融媒体中心提供省域和县域的互联网舆情动向分析报告；为省域内县级融媒体中心的互联网传播力分析提供支持，包括对发布渠道的前端用户、发布内容等进行采集、统计、展现等，同步接收并展现县级融媒体中心的报道选题。

(4)平台为融媒体中心提供党政综合服务。这是融媒体平台的重要内容之一，包括党建服务类、政务服务类、公共服务类、增值服务类等服务业务，这是今后融媒体发展的重要内容。利用平台上的大数据支持基层党组织建设，为基层党员干部提供宣传阵地；为区域内行政部门提供链接服务；为辖区内居民提供公共服务、行政管理服务和综合服务等。

(5)省级技术平台为所属用户提供新闻采编服务。省级技术平台对县级融媒体中心的新闻采编提供支持,支持人员、设备资源的调度和指挥,统筹组织新闻采访和生产发布等业务,包括线索汇聚、选题策划、调度指挥和信息呈现等。

(6)省级技术平台为融媒体中心提供内容生产工具。省级技术平台上的工具设置是由县级融媒体中心的内容来决定的,主要是为县级融媒体中心服务的,主要体现为:利用精编生产工具编辑音视频,利用快编生产工具快速编辑不同格式的文件;通过互联网网络直播工具处理网络转码编码;使用数据分析工具对融媒体平台上的任务结构数据进行分析。

省级技术平台上的新媒体生产工具包括 App 定制工具,可针对用户使用快速生成任务,利用稿件生产工具对通稿进行编辑、审核、播出、发布等;微博微信生产工具,可对新媒体进行编辑、发布,图片生产工具能对图片进行专业化编辑;H5 编辑工具,可对 H5 产品进行编辑、排版、发布。省级技术平台上的传统媒体的生产工具包括生产协同工具,可对任务进行创建、派发;报刊排版工具,可用来签发小样、审核版面;音频生产工具,可对音频文件进行编辑、混合;网络点播工具,可选定列表栏目展示点;内容运营工具,可提供在线投票、报名、在线答题等功能。

(7)省级技术平台为融媒体中心提供业务数据接口。省级技术平台与县级融媒体中心的对接是通过平台上的接口完成的。省级技术平台定义接口使用的功能描述、参数、返回值等属性,减少字段映射和访问协议转换,保证业务对接。

(8)省级技术平台为各个用户提供线上线下融媒体应用技术培训。互联网时代的媒介融合是创新技术的体现,不断出现的高新技术推动互联网迅猛发展。“互联网+”提出融合的新思路,媒介融合已经成为现实并在全国各省市县全面展开,省级技术平台、县级融媒体中心、传媒机构融媒体中心等如雨后春笋般迅速发展。它们融合了传统媒体和新媒体,融合了新兴媒体和互联网服务。由于融媒体技术含量较高,融媒体平台技术人员严重缺乏,因此融媒体应用技术培训迫在眉睫。目前,通常由省级技术平台统一进行线上线下技术培训,线上培训主要采用视频讲座、网络直播、慕课互动等方式;线下培训则由省级技术平台提供培训场地、专家以及学习材料,以省级技术平台为实验平台,为学员提供实践实训基地。

截止到 2019 年 3 月,我国还没有开设融媒体专业的高等院校,虽有几所高校建设了融媒体应用平台实验室,但与我国融媒体平台建设的发展情况不匹配。在国家制定融媒体建设的规范和标准后,许多高校开始规划建设融媒体实验室。按目前的实际情况推测,到 2021 年难有从高等院校毕业的融媒体应用型高素质人才,所以线下培训县级融媒体中心应用型人才就显得尤为重要。

(9)省级技术平台为智能融媒体开发奠定基础。省级技术平台建设大数据中心和云端,实现了资源共享,为建立智能融媒体、人工智能媒体奠定了坚实的基础。互联网时代,随着大数据技术的应用、网络高速传输的实现,人工智能媒体、智能融媒体的应用成为未来媒体的发展方向。

五、省级融媒体技术平台的主要接口

省级技术平台有一套完整、严密的系统,它服务于融媒体应用软件的开发和应用。省级技术平台上的业务模块指的是快速生成业务逻辑组件,并组织、调度业务逻辑组件应用的软件工具。数据接口平台指提供数据采集、存储、运算及数据结果调用的网站或软件。每个对外提供的服务都是由后台服务器来支撑的。在生产环境中,单节点服务器往往不能达到我们的需求。有时为了保证服务的稳定性、高可用性、容灾性等,就需要采用集群的形式部署服务来保障数据接口可以持续提供服务。

省级技术平台的主要接口用于定义接口使用的功能描述、参数、返回值等属性,减少字段映射和访问协议转换,保证业务对接。此项标准的接口定义采用 HTTP(状态码)的 POST(更新资源信息)和 GET(获取/查询资源信息)请求方法描述,具体可采用 DELETE、PUT 等请求方法实现。平台主要接口包括以下几种:

(1)任务资源接口:对任务资源的操作,包括任务资源的创建、修改、删除、检索等。

(2)内容资源接口:对内容资源的操作,包括内容资源的创建、修改、删除、检索等。

(3)素材资源接口:对素材资源的操作,包括素材资源的上传、下载、修改、删除、检索等。

(4)用户资源接口:对用户资源的操作,包括用户资源的创建、修改、删除、检索及用户统计分析、数据检索等。

(5)网络直播资源接口:对网络直播资源的操作,包括网络直播资源的创建、修改、删除、检索等。

(6)超链接接口:对超链接资源的操作,包括超链接创建、修改、删除、检索等。

(7)通知资源接口:对通知资源的操作,包括通知创建、修改、删除、检索等。

(8)应急广播接口:应急广播平台的接口协议。

第二节　省级融媒体技术平台的构成

省级技术平台是一个庞大的系统，不仅功能强大，而且辐射范围广。传统媒体和新媒体是技术平台上的主要内容和技术支撑点，它们的内容影响面、数据量在平台上占据了主要位置。党务和政务服务项目是平台链接的主要内容。国家规范标准中确定的省级技术平台总构架指出了它们之间关系，规范了省级技术平台与县级融媒体中心和第三方的协调通联，如图 3-2 所示。

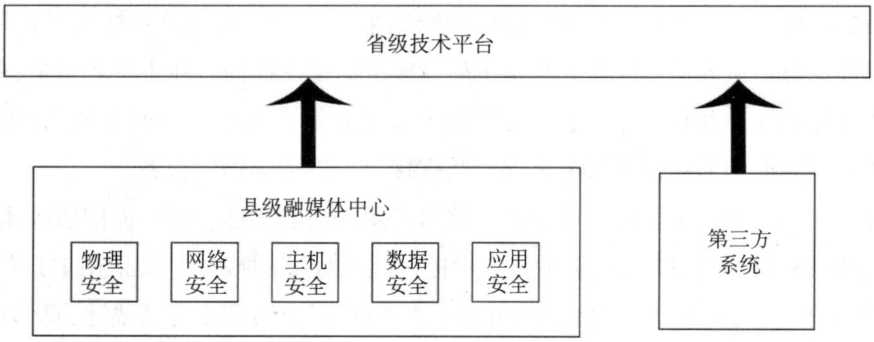

图 3-2　省级技术平台构成

省级技术平台架构的建立取决于政策方向、区域文化差异、经济发展均衡程度、云标准化程度、应用软件云化进程、网络带宽和计算能力的变革以及传统媒体自身的发展情况等综合因素。从全台网角度来说，其相关业务具有安全等级高的特点，因此构建自有云平台是必然的选择。然而，省级技术平台的“云”具有开放性，如何充分利用公有云资源，满足贴近互联网和移动互联网以支撑业务的需求，是省级技术平台建设过程中必须考虑的问题。同时，为了更好地在公有云中建立起传统媒体的特色应用，确保内容的安全和版权的有效保护，有必要构建专属云。

省级技术平台整体架构的建立，能展现平台的核心内容，实现平台的应用功能，更好地发挥县级融媒体中心的作用。

一、宣传管理服务与媒体协作

这是省级技术平台上的主模块，主要对宣传内容、选题策划等进行有效的监管。以省级为单位建立起来的融媒体技术平台，汇集了省域内的所有县级融媒体中心，因此平台上的宣传管理服务内容较多，覆盖面较广，包含内容生产管理、播出发布等，如

图 3-3 所示。从内容审核到人员选派,省级技术平台都有一套管理流程。

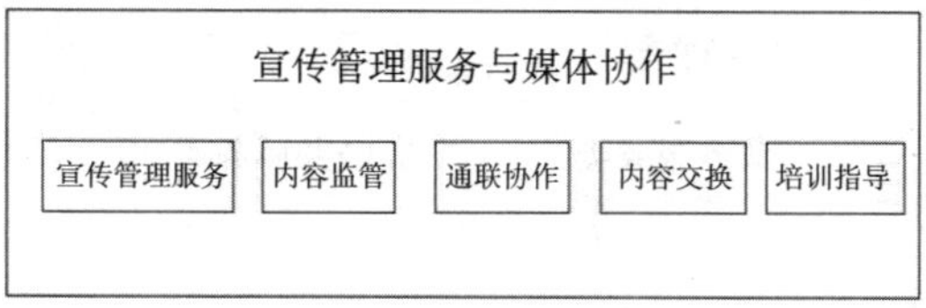

图 3-3 宣传管理服务与媒体协作

二、平台服务

省级技术平台能为县级融媒体中心的新闻选题、文案等提供必要的支持,对更多的人员、设备资源进行调度和指挥,统筹组织新闻采访和生产发布等业务,包括线索汇聚、选题策划、调度指挥和信息呈现等;服务类别包括媒体服务类和数据分析类。

(1)媒体服务类是由内容策划、采集和管理,内容生产,融合发布等组成的,对县级融媒体中心提供策划指挥、采集和汇聚、内容生产、内容管理以及融合发布等服务,如图 3-4 所示。

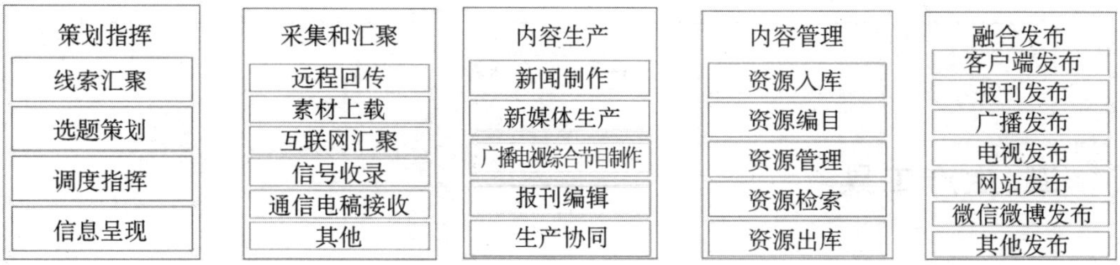

图 3-4 媒体服务

(2)数据分析类服务是指以互联网发布数据和前端用户行为数据为基础,在平台上的分析模块中通过数据采集、清洗、挖掘、分析等手段,为县级融媒体中心提供舆情热点发现、传播影响力分析和前端用户分析等服务,如图 3-5 所示。

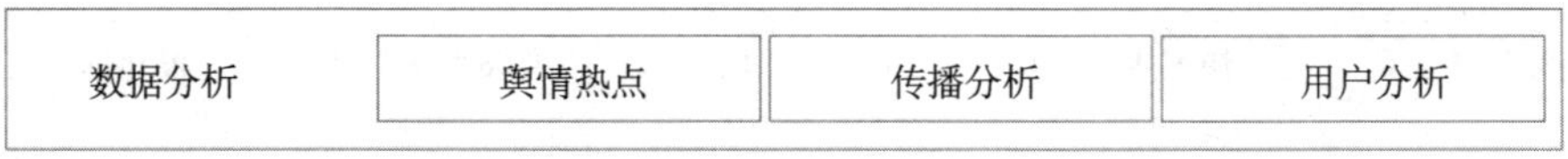

图 3-5 数据分析

三、综合服务

省级技术平台为县级融媒体中心提供的综合服务包括媒体服务类、党建服务类、政务服务类、公共服务类、增值服务类以及其他项目的服务，如图 3-6 所示。

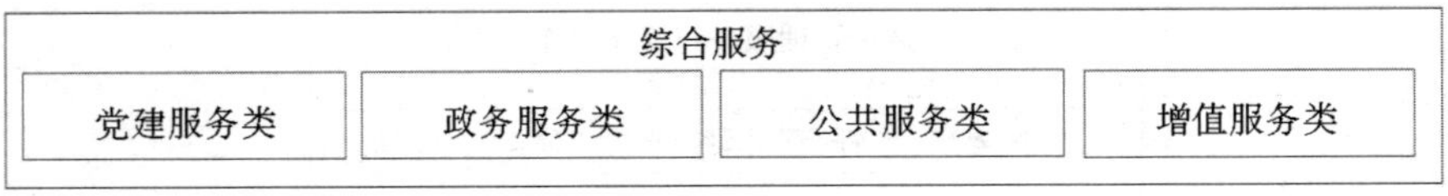

图 3-6　综合服务

四、安全保障

省级技术平台提供的安全保障是保证平台自身和县级融媒体中心正常运作，免受攻击的最后防线，如图 3-7 所示。

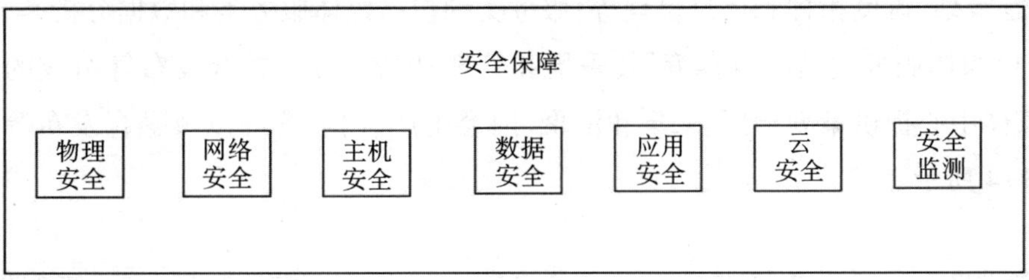

图 3-7　安全保障

五、生产工具

生产工具是融媒体平台上的主要软件，也是主要技术之一，主要用于内容生产。省级技术平台上的生产工具主要用于传统媒体和新媒体等的内容创作和数据分析等，有生产协调、互联协作等功能，如图 3-8 所示。

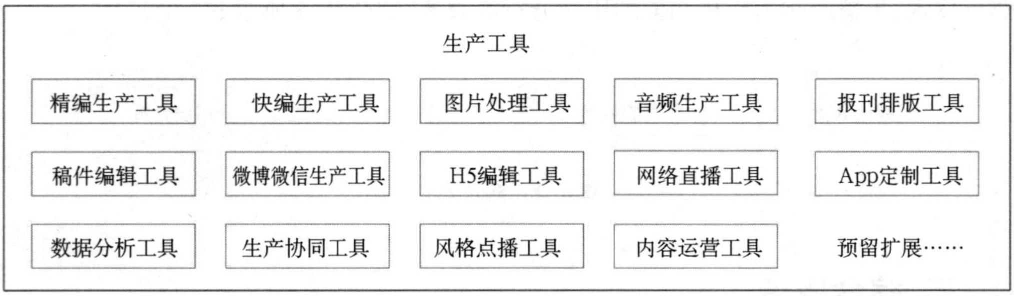

图 3-8　生产工具

六、资源共享

省级技术平台的优势在于能整合更多的资源。平台内部有多个县级融媒体中心，它们打破地区界限，各自通过省级技术平台在全省范围内进行资源共享，更好地为民众服务。共享的资源包括计算资源、存储资源和网络资源（见图 3-9）。在互联网时代，资源共享是融媒体开放的一个重要象征。

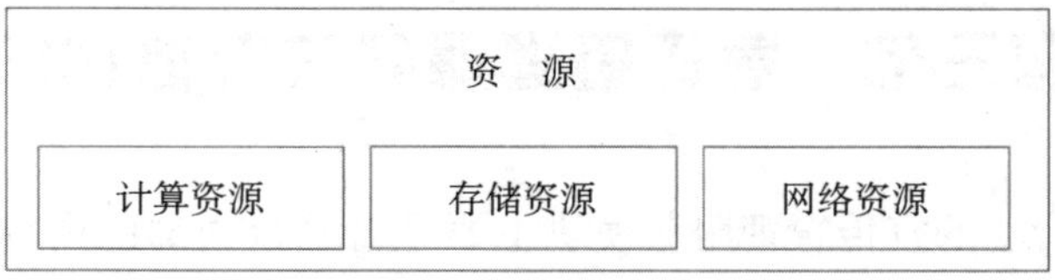

图 3-9　共享的资源

七、业务数据接口

在县级融媒体中心建设中，若其采用不同科技公司提供的融媒体软件，会产生接口不对等、信息传输不通畅的问题，因此，有必要统一采用标准的 API 等接口对接方式，根据应用场景选择对接方式，同时保证接口对接安全、高效和简单。业务数据接口包括人力资源接口、内容资源接口和互动资源接口，如图 3-10 所示。

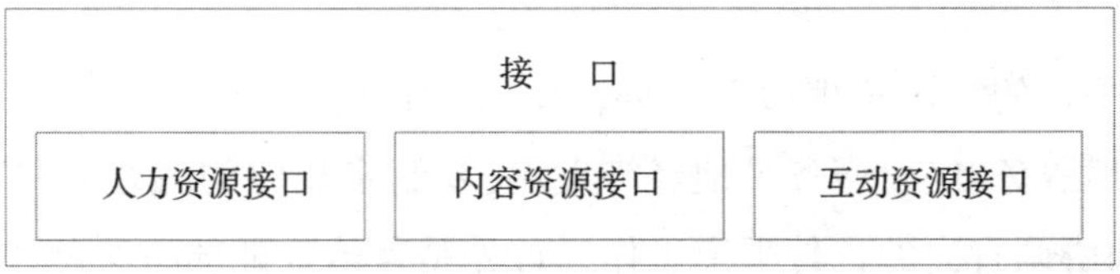

图 3-10　业务数据接口

八、运营管理

平台运营管理是为了提升平台的服务水平，发展更多的用户并获得更大的收益。它主要包括对平台日常经营、运作等相关工作的管理，如图 3-11 所示。省级技术平台上的运营管理是平台上涉及面最广的一个模块，要根据市场经济的需要确定相应的商业盈利模式，根据互联网时代的发展要求为融媒体平台科学、合理地制定发展规划。

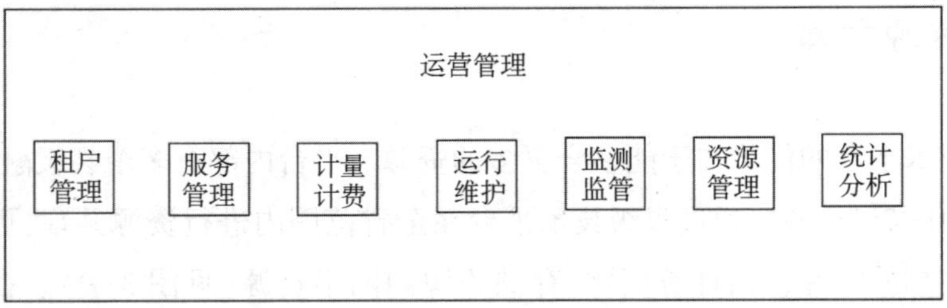

图 3-11　运营管理

第三节　宣传管理服务与媒体协作

省级技术平台上的宣传管理服务模块主要是对平台内部的内容生产进行管理和监控。平台上的内容生产系统既保持传统制播体系的相对独立完整性,又将传统广播电视节目生产与新媒体内容生产纳入统一体系,提供统一选题策划、内容汇聚、内容管理等服务。融媒体的内容生产使用适应融媒体新闻采集的工具,快速回传具备新闻属性的内容,为节目制作采集更广泛的素材,如文化娱乐节目直播和录播、两微一端的一键多播、新媒体推广应用等。通过对传统媒体节目生产体系的改造升级,使策划、生产、审查、播发和评估反馈形成一个闭环,把县级融媒体中心建设成当地权威的全媒体内容生产提供者。

一、宣传管理服务

省级技术平台的宣传管理服务主要面向宣传部门和行政宣传口,对主管部门负责。为了更好地服务社会、服务当地经济发展,要制定相应的融媒体平台宣传管理制度,统筹管理和协调省内的宣传报道工作。首先是宣传管理部门通过省级技术平台向县级融媒体中心下发宣传报道任务和相关指导意见,在执行过程中,可以实时监督,及时对全省区域内的互联网舆情动向进行分析,并向上级主管部门反馈情况;其次是对省内县级融媒体中心的互联网传播力进行分析,包括对发布渠道的前端用户、发布内容等进行采集、统计、展现等;最后是接收并展现县级融媒体中心的报道选题,及时作出指导、确定方案。

二、综合信息服务

综合信息服务主要是指为民众提供公共服务,这项服务关系到民生问题,是为民办实事的一项系统工程。该系统主要为群众提供各类审批、证明、查询等服务,通过建立统一的综合信息服务入口,实现统一接入、管理和监控。省级技术平台主要提供以下内容的服务:

(1)省级技术平台提供面向民众和企事业单位的一站式民生服务办理入口,包括出入境、交通违法、公积金、纳税缴费、福利救助、姓名查重、司法公正、婚育收养、三农服务、证件办理、水电燃气费等。

(2)省级技术平台提供面向民众和企事业单位的专业智慧应用入口,包括智慧医疗、智慧教育、精准扶贫、智慧交通等。

(3)省级技术平台提供面向党委和基层党组织的党建服务入口,包括党建信息发布、网上理论学习、基层党建内容发布等。村级党组织通过手机上的"融媒 App"就能与上级党委进行互通互动。省级技术平台利用大数据分析系统,通过对用户使用综合信息服务状况的判断,搜集网络舆情、互动及反馈信息,全面感知服务对象多样化的需求,并依据大数据分析的结果,从服务对象、群体特征、个性化需求、提供服务的途径和手段等方面进行全面细分,为用户提供信息的精确化推送,这就是"信息找人"智能融媒体的应用。

在综合信息服务系统中,服务对象可以对每一项服务进行投诉和建议,平台自动受理服务对象对政务、民生、党建频道提供的各项服务和其他服务的投诉、建议内容,同时设立专职人员与服务对象进行互动,将汇总的投诉和建议转给有关政府部门处理;服务对象可以及时跟踪处理过程,平台可以及时提示服务对象投诉及建议的反馈处理结果。系统按照区域、服务产品、单位信息、服务状况等多个维度对综合信息服务的总体情况进行数据挖掘分析,实时展现分析结果,定期制作分析报告,为各级政府的决策分析、科学治理提供参考依据。

三、内容管理

媒体以"内容为王",提供符合需求的内容是媒体工作者的主要工作,内容决定了媒体的走向。选择新闻或者信息时,内容是首先要考虑的因素。互联网时代,随着自媒体的兴起,"内容"的地位被"用户"取代,"内容为王"往往被曲解、滥用,我行我素、想说就说的行为对社会造成不良影响。融媒体平台融合了多样化的内容形式及内容来源,统一在一个平台上向特定的区域发布信息,既有集中又有分散,辩证统一。因此,应由管理部门对融媒体平台进行有效的监督管理。

省级技术平台设置了内容管理模块,对县级融媒体中心的内容进行实时管理,确保融媒体中心的健康发展。内容管理主要面向宣传管理部门,提供舆情监测、发布渠道管理和内容监管等服务，具体包括：

(1)以互联网数据为基础，通过数据采集、挖掘、分析等手段，提供舆情热点监测功能，主要是大数据的分析功能，使平台能够进行生产力统计、任务量分析、热点分析、播出发布点击率统计等；

(2)以管理部门关注的重点关键词、专题、舆情信息为核心，采用数据处理、文本分析、智能技术、机器学习等技术，对互联网内容进行监测与分析；

(3)登记和管理省内县级融媒体中心的电视台、广播电台、报刊社等，以及新媒体中的微博、微信、网站及 App 等发布渠道；

(4)支持省级宣传管理部门向县级融媒体中心下发通知，统一协调、统一指挥；

(5)支持已发布内容互联网传播路径的追踪及展现；

(6)支持已发布内容的前端用户情感分析、用户爆料、一键反馈等。

四、内容监管

互联网时代“内容为王”向“用户为王”的转变，主要在媒介融合中显现出来。融媒体平台的用户性质转化到自媒体上，松散性、自由性、泛滥性就逐渐显示出来。融媒体平台虽然建立了管理机制，对用户和内部实行有效管理，平台上的用户也会自觉遵守，但是，在利益诱惑下，这种“自觉遵守”的常态就会被打破。不遵守规范的用户生产出来的不良信息会给社会和民众造成一定的伤害，影响人们正常的生活。例如，2018 年 11 月 30 日，浙江省乐清市一位家长在朋友圈发布消息称，自己 11 岁的儿子走失，引起全社会的关注。乐清市民接力找人，志愿者、救援队一同出动，大量市民加入寻人队伍，集中力量全面搜救走丢的孩子。5 天以后(12 月 4 日)，浙报集团“浙里”系列微信公众号同步刊发孩子走失的消息，受到广大网友关注，爱心网友纷纷将寻人的微信内容转发至朋友圈。而事实真相却是孩子并未走丢，是母亲谎报欺骗社会。这一事件在社会上引起强烈的反响。2019 年 6 月 6 日，央视新闻客户端刊登消息《“乐清男孩失联”闹剧始末，庭审揭露案件细节》，谎报者受到了法律的制裁。

融媒体平台上的内容监管尤为重要，从选题策划到播出发布，建有一套较为完善的审核流程，实现了实时审核、实时监管、无缝审核，一人可审核多种媒介内容，节省了人力，加快了传递速度，提高了效率。

五、舆情热点分析

舆情是事件发生、发展和变化过程中，民众所持有的态度。融媒体平台涉及的舆情主要是网络舆情，它是社会舆情在互联网空间的映射，是社会舆情的直接反映。社会舆情存在于民间，存在于大众的思想观念和日常的街头巷尾的议论之中，前者难以捕捉，后者稍纵即逝。以往舆情的获取只能通过明察暗访、民意调查等方式进行，获取效率低下，精确度也非常低下，带有较强的主观意识，样本少而且容易失之偏颇，耗费巨大。而随着互联网的发展，大众往往以信息化的方式发表自己的看法，因此可以采用网络自动抓取等技术手段获取网络舆情，并进行实时分析，效率高而且信息保真度高，覆盖面全。舆情热点分析就是根据特定问题，针对某个舆情进行深层次的思维加工和分析研究，得到相关结论的过程。而舆情热点监测主要以互联网数据为基础，通过融媒体平台的数据采集、挖掘、分析等手段，获得舆情热点监测结果。

省级技术平台上的舆情分析主要包括以下内容：

(1)省级技术平台舆情热点分析包括热点新闻事件排行、热点事件分析、行业舆情分析、舆情检索、舆情预警和舆情简报定制等内容；

(2)对技术平台所辖县级融媒体中心全网热词进行排行，按地域、领域等进行热词筛选，同时查看相关文章、音视频文件等；

(3)按照地域查看微信公众号、微博排行榜，提供公众号总阅读量、文章阅读量等指标数据；

(4)根据分析结果，发布平台上所有自定义微信公众号、微博排行榜；

(5)支持自定义热点新闻事件跟踪等功能；

(6)平台设置网络舆情分析功能，有效地掌握平台上的网络热点事件、行业舆情分析。

六、通联协作

通联协作就是以省级技术平台为中心，各县级融媒体中心在省级技术平台上相互通联、相互交换，打破区域、部门之间的界限，实现内容交换、交流、应急处理及相互学习的应用模块。

(一)融媒体中心之间通联协作

县级融媒体中心之间的通联，使得区域内的信息交流通道被打通。以往县与县之间的信息交流需要通过市级或者省级相关部门的协调,这在一定程度上影响了办事效率。例如,福建省宁德市屏南县黛溪镇北垅村举行盛大的第四届民俗黄酒节(见图 3-12),临近的南平市政和县新闻媒体就很难获得这条新闻,如果要获取,需要政和县主管部门向南平市相关部门提出申请,再转到宁德市相关部门,由宁德市下达到屏南县相关部门,屏南县相关部门批准后,通知屏南县新闻媒体将此条新闻提供给政和县新闻媒体,手续烦琐,不利于信息传递。

图 3-12　北垅村民俗黄酒节活动现场

(二)手续简化,便利快捷

在省级技术平台上,信息实现了即时传递,现在只要在县级融媒体通联协作模块上进行选题申报,通过后即可进行播出。平台上,通联协作主要为省内县级融媒体中心协同报道和协作联动提供支持,具体包括:统一管理省内县级融媒体中心对突发事件、重大活动的报道,实现指挥调度联动;支持县级融媒体中心上传、查看、下载稿件及其附件,如图 3-13 所示。

图 3-13　通联协作模块的功能

(三)信息互通

通过平台可实现县级融媒体中心的信息交换,并实现省级技术平台上约稿信息和发布信息的互通,以及定向约稿。信息互通在平台系统上具有以下功能:

(1)指令下发与稿件上传:总站稿件池汇总分站稿件;总站下发指令,定向汇聚稿件,进行绩效统计考评;

(2)统计稿件提交总数及采用率,并与指挥中心系统对接;

(3)支持签发文稿;视频支持一键非编,可通过指挥中心展示通联稿件;

(4)创建操作日志:每一步操作都有记录,提升安全性。

(四)统一指挥

当区域内遇到重大事件时,可以通过平台进行统一指挥、统一协调。指挥调度是用来查看任务,并结合资源地图上记者的位置合理分配任务的监控窗口。

如图 3-14 所示,在派发任务的时候可以看到记者当时身处的位置,若发生突发情况,可以安排就近的记者去现场快速采集第一手资料。

图 3-14　资源地图上的记者定位

(五)即时通信

即时通信(Instant Messaging)是目前最为流行的通信方式,各种各样的即时通信软件也层出不穷。毋庸置疑,互联网已经成为真正的信息高速公路。用户通过省级技术平台与县级融媒体中心实现互联互通,及时交换相关信息,需提供即时通信工具。

从实际工程应用角度出发,以计算机网络原理为指导,结合当前网络中的一些常用技术和编程实现基于 C/S 架构的网络聊天工具是切实可行的。移动采编工具——融媒助手 App,在重大新闻播报或应急情况下,可通过资源地图定位记者位置,进行现场视频连线,同时支持记者点对点通信,方便工作沟通,也支持文件的点对点即时传送,提高工作效率。

七、培训指导

融媒体平台建立后遇到的第一个难题就是"怎么使用,谁来使用"。以前,媒体人习惯于传统媒体的采编播模式,一夜之间让他们适应融媒体中心的工作模式,转变观念,更新采编播的技术,实为不易。因此,对媒体人来说,进入培训班学习、提高自己是一条捷径。这项艰巨的培训任务基本上由省级技术平台来完成。它不仅提供线上培训,还提供线下培训。

(一)省级技术平台提供线上技术培训

线上培训指导主要是利用平台对记者或用户进行专业培训、岗位培训,向省内县级融媒体中心提供技术培训和系统使用支持,具体包括:

(1)提供面向县级融媒体中心的在线技术和应用培训,并提供教学视频;

(2)提供远程培训支持;

(3)提供业务系统使用帮助,支持在线答疑,支持培训考核。

在线学习平台除记录学员在线上参加的培训课程、考试竞赛、试题练习、调查问卷和培训交流等项目外,还能对学员学习情况进行全程跟踪管理,全面掌握员工学习培训需求;企业可以通过虚拟课堂,实现对学员的远程培训;教师与学员之间的互动以及考试内容,组成完整的学员学习培训档案,为领导者对员工素质进行公正评价和准确分析提供有力的数据支持。

按照培训内容分,主要有以下几类:

(1)岗位培训:针对不同岗位的人员进行岗位培训,记者、栏目(专栏)制片人、部门负责人、总编室负责人、总编、管理员,这些是融媒体中心的主要岗位,他们承担着中心运营的主要任务;

(2)信息采集培训:信息采集是融媒体平台的关键技术之一,素材采集包含现场直播、网络直播、素材分类等,不同媒体记者使用的采集工具不同,采集的步骤也就不相同;

(3)技术指导:在省级技术平台上进行线上技术指导,实现远程控制教学、远程培训。技术指导主要在县级融媒体中心、省级技术平台上进行,例如网络直播的关键技术、现场直播的条件和技术、在线编辑工具的应用、审核流程的在线填报、即时定位系统的应用等,以及如何应用移动客户端进行操作(进入平台,打开页面,进入"我的任务”，查看“任务统计”“我的播单”）等。

（二）线下培训指导

线下培训，即把所属融媒体平台的使用者集中起来，在软件供应商或专家老师的指导下，面对面地进行系统学习。这种培训以短期实践实训为主。

（1）系统认识：线下培训的第一课就是认识融媒体平台系统。改变以往的观念，从认识融媒体平台系统开始。

（2）全面提高：经过系统学习之后，在感性上对融媒体有全面认识；更重要的是只有通过理论学习才能提高自己，认识互联网的时代特征和标志，认清媒体转型的必要性，读懂媒介融合的时代概念，提高自己对融媒体的认识，改变观念，更好地为社会服务。

（3）技术普及：互联网时代的高新技术，是助推融媒体发展的第一要素。高科技产品的不断涌现，新旧产品的更迭，让人应接不暇。因此，需要对媒体从业者进行技术普及。例如，从模拟技术到数字技术再到如今的高清技术，摄像机已经发生了质的变化，单反相机从原来的直通图片影像技术，变为如今的图片视频影像技术。从数码卡片机到高清照相摄像机（如图 3-15 所示），再到现在的 4K 照相摄像机等，仅仅用了十几年的时间。如今又出现了 8K 等技术，以及 5G 网络传输等，媒体人如果不进入高新技术的圈子洗掉自己身上的老旧尘埃，就会被互联网时代淘汰。

图 3-15　尼康数码相机的演变

第四节　建立大数据云平台

省级技术平台为县级融媒体中心提供大数据“云”计算服务，主要项目有：任务资源、内容资源、素材资源、用户资源、网络直播、数据分析、舆情分析、互动资源、超级链接、通知资源、应急广播等，云平台必须设立相应的对接接口。当县级融媒体中心用户提出的申请通过后，省级技术平台会根据流程，开启相应的对接接口。

省级技术平台具有规模较大、内容丰富、项目繁多、技术含量高等特点，这决定了省级技术平台要创建数据云，以云计算、大数据等现代信息技术搭建基于融合发展的云架构;通过能力建设、开放接口、流程重构,支持电视台、广播电台快捷生产和新业务的弹性部署;在支持传统业务流程的同时,满足媒体融合发展的多业务流程,能够为新业务提供内容支撑、技术服务、数据分析、运营计费、网络直播、互动互换、素材资源管理、应急广播等服务。它能有效地支撑媒体融合发展背景下电视台或广播电台创新业务的快速发展。

省级技术平台上的数据云平台的创建有效地支持了县级融媒体中心的运行,其信息量大、存储数据大等特点为平台上的用户提供了便捷、快速的服务,同时提供数据分析服务,有力地推动当地经济的发展和人们生活水平的提高。

省级技术平台上的数据云平台会为项目创建相应接口服务,具备项目创建、修改、删除、检索等功能。

创建:省级技术平台与用户建立对接接口,平台上的用户通过申请即可获得使用权限。用户在数据云平台上设置"用户专栏",实现共享。

修改:用户可以修改自己创建的"用户专栏"里的内容。

删除:用户根据事件的发展、时间的变迁,删除"用户专栏"里的一些内容。

检索:用户向平台管理员申请开启检索接口,获得批准后,方可在平台上进行检索。检索分为全网络检索、外网检索。外网检索存在一定的安全隐患,所以需要特别申请。

第五节 平台安全保障

融媒体网络安全是指融媒体网络系统的硬件、软件及系统中的数据受到保护,不因偶然的或者恶意的原因而遭到破坏、更改、泄露,确保系统连续、可靠、正常地运行,网络服务不中断。国家规范标准的发布为融媒体网络安全提供了有力保障。

一、省级融媒体技术平台的网络安全内容

(一)整体安全要求

平台的安全防护能力不低于 GB/T 22239 中第三级的要求;平台应符合 GD/J 038-2011 的要求。

(二)物理安全

省级技术平台的机房应具备电子门禁系统等物理访问控制手段,应利用光、电等技术建设机房防盗报警系统;机房环境、机房消防设施应满足国家及行业相关标准;机

房配电应符合《广播电视安全播出管理规定》实施细则的相关要求。

（三）基础网络安全

省级技术平台应保证主要网络设备的业务处理能力和网络带宽具备冗余空间，能满足业务高峰期需要；应为信息系统的核心交换机、汇聚交换机等关键网络设备配置冗余，避免关键节点存在单点故障；根据平台信息系统的播出相关度进行层次化网络架构设计，形成网络纵深防御体系，重要系统应位于纵深结构内部；保障在安全域根据业务类型、业务重要性、物理位置等因素，划分不同的子网或网段；对关键网络设备的运行状况、用户行为等进行日志审计；具备防御大流量 DDoS 攻击的安全防护能力。

（四）主机安全

省级技术平台主机应对登录用户进行身份鉴别，禁止多人使用同一用户名，管理员的口令要有复杂度要求；根据需要禁止通过 USB 等端口进行数据交换，关闭不必要的服务和端口；应定期更新操作系统补丁，部署具有统一管理功能的防恶意代码软件；应积极对物理资源和虚拟资源按照策略做统一管理调度与分配，保证虚拟机仅能使用为其分配的计算资源。

（五）应用安全

这是省级技术平台安全方面的主要内容。平台应提供独立的登录控制模块，或者将登录控制模块集成到统一的门户认证系统中，对登录应用系统的用户进行身份鉴别，禁止多人使用同一用户名，对用户的口令要有复杂度要求；日常应保证不同云租户的应用系统及开发平台之间的隔离；平台应启用访问控制功能，依据安全策略控制用户对资源的访问，控制颗粒度为文件和数据库表级；在应用时采用校验码、密码等技术手段，保证应用使用过程中的通信安全，并确保通信过程中数据的完整性。

（六）数据安全

省级技术平台能够检测用户身份鉴别信息、播出节目信息等重要业务数据在传输过程中是否遭到破坏，应积极采取加密或其他技术手段防止敏感资源被非法访问；平台能够对重要业务信息进行备份和恢复；云租户应用应在本地备份其业务数据，提供查询云租户数据及备份存储位置的方式。

（七）云安全

省级技术平台提供基于租户的计算存储资源的隔离，不同租户接入云平台时应基于身份认证和权限控制，可提供租户资源端口、协议的安全机制；多个云之间的文件交互应采用多重、异构网络病毒查杀；对在平台上交互的业务数据、安全设备运行数据等应进行审计；远程管理云平台指定设备时，管理终端和云平台之间应建立双向身份验证机制。

（八）安全监测

省级技术平台安全监测接受行政监管，因此平台在支持对安全事件、运行状态、脆弱性与威胁、策略与配置进行分析的同时，要对安全信息进行保存、展示、统计和分析处理；对安全事件、运行状态、脆弱性和威胁、策略与配置的图形、报表进行展示。

在部署省级技术平台各个系统的过程中，要从技术需求入手，为整个平台及各个业务定义安全需求，特别是采用公有云服务时，要保证其能够满足相关安全要求；当实施跨云服务传输时，应定义清楚网络边界与安全域边界的安全防护基线。网络接入与安全交换平台应符合《广播电视相关信息系统安全等级保护基本要求》的规定。

二、构建纵深的防御系统

在采取由点到面的各种安全措施时，系统整体上还应保证各种安全措施的组合、扩展防御系统纵深，保证信息系统整体的安全保护能力；根据融合媒体信息系统与播出业务的相关程度，从外到内地扩展业务安全纵深；同时还应从基础网络安全、边界安全、计算环境（主机、应用）安全等多个层次落实各种安全措施，形成纵深防御系统。

三、采取互补的安全措施

以安全控制组件的形式提出基本安全防护要求，将各种安全控制组件集成到特定信息系统中时，应考虑各个安全控制组件功能的整体性和互补性，关注各个安全控制组件在层面内、层面间和功能间产生的连接、交互、依赖、协调、协同等相互关联关系，保证各个安全控制组件共同作用于信息系统，保证信息系统的整体安全。

四、进行集中的安全管理

根据信息系统的安全功能管理要求，省级技术平台应该统一安全策略、安全管理等要求。为了保证分散于各个层面的安全功能在统一策略的指导下发挥作用，各个安全控制组件在可控情况下发挥各自的作用，应建立安全管理中心，集中管理信息系统中的各个安全控制组件，统一安全管理。

第六节　平台权限划分

互联网时代媒介融合的主要特征就是高新技术的应用,无论是省级融媒体技术平台还是县级融媒体中心都使用了高新技术。权限划分是融媒体平台得以建设和应用的关键技术之一,它使得新闻媒体中“三审”制度具有可行性和实际操作性。它划分了不同用户在平台上的职责权限,也就是说,要成为融媒体平台上的用户,首先要得到管理员或总编的确认,并根据用户的职责划分其在平台上的权限。用户一般分为职员级:记者、通讯员、特约评论员、特约通讯员、基层党员干部等;制片人级:第一审核人,也就是项目负责人、编导、小组长等;部门负责人、主任级:第二审核人,如部门主任、经理等;总编级:第三审核人,如中心主任、台长、总编、值班总编等。

一、ERP 概念

融媒体平台的一个关键技术是 ERP,这是计算机系统一个管理软件,主要功能就是划分权限。ERP 将企业所有资源进行整合集成管理。企业资源计划即 ERP(Enterprise Resource Planning),由美国 Gartner Group 公司于 1990 年提出。

二、融媒体平台中的 ERP 应用

融媒体平台的一项核心技术就是“权限划分”,正是有了这样的权限管理才使得融媒体中心能够正常运作。划分权限的技术是以 ERP 为基础,将传统媒体的管理制度和审片流程相结合编写而成的。ERP 的核心就是权限的划分,这决定了融媒体的核心也是权限的划分。融媒体平台规定不同职员的岗位不同,所对应的管理权限就不同。

管理员是这个平台的关键职员。用户进入平台首先要进行身份登记,向管理员提出申请,管理员在平台上对用户进行身份认证之后,根据岗位职责进行权限划分,授予不同用户不同权限。

三、融媒体权限划分的意义

融媒体平台的主力军非传统媒体这一庞大体系莫属,传统媒体中电视台分量最重,同时也是融媒体的主流媒体之一。电视台不仅人员队伍庞大,而且它的影响力、受众面等都是各媒体中的佼佼者。电视台是我国媒体体制改革的先锋之一,20 世纪末到 21 世纪初各地纷纷成立广播影视集团,将事业单位编制变成企业管理。随后,报业集团也相继成立,这是我国媒体体制改革的红利,为我国媒体产业走向市场化奠定了基础。如今广播电视再一次走到了改革的前列,在互联网时代,以县级为单位的融媒体建设中,县级电视台承担了改革先锋的角色。各县(区)以电视台为基础成立县级融媒体中心,首先要解决的核心技术问题就是权限划分。权限划分使审批制度在融媒体平台上得以实现,审片流程、播出流程、总编制度等都得到充分应用,而且具有严谨、便捷、快速等特点。权限划分技术的应用具有重要意义:

第一,沿用了"三审"制度。现阶段我国电视台等传统媒体的"三审"制度已经沿用了几十年,实践证明这种制度符合我国国情,为我国媒体事业的健康发展提供了保障。融媒体权限划分技术的应用,让传统媒体融入融媒体平台,把不可能变为可能。

第二,保证了严谨的审批流程。在融媒体平台上,具有不同审核权限的工作人员能看到的内容不同。职员能看到自己的工作范围和提交审核过程;一审仅能阅读自己和所辖职员提交的内容;二审能阅读部门内节目的内容;三审可以阅读一审、二审的全部内容,以及平台上所有的内容,可以及时发出修改或播出的指令。

第三,沿用了严格的播出流程。播出流程也是根据权限划分来实现的,它沿用电视台的播出流程,经过不同权限人的在线核定,平台自动将节目送到"我的播单",等待在既定时间播出。

第四,实现了便捷的任务派发。记者在融媒体平台上进行新闻线索搜索,通过平台提交选题,上一级审核通过后即执行选题任务。平台根据权限认定下派任务,在"我的任务"一栏中,记者可以看到选题申报的进程和批复时间,同时可以查阅上一级派发的任务明细单,执行相关流程。

第五,合理调配人员。权限划分技术在平台上还有一项新功能就是即时定位,通过北斗卫星导航系统即时定位人员的地理位置,权限人可以第一时间下指令,让靠近新闻现场的记者迅速赶到现场。现场连线时,可以应用即时定位功能证明新闻的真实性。即时定位功能同时支持政府应急部门对突发事件的通报和支援工作。

思考题:

1.如何认识省级融媒体技术平台的总体架构?

2.宣传管理服务包含哪些主要内容?

3.简单阐述平台上项目接口端是如何创建、删除、修改和检索的。

4.省级融媒体技术平台提供线上线下培训的对象和技术包含哪些内容?

5.融媒体的关键技术在于权限划分,你认为应如何建立管理流程机制?

第四章 县级融媒体中心平台内容

〉〉〉〉 **重点提示**

①县级融媒体中心平台建立的基本条件及其总体架构
②生产工具的开发、应用是融媒体平台建设的重要手段
③传统媒体和新媒体在县级融媒体中心平台上的融合
④综合服务内容，实现与政务部门的连接，为民服务
⑤基础设施是县级融媒体中心平台的主要硬件

〉〉〉〉 **学习目标**

①学习掌握融媒体平台内容，转变观念，适应互联网时代要求，实现传统媒体和新媒体的深度整合
②掌握融媒体平台新技术，融媒体+服务是其主要内容，在省级融媒体技术平台的支持下，通联互通，统一指挥协调
③把握电视台、广播电台、报刊等传统主流媒体在融媒体平台上的发展方向，应用好微信、微博等新媒体的线上编辑功能以及平台上的生产工具，针对不同媒介使用不同生产工具

县级融媒体中心平台内容丰富、信息量大、功能强劲、使用便捷。它是一个互联网媒体服务平台，利用网络传输信息，为平台上的用户和受众提供党务政务信息、新闻、娱乐资讯、综合服务。特别是将传统媒体和新媒体融合在同一平台上，实现了融合播出、一键多发。同时它与互联网相连接，能够与主管部门的平台互动，实现资源共享，为融媒体平台的延伸和扩展提供强有力的支持。建设县级融媒体中心平台，首先要转变观念，组建一支高素质的融媒体人才队伍，为我国融媒体产业发展提供强有力的保障。

第一节 县级融媒体中心平台建设

一、以市、县、区行政区域为单位建立的县级融媒体中心

《县级融媒体中心建设规范》(简称《规范》)为县级融媒体中心建设制定了国家标准和规范,为我国融媒体的发展奠定了坚实的基础。《规范》中规定了县级融媒体中心平台是以"整合县级(市、县、区)广播电视、报刊、新媒体等资源,开展媒体服务、党建服务、政务服务、公共服务、增值服务等业务的融合媒体平台",给县级融媒体中心平台下了一个完整的定义,也适用于事业单位或企业的融媒体平台建设。在互联网时代,融合县级媒体资源,引导主流思想舆论,不断提高县级媒体传播力、引导力、影响力和公信力,具有划时代意义,有力推动了融媒体产业的发展。

县级融媒体中心建设在全国各市县区中展开,国家对此出台了总体要求:首先,应按照移动优先的原则,利用移动传播技术,形成渠道畅通、内容丰富、覆盖广泛、传播有效、可管可控的移动传播矩阵;其次,应按照"媒体+"的理念,从单纯的新闻宣传向公共服务领域拓展,增强互动性,从单向传播向多元互动传播延伸,将媒体与政务、服务等业务相结合,开展"媒体+政务""媒体+服务"等业务,提供多样化综合服务,满足用户多样化的需求;最后,应开展综合服务业务,面向用户提供政务服务、生活服务、社交传播服务、教育培训等。

由此可以看出,县级融媒体中心是一个庞大的网络系统工程,它是在原有的传统媒体的基础上建立起来的。互联网时代的一个趋势就是融合,以往互联网把松散的个体整合为一个个小群体,这个整合过程是被动的,表现形式为"+互联网";将一个个小群体融合为一个整体,这个融合过程是主动的,表现形式为"互联网+"。自媒体时代,再中心化是一个趋势,而融媒体横空出世,成为再中心化的中心舞台。

二、以企业为主体建立的融媒体中心

在互联网时代,企业利用互联网进行营销,构建企业营销网络,不断拓展市场,互联网成为它们占领市场的主要途径。互联网的确给企业带来了巨大的经济效益,但其中也存在危机。创新是企业的生命力,市场营销是企业的命脉。企业在互联网时代要紧紧把握市场方向,市场变化,企业也要随之变化。因此,企业必须迎合互联网时代的新趋势,利用"互联网+"走进融合时代。因为"互联网+"不仅扩大了企业市场,更是

企业发展的发动机、企业创新的原动力,能使企业在同行业中独占鳌头。

企业通过建立融媒体中心,把与企业生产和发展相关的行业引入其中,进而创新产品,把不可能变成可能,例如融合市场调研机构、科研机构、原料供应商、融资渠道、销售网点以及广告代理商等。他们之间不仅仅是买卖关系,更应该是协作联动关系,在融媒体平台上进行产品创新、共创共赢。

三、以物联网为主体建立的融媒体平台

以物联网为主体建立融媒体平台,是把电商看作用户,把地区经理看作部门负责人,把国家区域经理看作总负责人。电商上传自己的产品信息和相关广告,不断更新实时价格,通过融媒体中心对外发布。融媒体中心融合了电商群体、地区负责人,融合了地区的发布通道,在融合发布通道上向平台上的所有媒介、用户发送电商信息,使影响面变广、信息传递更通畅,达到"信息找人"的目的。这不是简单的一加一,而是成几何倍数增长。地区经理负责把同类型的产品融合在一个模块中,传播信息就从可能变成现实。虽然这尚处于概念完善过程,但是已经由"阳光融媒"在物联网上试运行。元洪在线,是一家国际食品交易物联网平台,于 2019 年 6 月 18 日链接到阳光融媒体平台上。电商的信息被汇集到一起,共同发布,部分产品进行了同步现场直播和网络直播,当天的销售量达到平时销售量的十几倍,销售金额达到 2,000 多万元,这就是融媒体的强大传播力量,如图 4-1 所示。

图 4-1　元洪在线的融媒体直播现场

第二节　县级融媒体中心平台建立的基本条件

目前县级融媒体中心平台(以下简称"中心平台")的建立是以政府为主,企业为辅的。中心平台是集内容生产、传播渠道、经营模式、数字化平台、技术研发、云计算等功能于一体的平台。中心平台是服务平台,是一个党和政府向社会和大众传递信息的

平台。政府支持是前提条件,体现了融媒体的权威性,但也受到诸多条件的约束;企业为辅,承建融媒体中心,符合市场规律,能适应市场发展需要。

一、政府支持

政府支持是县级融媒体中心建设的先决条件,也是互联网发展的基本条件。首先是政策上的扶持,政府统一调配,把报纸、广播、电视、网络、新媒体等深度融合在一个平台上,以更加有效地传达党和政府的声音;避免各媒体重复投入,实现一次性采集投入、一次性集中统一建设,建成具有一次采集、多元生成、多端传播、增强媒介特点的融媒体平台。其次是资金的支持,建设中心平台需要大量的资金,仅靠政府拨款是远远不够的,还要靠市场运作来融资。但是,政府投入是中心平台建设的重要条件。

二、人才队伍建设

以人为本,是融媒体平台建设的根本,高素质的应用型人才是当前省级融媒体技术平台和县级融媒体中心平台建设的关键所在。在中心平台上,传统媒体和新媒体共同运营融媒体中心,首先面临的问题是人才的融合。媒体从业者不仅要熟练掌握传统媒体技能,还要精通新媒体技术并且熟悉融媒体平台技术。许多中心平台都面临融媒体人才难求的局面,有的地方甚至出现了投入巨额资金建立起融媒体中心,但因为人才短缺,不得不暂停运作的问题。

当前融媒体平台建设是传媒领域里的一场革命,席卷了全国各市县区。但目前大多数高校还没有开设“融媒体实务”“融媒体应用”等课程,融媒体实验室更是寥寥无几。其主要原因在于高校面临融媒体建设选型问题、资金配套问题等,这就造成了人才供给和融媒体发展需求不平衡的局面。

三、省级融媒体技术平台建设

省级融媒体技术平台(相关内容详见本书第三章)是县级融媒体中心的核心,它为县级融媒体中心提供大数据分析和云平台,给予其强大的技术支持,与所属区域的多个县级融媒体中心构成一个强大的融媒体技术平台,并与第三方开展合作,使其成为平台上的用户,打通平台的市场运作渠道。如图 4-2 所示,省级融媒体技术平台的建设使得中央决策、国家政策的公布得以通过融媒体渠道第一时间发布,让老百姓及时了解国家发展的大事和要事，同时将民生信息抽丝剥茧地反馈到党中央、国务院，为国家的政治决策以及政策制定和执行提供参考。同时，区县融媒体引入移动端的技术，为各行各业的沟通、交易搭建网络商贸平台，为经济的发展注入新的活力。

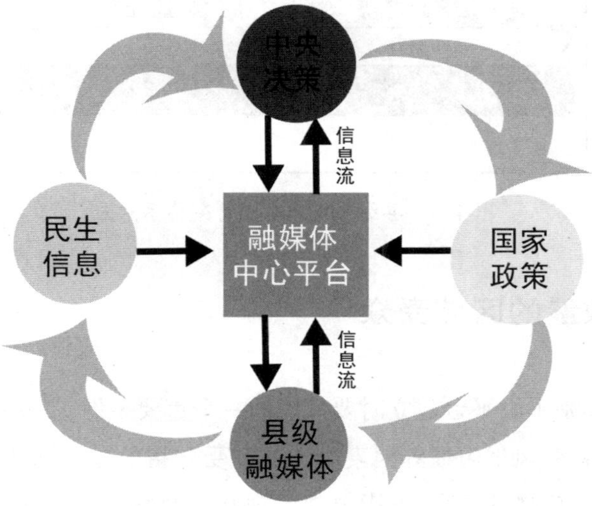

图 4-2　省级融媒体技术平台信息传播示意图

四、中心平台建设规模

县级融媒体中心隶属省级融媒体技术平台，大数据分析、生产任务统计、舆情分析、内容管理、网络直播等都需要省级融媒体技术平台的支持。仅有中心平台还不能形成强大的媒介融合平台。中心平台虽然能够在一定程度上满足县级的媒介融合、新媒体发布、综合服务、通联协作等需求，但是离真正意义上的融媒体中心平台还有很大差距。县级融媒体中心的规模受到许多因素制约，主要有：所处位置的地理条件、社会结构、经济发展水平、民族习俗及地方财政政策等。中心平台规模大小不等，但规模小不等于中心平台功能少，而是存储、项目、中心机房等的规模较小。国家颁布的规范中，对县级融媒体中心的建设性质和架构做了基本规定，即在省级技术平台的业务指导、内容监管、安全保障下开展融媒体运营工作，总架构如图 4-3 所示。媒体是中心平台的主体，由采集汇聚、策划指挥、数据分析、内容生产、综合服务、内容审核和传输通道等模块组成。

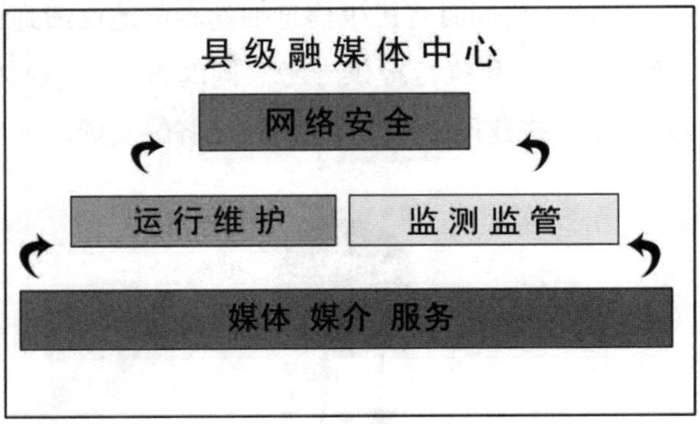

图 4-3　县级融媒体中心总架构示意图

五、一定数量的区域受众

受众群体大小是中心平台建立时要考虑的一个重要条件,受众群体大小是由区域人口数量、人口结构和风俗习惯等因素决定的。受众指的是信息传播的接收者,包括报刊和书籍的读者、广播的听众、电影电视的观众以及网民。受众从宏观上看是一个巨大的集合体,从微观上看体现为具有社会多样性的人,即个体。受众即受传者,也被称为信宿。受传者既可以是某个个体,也可以是某个群体或某个社会组织。受众接收信息后会根据自身的理解,产生相应的反应。

第三节　县级融媒体中心平台的总体架构

中心平台的总体架构主要是依托云计算、大数据等技术构建而成的。它适应移动互联网,特别是 5G 网络通信技术发展需要,充分利用省级技术平台提供的资源和各种服务,如图 4-4 所示。

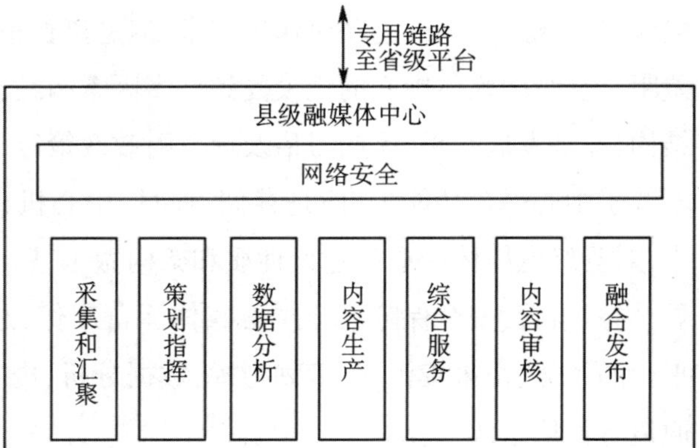

图 4-4　县级融媒体中心总体运行图

中心平台具备适应融媒体特点的快捷生产和业务弹性部署的功能,能够很好地完成统一信息采集,音频、视频、图文等多种格式的内容编辑和格式适配,能够面向多渠道、多种终端播出发布。中心平台上建有一套完整的审核流程，能进行有效的内容监管。它应与省、市级宣传管理部门对接，接受其管理和指导。中心平台运行的一个前提条件是具备安全、高速、稳定的网络支撑，这对中心平台的安全平稳运行起到关键性的作用。中心平台应选用专用网络链路与省级平台连接，设有内外网络，确保网络传输安全。连接中心平台和省级技术平台的网络不宜同时开展互联网服务。

中心平台具有采集和汇聚、策划指挥、数据分析、内容生产、综合服务、内容审核和融合发布等功能。

一、采集和汇聚

采集和汇聚模块（见图4-5）主要用以对中心平台上的第一手资料进行采集、对数据进行传输等。其主要功能包括：采集应急广播消息、其他数据、互联网内容、用户数据、互动数据，以及信号收录、记者外采和远程回传等。

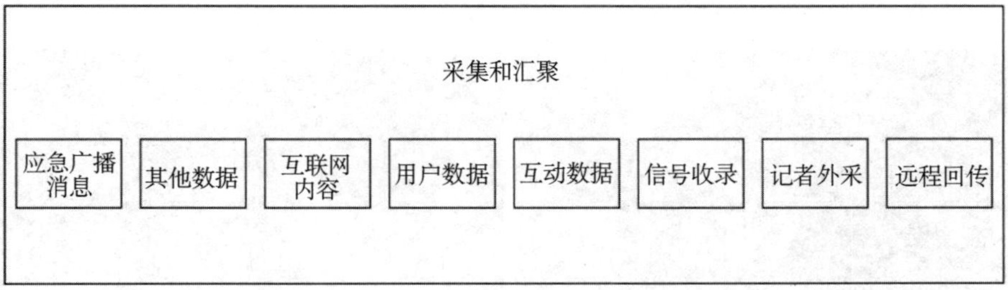

图4-5　采集和汇聚模块

（一）远程回传

远程回传分为网络回传和移动网络回传，能实现音视频节目的远程传输、交换和相应的管理，实现连接的网络化、传输的宽带化和管理的智能化。用户可通过客户端将远程回传文件传送到中心平台指定的子目录上（见图4-6）。

远程回传包括使用手机、平板电脑等移动终端或其他专业采集设备采集的文字、图片、音频、视频等各类型文件的远程回传和回传文件管理，在下一代移动通信技术环境下可支持高码率视频的远程回传。5G网络传输技术的使用，将使远程回传更加快速便捷。融媒体平台应具有对回传文件的共享管理、查看预览、下载到本地、删除等功能。由于采用移动客户端进行传输和接收，所以移动终端回传应支持多种不同的客户端工具，具备大文件的断点续传以及文件的批量上传能力，支持整体目录回传。

图 4-6　远程回传指定的子目录界面

(二)记者外采

记者外采(见图 4-7)即记者对即将发生、正在发生和已经发生的新闻事件进行观察、询问、思索和记录等活动,真实客观地呈现新闻,最终实现新闻价值,承担新闻工作者的社会责任。当前县级的媒体记者仅有电视台记者、广播电台记者和新媒体记者。新媒体记者队伍建设目前刚刚起步,门户网站记者基本上是由乡、镇、村的党员干部兼任的,报社记者极为少见。

图 4-7　记者外采

中心平台的记者外出采访,应先向新闻现场负责人和联络员领取新闻通稿,采访后及时把文字、图片、音频、视频等文件通过手机"融媒 App"进行采集或导入资源系统中。使用的采集设备不同,采集存储介质的数据就不同。因此,导入素材前要对素材进行浏览、挑选,区分视频文件的格式,使其符合视音频信号采集以及回传信号的收录要求。

(三)信号收录

远程回传信号的收录方式是由外采记者所使用的采集工具决定的,视频、音频、图片、文字的格式不同,回传的收录格式也不同,如图 4-8 所示。

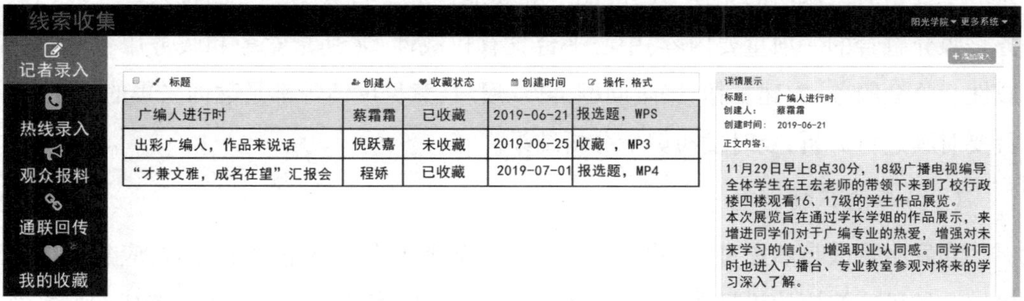

图 4-8 根据文件格式分别存入指定目录

中心平台将各种来源的信号分别录制生成视音频文件,确保高清、标清 SDI 信号及 IP 信号能自动收录,并具备采集、迁移、入库等功能。中心平台还应具备对收录的 IP 流节目视频的码流进行修复的功能。

(四)互动数据

互动数据是中心平台对大数据与云平台的分析数据提出的要求。先对问卷、投票、报名等互动形式予以确认,并对内容进行统计展示,再根据公众需求直接提交文字、图片、音频、视频等内容。在互动过程中需对评论内容进行管理,评论审核、回复、敏感词过滤等功能是中心平台必须设置的基本功能。与此同时,中心平台对用户点击、点赞、转发等数据进行收集。

(五)用户数据

对省级技术平台而言,县级融媒体中心平台为用户;对县级融媒体中心平台而言,在平台上通过身份认证的部门团体或个体为用户。中心平台对用户的数据采集通过平台上的各个渠道来完成。中心平台要实时采集用户行为数据,行为数据是进行大数据分析的基础,也要实时采集用户访问流量数据,保持数据不断更新;同时,还要对用户的生产任务量、选题类型、审核通过情况、播出发布数量等进行归类收集。

(六)互联网内容

互联网属于中心平台的外网,属于第三方平台。应用互联网内容,需要先向中心平台提出申请。首先,要及时对主流媒体发布渠道和互联网内容的热点进行挖掘整理,定期进行热度更新,提高关注度。其次,要支持对线索的溯源,对手动抓取和自动抓取的信息进行智能分析。再次,中心平台要支持时间排序和热度排序,对线索按照主题进行聚类,并支持分类检索查询。最后,对互联网媒体发布的信息进行跟踪与反馈,根据内容的需要确定内容的来源和表现形式。

（七）其他数据

主要是对区域内的党建、政务、民生等其他业务平台数据内容的接入。互联网服务是媒介融合的一项重要内容，中心平台具有权威性，尤其是党务和政务服务具有权威性。公众服务、党建工作、民生问题、群众爆料、意见反馈等都是数据采集的对象，平台要对其进行分析，及时发布舆情分析结果。

（八）应急广播消息

当发生重大自然灾害、公共卫生与社会安全等突发公共危机事件时，应急广播可提供一种迅速快捷的讯息传输通道，在第一时间把灾害消息或灾害可能造成的危害及时传递给民众，让人民群众在第一时间知道发生了什么事情，应该怎么撤离、避险，使基层党员干部能迅速组织群众应对突发事件，将生命财产损失降到最低（见图 4-9）。应急广播应设在中心平台应急事件窗口处。

图 4-9　应急广播

目前，我国县乡村建立的完善的有线广播和无线广播网络，是政府对本地区的应急预案的配套设施，能帮助政府在突发事件发生之后，做好应急警报的及时发布工作。现在通过中心平台的应急广播系统，能及时将信息发布到移动终端和有线广播上，分布面更广、受众面更大。

国家新颁布的《县级融媒体中心建设规范》规定县级融媒体中心平台应建立应急广播系统，各县乡村按照应急广播相关要求，接收中心平台的应急广播消息。县级融媒体中心根据调度指令和应急播出预案，采用文转语、主持人念稿、音视频播放、字幕插入等多种方式在部分或全部频率、频道节目中播出应急广播信息。应急广播信息经编辑处理后，在网站、微博、微信、客户端等新媒体中播发。播发后须将应急广播消息的接收、处理等情况反馈至中心平台。

二、策划指挥

策划指挥，主要指对当地主管部门派发的活动进行策划和统一指挥调度，可通过中心平台上的流程进行选题申报，它包含了线索汇聚、选题策划、通联协作、调度指挥以及信息呈现等方面的内容（见图 4-10）。

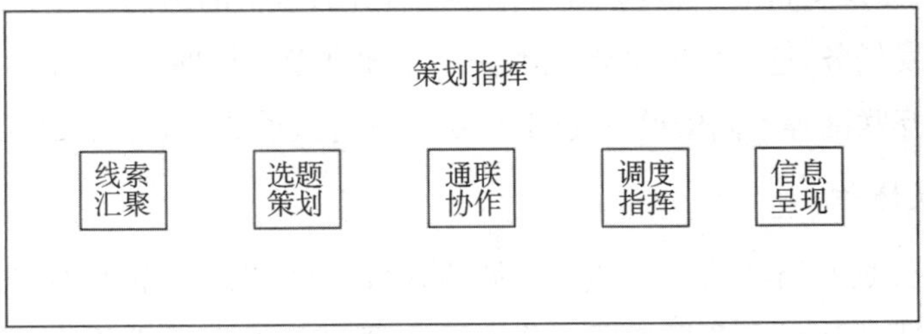

图 4-10　策划指挥模块

（一）线索汇聚

中心平台要汇聚多渠道新闻线索，包括互联网线索、微博微信和客户端用户的线索、热线电话等；能够对线索进行智能筛选查找，包括线索筛选、信源统筹、线索推送、标签化管理等。同时，新闻线索的信息格式应符合《GB/T 20092-2013 中文新闻信息置标语言》《GB/T 20093-2013 中文新闻信息分类与代码》《GB/T 35311-2017 中文新闻图片内容描述元数据规范》《GB/T 35314-2017 报道策划及新闻事件置标语言的规定》等国家标准。中心平台要支持基于线索直接生成报题、选题或稿件，如图 4-11 所示。

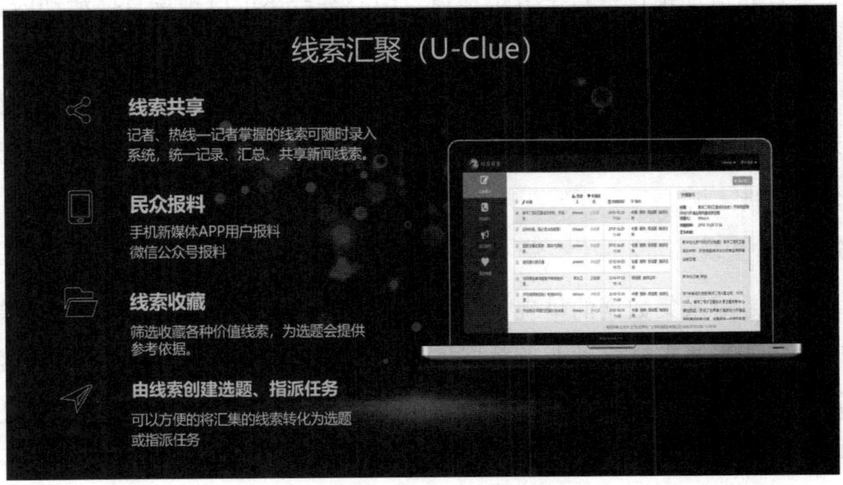

图 4-11　线索汇聚

(二)选题策划

中心平台上的选题策划是一项重要工作,对象不仅包括上级派发的任务,而且还包括根据市场需要举办的大型活动、节假日活动等,还包括融媒体报道的统一选题策划。选题策划含有选题创建和编辑、选题筛选、选题审核派发、综合报道等内容。选题创建和编辑支持基于线索创建报题或派题,对选题进行加工整理。根据需要,选题筛选支持通过选题来源、关键字、时间、执行人、计划发布渠道等多种组合方式进行筛选。在策划过程中,选题审核派发支持对已报选题进行汇总,选择有价值的选题进行审核,并按照审核通过的选题派发任务,这是中心平台上的一个重要环节。同时,中心平台还要支持对报刊、广播电视、互联网等不同渠道分时间、分层次进行报道的策划,以实现综合报道。

(三)通联协作

通联,是通讯、联络的简称。通讯员队伍建设,是根据受众需要加强和改进新闻信息采集报道的重要途径。我国通联工作主要由通过各地党政机关建立和发展通讯员队伍。通联工作的主要内容有:联系和培养通讯员,处理受众来信、来电,开展受众调查,组织受众进行新闻评议等。在通联协作方面主要由宣传管理部门向中心平台下发宣传报道任务和相关指导意见;中心平台进行新闻稿件的通联上传、内容交换和共享,及时发布约稿信息和定向约稿,支持上传、查看、下载稿件及其附件,对约稿信息和稿件的可见范围、操作权限进行管理,提供即时通信工具。

(四)调度指挥

当策划的选题通过审批之后,就要开展活动。由于活动具有群众性,有些活动还会邀请国际友人、国内党政领导等,而且到场的群众多则上千人,少则上百人,因此开展活动时需要统一调度,统一指挥。传统媒体和新媒体通过组织新闻采编专业团队,利用中心平台对活动现场进行全方位报道。中心平台还可以现场直播活动内容,支持基于地理信息系统的用户报料,派发选题,采访记者、车辆、设备的可视化定位显示等功能。中心平台不仅能够完成采访任务的申请、派发、通知、调度和监控,还能借助即时定位系统合理地调配记者、指挥现场,与现场记者进行音视频通话,确保新闻报道的真实性和准确性。

(五)信息呈现

信息呈现是对采集数据的呈现,包括视频文件、音频文件和图片文字文件等格式。信息呈现功能首先要支持多种业务数据信息的可视化呈现,包括互联网汇聚数据、报题或选题数据、生产或发布的内容数据、新闻生产流程状态数据、指挥调度信息、新闻传播影响力结果等;然后要支持呈现内容自动刷新,再根据不同的场景设置不同的呈现效果或布局,如图 4-12 所示。

视频文件

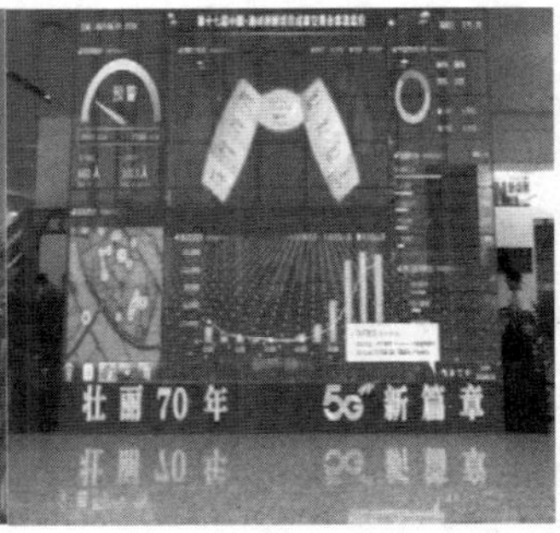

新闻图片

报纸文稿

广播

图 4-12　同一场景不同信息呈现

三、数据分析

数据分析是中心平台上有关信息反馈内容的新技术(见图 4-13)，这为中心平台上的决策者提供了融媒体发展的数据分析报告和市场分析依据。

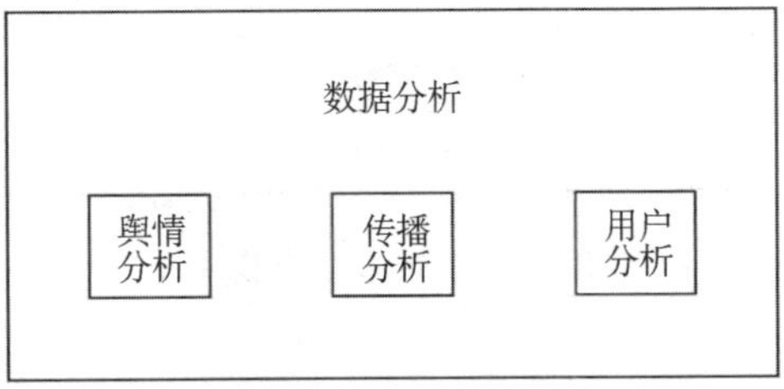

图 4-13　数据分析模块

(一)舆情分析

中心平台上的舆情分析以省级技术平台数据为基础，通过数据采集、挖掘、分析等手段提供舆情热点分析功能，支持热点新闻事件排行、热点事件分析、行业舆情分析、舆情检索、舆情预警和舆情简报定制；支持全网热词排行，按地域、领域等进行热词筛选;支持自定义微信公众号、微博排行榜,自定义热点新闻事件跟踪,以及查看热词相关文章等功能。

(二)传播分析

在互联网数据基础上,中心平台综合收集系统数据,完成传播分析,支持基于阅读数、点赞数、评论数、发布渠道分布、媒体分布、地域分布、访问终端统计等维度的传播力分析;支持对所选用稿件进行打分考评及综合评价;支持以图形化方式展示传播路径、媒体转载量排行、传播渠道占比等。

(三)用户分析

由于平台上的用户可以是个人也可以是企事业单位或社会团体,因此中心平台支持对用户画像进行分析,提供新增用户、用户留存率、用户活跃度、使用时段、用户轨迹、用户流失与回流用户偏好等维度的数据分析功能;支持基于用户画像、位置信息的内容推荐。中心平台还具有人脸识别功能。

四、内容生产

内容生产是中心平台的核心模块之一,属于基础模块,主要包括生产协同、内容管理和内容生产三个子模块(见图 4-14)。

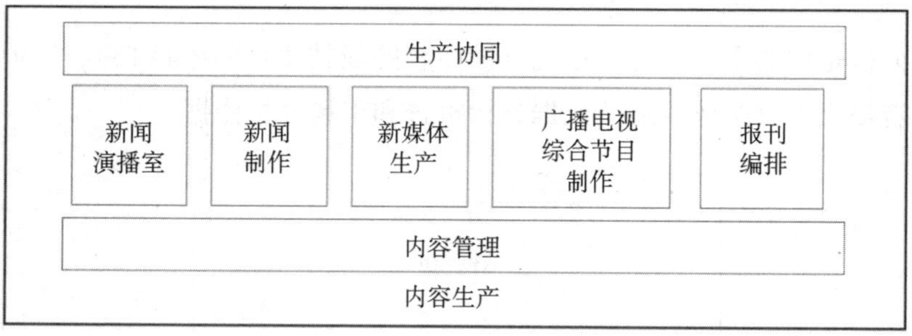

图 4-14　内容生产模块

(一)新闻演播室

对传统媒体新闻播报间进行适当的改进,可满足中心平台对电视安全播出系统设备配置的要求。演播室应具有录制信号的监看、切换、录制功能(见图 4-15),应支持调音、字幕制作、编辑等,支持多路 SDI 基带信号或多路 IP 信号输入输出,具备多通道录制、多机位素材导入非编和编辑功能,提供虚拟环境制作生成功能,支持特效、环境、物件等功能,建有双机热备份等安全备份机制,支持观众连线功能,支持融媒体互动功能,互动形式包括观众微信直播、直播连线、语音互动、摇奖发红包、观众打分投票等。

图 4-15　新闻演播室

(二)新闻制作

中心平台的新闻制作基本沿用传统媒体的制作方式,以视频为主。其主要功能包括新闻类视音频节目的素材剪辑、字幕包装、成片输出等,根据不同的新闻节目要求可以使用精编、快编等编辑制作工具(见图 4-16);多格式混编,支持实时编辑 2 轨高清格式视频、2 轨音频、1 轨字幕/图片;支持转码模板配置、视音频格式转换、浏览码率的生成、关键帧抽取、分离字幕合成、高标清转换等。

图 4-16　非线性编辑室

(三)新媒体生产

新媒体生产是中心平台的主要任务,中心平台应支持对文稿、图集、音频、视频、H5 动画等多种内容的编辑加工,并对已发布的内容进行聚合,完成文稿生产;支持插入、编辑多种格式的数据,支持编写适应多种播发终端的稿件;图集生产支持图片编辑,对音频的编辑有格式上的要求;音频生产支持编辑 WMA、MP3、WAV 等格式的音频文件,支持配音、混音、特效等;视频文件的编辑应满足电视台播出和网络传输要求,视频生产支持编辑 MXF、MP4、MOV、WMV 等格式的视频文件,支持视频转码及视频在线拆条和快速编辑。中心平台提供 H5 交互动画编辑工具,可实现 H5 节目内容的生产制作;支持通过移动编辑工具进行视音频、字幕、图片、文稿的编辑制作;支持通过 B/S 端生产工具进行视音频、字幕、图片、文稿的编辑制作。图 4-17 为融媒体中心新媒体区。

图 4-17　融媒体中心新媒体区

(四)广播电视综合节目制作

图 4-18 为广播电视综合节目制作控制室和演播大厅。县级广播电视综合节目制作场地比较少,主要是因为没有足够的资金,基础设施较为薄弱。融媒体中心平台建成后,广播电视综合节目制作场地显得尤为重要,因为它能够满足综合节目制作更多场景化的拍摄要求。建设综合节目制作场地是很有必要的,在这里,能够对专题、综

图 4-18　广播电视综合节目制作控制室和演播大厅

艺等类型节目的高清视频文件进行后期编辑处理；能够处理多格式文件混编，支持实时编辑 4 轨高清格式视频、4 轨音频、2 轨字幕/图片；能够对 WMA、MP3、WAV 等音频格式文件进行多轨后期处理，包括音量平衡、效果处理、混音合成等；支持视频节目的特效合成、效果包装、动画制作等后期处理；提供对素材资源的多种展现方式；能够快速生产多种特技与模板组件；支持音频节目的专业录制，并满足高质量的审听要求；能够积极配合本地素材库和共享素材的联合调用，支持未来超高清节目制作能力的扩展。

(五)报刊编排

虽说目前县级报刊几乎不复存在，但报刊编排仍然是中心平台上的一项重要任务，手机报、县级门户网站仍对受众有一定的影响力。报纸编辑是报纸出版过程中，有关组织、审读、编选、加工稿件以及制作标题、设计版面等的专业性工作。报纸编辑的历史源远流长，属于精神创造活动，它是由制订报道计划、约稿和组稿、审稿、选择与修改稿件、撰写评论、制作新闻标题、组织与设计版面、校对和检查等一系列工作组成的复杂过程，其中每一个单元又有相对独立性。因此，报纸编辑工作是一项系统工程，是一个科学体系，它有明确的思想、科学的方法、内在的联系和活动的规律(见图4-19)。

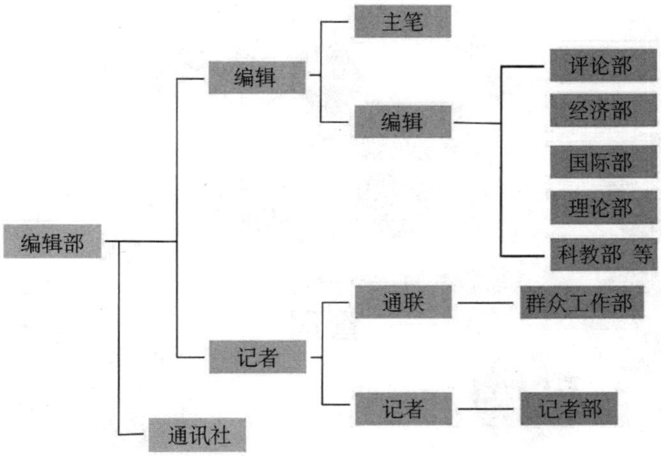

图 4-19　报纸编辑内部的三次分工示意图

融媒体中心平台的报刊策划包括：报纸策划和报道策划；编辑稿件分析与选择稿件，修改稿件和制作标题；组版，指配置版面内容和设计报纸版面。

中心平台对报刊编辑提出了总体要求。首先要支持小样的修改、撤签、调版、签发等。其次，支持对已签发的小样以及稿件附件的列表浏览和可视化排版，支持对组版过程中修改记录的全流程管理。再次，要具有电脑端、移动端看大样功能，以及大样签发、撤签、未选用稿件退回以及整版调版功能。最后，能对大样进行监控，可实时监控组版过程以及组版结果，按照大样出错的具体位置添加大样批注意见。

五、内容管理

随着云计算技术和协同管理的发展,中心平台上的内容管理已经成为融媒体应用的核心,内容管理云主要包括电子文档云、搜索云、电子表单云和网站云。电子文档云可以看作升级的网盘、云盘;搜索云可看作内部的搜索引擎。加强内容管理是融媒体中心平台一项重要工作,通过对传统媒体节目生产体系的改造升级,使策划、生产、审查、播发和评估反馈形成一个闭环,把中心平台建设成当地权威的媒体内容生产者。融媒体中心平台上的内容管理体系如图 4-20 所示。

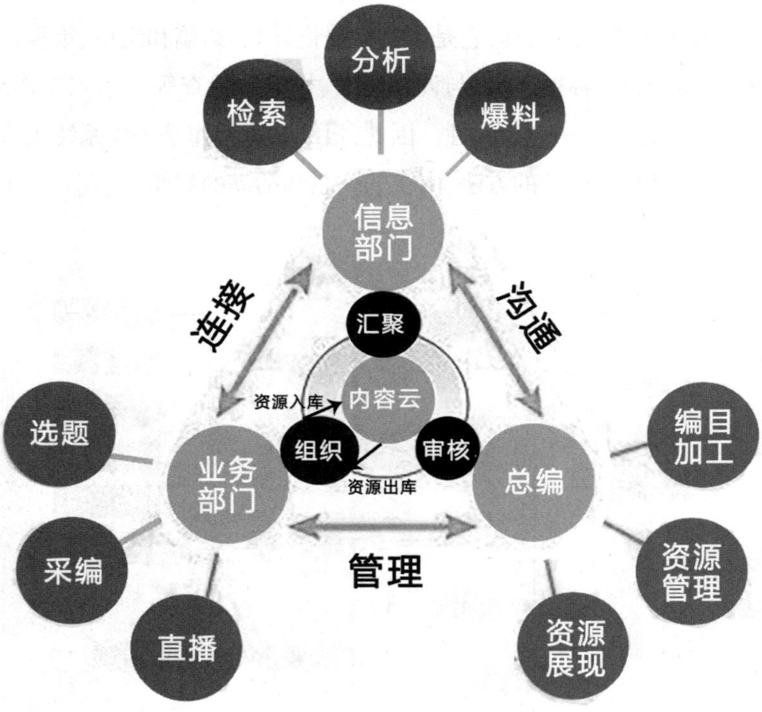

图 4-20　阳光融媒体内容管理示意图

中心平台上的内容管理必须支持文档、图片、音频、视频等全媒体数字资料的存储管理、检索及再利用,包括资源入库、编目加工、资源管理、资源检索、资源展现、资源出库、分级存储等。它的内容广泛、数据量大,是中心平台管理中的一个难点。

(一)资源入库

导入数字化文件,对接其他媒体业务系统所提交的媒体资源并上传到资源库中,这是一项繁重的工作。

(二)编目加工

录入的文件必须要及时编辑目录,要自定义分类、字段、界面,音视频打点编目,针对不同的视频、音频、图片及文档使用不同的编目结构并分类,继承或自动识别内容描述信息。

(三)资源管理

在中心平台上通常用目录方式管理资源。平台会自动归类,进行权限划分,针对资源提供权限、密级、审核等多种安全管控流程及方式。

(四)资源检索

目录式管理为检索提供了先决条件,支持基于关键词的全文检索,支持拼音检索、同音字检索等多种检索手段。

(五)资源展现

资源展现功能支持文档、图片、音频、视频等资源的浏览、播放,并使用相应的展现界面。虽然资源库中的视频文件格式不尽相同,但展示时都要满足在线浏览的高清大图的要求。

(六)资源出库与分级存储

资源出库就是用户通过审批获得资源库中文件的使用权,因此要将资源库中的文件及描述信息导出到指定存储路径上。中心平台支持批量导出资源描述信息,视频文件、音频文件都能够进行分段下载和导出;通过蓝光盘库、数据流磁带库/磁带机等多种设备进行分级存储。

六、综合服务

综合服务是中心平台的一个扩展模块,它是对互联网服务的呈现,由网络链接完成。中心平台通过开展综合服务,扩大内容范围。综合服务与传统媒体、新媒体、数据云平台、直播系统等融合在一个平台上,不仅提升了中心平台的公信力,而且提升了服务品质。中心平台为本地服务,支持党建服务、政务服务、公共服务和增值服务类业务的开展(见图4-21),其中公共服务类业务中包括民生、文化、教育等具体模块。

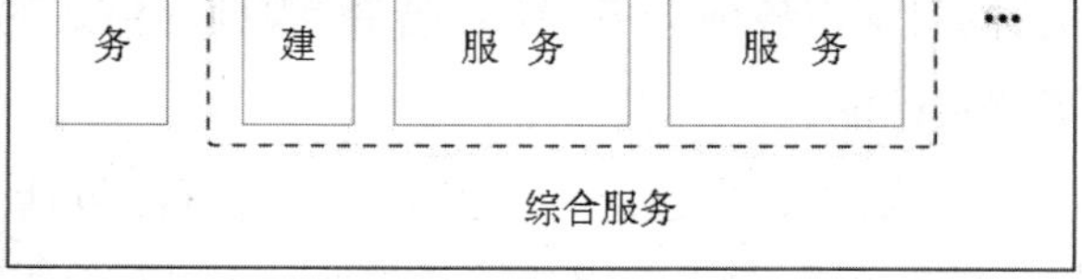

图 4-21　综合服务模块

（一）党建

在“互联网+”时代，如何应用融媒体平台开展党建活动，是各级党组织面临的一个新课题。实践中，有的在互联网上开设党建网站，如图 4-22；有的开设“乡村干部报”App 等，通过这些方式更好地宣传党的政策，提升党建活动质量，进一步发挥党员干部的先锋模范带头作用。

图 4-22　福建机关党建网

中心平台结合当地党委正在推进和建设的党建业务，提供各类党建服务，包括党组织管理、党员管理、党员教育、党务管理、党内资讯、互动交流等。

第一，要加强党组织管理，支持体系管理、支部信息管理、组织生活动态管理、数据统计、权限分级等工作；提升基层党员管理工作水平，支持党员实名认证、党员信息统计、在线入党申请及审批管理、组织关系转移在线申请及审批管理、干部信息管理等功能；认真开展党员教育，帮助党员自主获取各类学习资料；将在线学习、在线题库、在线答题、学习记录及学习情况数据进行统计汇总后上报给上级党组织；统一基层党组织学习课件，支持图文、音频、视频等格式。

第二，要加强党务管理工作，支持线上党费缴纳；提供工作纪实、书记信箱、党员建议、先进事迹、党优推荐、思想汇报、请假审批等党务工作的在线提交与批复功能；提供党内资讯，支持党员风采、党建动态、党员要闻、违纪公示等资讯信息的发布等。

第三，在中心平台上积极开展互动交流，支持创建话题、发布话题、在线互动与交流，同时支持各种文字、图片、音频、视频等格式的上传。中心平台要具备随时新增服务栏目的能力。

第四，中心平台上有“党建资讯”栏目，包括党建新闻、远教视频、精品课件等内容，手机、电脑以及电视等终端都有县市区级党建资讯频道，中心平台将通知公告、新闻、远教视频和精品课件等内容通过融媒体系统同步分发到手机、电脑以及电视终端。

如图 4-23 所示，利用融媒体向客户端用户传播党员学习内容和课程。

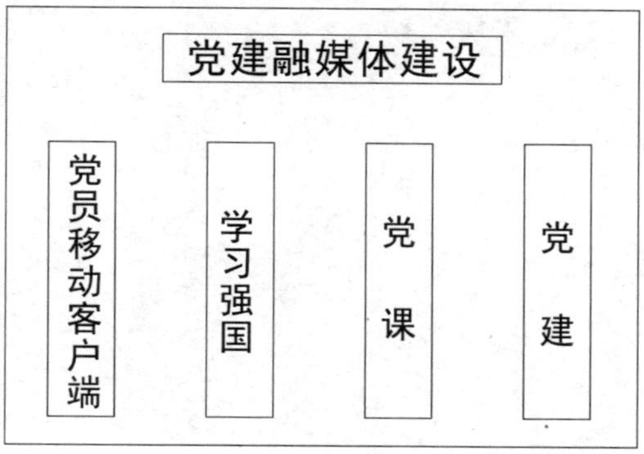

图 4-23　党建融媒体建设

中心平台上的党建服务实行积分激励考评制度，制订实施平台内容发布积分管理办法，对每个党组织生产内容、发布内容的情况实行积分制管理，鼓励引导各级党组织和党员主动生产内容、发布内容，加强对平台的应用。

（二）政务

中心平台上的政务模块是政府为民服务的一个窗口（见图 4-24）。各行政部门都会在中心平台上设置为民服务窗口，实时在线为民办事，为民解答难题。目前，政务窗口主要以链接的形式与中心平台通联，也就是县级融媒体中心没有配置政务通联服务人员，县级行政服务中心窗口的服务人员通过链接的方式为民服务。中心平台按照国家整合和推进在线政务服务平台的要求，结合当地政府各部门正在推进和建设的业务，提供政务公开功能，包括政务信息、办事大厅、举报监督、网络问政等栏目。

政务信息是信息化的一个重要门类，是政务活动中反映政务工作及其相关事物的情报、情况、资料、数据、图表、文字材料和音视频材料等的总称。政务信息应当符合三个条件：一是由政府机关掌握的信息，是指政府机关合法生产、采集和整合的信息；二是与经济、社会管理和公共服务相关的信息；三是由特定载体所反映的内容。

当前中心平台主要是政府支持建设的，平台向大众提供的信息具有较高的可信度。

第一，中心平台通过文字、图片、音频、视频等格式发布政务新闻资讯、政务服务内容、办事流程、组织机构、联系方式等信息，同时为各类媒体提供格式混排服务。

第二，县级以上政府开办市民办事大厅，中心平台开设办事大厅窗口，统一政务办事入口，为个人与企事业单位提供政务服务。在办事大厅窗口上设立举报监督台，方便市民在线提交文字、图片、音频、视频等形式的举报内容及查看处理结果等。

第三，网络问政。互联网时代政府的一大举措是网络问政。市民可以通过中心平

图 4-24　融媒体中心平台上的政务信息主页

台在线向政府单位发起问政，中心平台可展示交流过程及内容，还可以对其进行转发。

第四，“融合”是中心平台的核心，平台上的功能可以根据需要不断地扩容，性能也可以不断提高，以便更好地为市民服务。因此中心平台要具备为政府各单位开展活动、处理内部业务提供技术支撑的能力，具备满足将来根据业务的发展新增服务栏目的能力。

（三）公共服务

1.民生

对接民生平台，提供各类生活服务，包括民生新闻、便民查询、便民支付、医疗服务、周边服务、社交传播、专家咨询、健康养老、智慧社区等功能。

民生新闻：通过融媒体平台以文字、图片、音频、视频等形式发布民生新闻资讯。

便民查询：融媒体平台不仅具备社保、公积金、交通违章、公交线路、水电暖燃气等的查询功能，而且还能够提供便民支付服务，支持水费、电费、燃气费、有线电视费、通讯费、宽带费、交通罚款等的线上缴费。

社交传播：支持用户登记注册以及管理、朋友圈、动态、话题、论坛、问答等功能。

2.文化

中心平台提供文化服务，这是它的一大亮点。中心平台为当地的民俗文化传播、民间文化对外宣传服务提供支持；为广大受众提供各类精神文化服务，包括文化新闻、智慧文博、全民体育、智慧旅游、美丽乡村、活动演出、娱乐节目、各类文艺比赛等板块。

文化新闻：不仅提供当地文化新闻，也在省级技术平台上与其他县市区的文化新闻进行交换播出，以文字、图片、音频、视频等形式发布文化新闻资讯。

智慧文博：支持在线观看，为本地和外地游客提供本地区博物馆、纪念馆、档案馆、美术馆等场馆的信息。

全民体育：支持场馆查询、健身活动公告、赛事公示等功能。

智慧旅游：支持对特色旅游资源进行多媒体展示、票价查询、食宿推荐、体验反馈等功能。

美丽乡村：最美乡村建设是各级政府的工作重点，各地政府联合各行业各部门，为当地最美乡村建设提供支持。中心平台可提供村落概况、历史建筑、民族文化特色、生产生活场景、游览交通等内容制作及多终端展现服务。

活动演出：可在中心平台上在线观看群众性演出和民间文艺团体演出，中心平台可发布文艺演出、文艺赛事和科技活动等的场次、时间、地点，支持在线报名及在线投票等功能。

3.教育

在融媒体平台上，教育模块是其中一项重要内容。中心平台可提供各式各样的教育内容，以满足人们的需求。互联网时代，无论是视频还是音频，文字还是图片，各种教育形式都有很大市场。平台可为广大受众提供更多更好的教育形式和教育服务，包括教育信息、在线教育、教育考评、教育下乡等。

教育信息：中心平台发布各类教育新闻资讯。

在线教育：这是一种深受受众喜爱的教育形式，中心平台为各类人群提供图文、视频等形式的在线教育、在线咨询和在线互动。开办线上课堂、线上考试等远程教育，是今后教育发展的一项重要内容。

教育考评：涉及当地各行各业，支持在线考试、成绩公示等功能。

教育下乡：中心平台为边远山区的群众提供在线教育课程，支持在线报名、学习成果提交等功能，支持文化下乡、科技下乡活动及展示时间、地点等功能。

(四)增值服务

中心平台提供各类增值服务，包括互动活动、区域运营、电子商城等功能，并具备相应的运营支撑和发展能力。

七、内容审核

内容审核(见图4-25)指在用户执行项目或任务之前，制片人或项目负责人(第一级审核)对其提交的选题内容进行审核。各个媒体都有自己的内容审核流程。

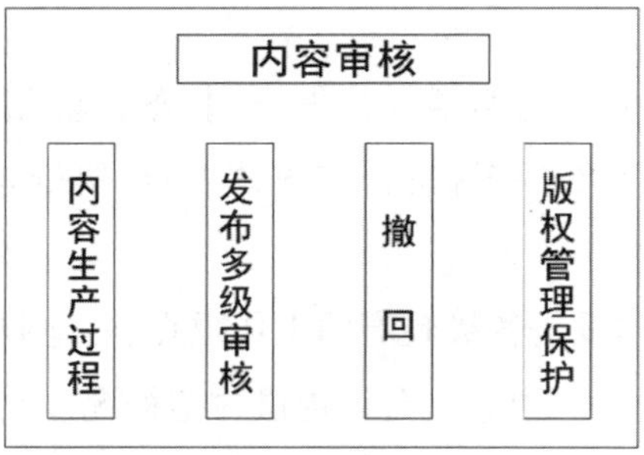

图 4-25　内容审核模块

八、融合发布

这是融媒体平台的关键技术之一，就是把有价值的信息，通过融合发布技术同时发布到所有媒介上去，实现一键播出、一键多播。

（一）客户端

客户端（见图 4-26），或称为用户端，是指与服务器相对应，为客户提供本地服务的程序。除了一些只在本地运行的应用程序之外，客户端一般安装在用户计算机上，需要与服务器配合运行。常用的客户端包括如网页浏览器、电子邮件客户端，以及即

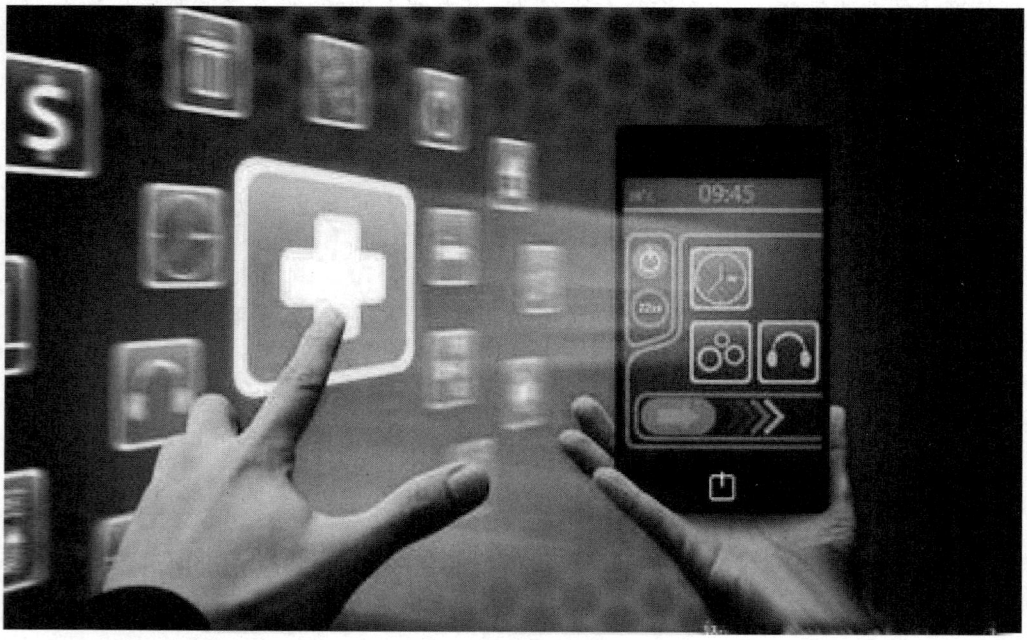

图 4-26　客户端

时通信客户端等。对于这一类应用程序,需要网络中有相应的服务器和服务程序来提供相应的服务,如数据库服务、电子邮件服务等,需要客户和服务器建立特定的通信连接,来保证应用程序的正常运行。互联网时代高科技的发展促进了人类社会的进步,客户端已经成为人类生活不可或缺的必需品,生活、工作、娱乐、交友、获取信息,等等,都融在一个个客户端上。高科技的发展促进了客户端的改变,移动客户端的出现和应用彻底改变了人们对互联网的认识,人们不仅认识它使用它,而且利用它提高生活质量。如图 4-27 所示,融媒体中心平台利用手机移动客户端为广大用户提供资讯、服务等内容,同时为平台上的用户派发任务,实现实时回传,提高了工作效率。

图 4-27　手机移动客户端界面

在中心平台上,客户端的信息发布成为融媒体应用的一项重要内容。如何在客户端上为受众提供有价值的信息?以什么样的形式、什么样的媒介来提供?这是一个值得研究的话题。在不同的媒介上用不同的方式发布信息,就会产生不一样的效果。

第一,中心平台能够用文字、图片、音频、视频等多种形式发布内容,并且能够根据客户端屏幕尺寸调整展现形式。

第二,中心平台有置顶播发和推荐播发功能,可采取播发数据分析、内容排序和推荐位调整等控制手段;支持网络直播、在线直播等。

第三,中心平台上支持手机号、邮箱等多种注册方式,支持统一的 CMS,具备将同一内容播发到不同客户端或不同栏目的功能。

第四,5G 技术的出现使网络快速传输成为现实,4K/8K 视频可快速下载、播放、上传,可在客户端快速增加或删除功能模块。

第五,中心平台能够实现第三方服务模块的转入,支持添加关键词和推荐相关内容,支持下一代无线通信技术环境下的多种业务的应用。图 4-28 是 5G 应用示例。

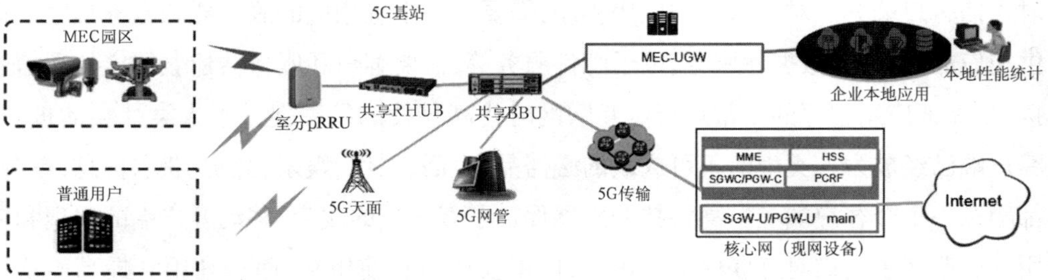

图 4-28　5G 应用示例

(二)报刊

报刊是报纸和期刊的统称。报纸是由报社组织编辑的,报社就是采集、编辑和出版发行报纸,并以报纸为传播媒介向一定区域的受众提供新闻信息服务的大众传播机构。互联网时代,报纸面临严峻的挑战,发行量逐日减少,许多报社难以为继,被迫停刊。报社亟待转变观念,利用融媒体平台,发挥自身的优势,更好地为广大读者服务。

中心平台为报社提供报纸编辑功能,目前是以链接的方式完成当地报纸的编辑和发布的。中心平台上报刊模块具有如下功能:

第一,中心平台对新闻版面制作、合版、大样签发、版面加密、传版、印前制版等各出版环节进行统一的流程控制与管理。

第二,中心平台支持对版面打印、签发、传版、改版状态进行监控,支持将操作人员与底层出版目录隔离开来。

第三,报刊模块的版面排版界面要求使用规范的印刷级别的 PDF 版面文件,对于不符合印刷标准的情况进行预警提示,并支持对相关文件的保存。

第四,报刊模块能实现报纸 PDF 版面的签发、传版控制,能自动生成加密的报纸版面印刷文件,支持保证字体稳定的相关技术,保证文字见报后不出现错误。

第五,中心平台设有一套报纸审批流程,保证从采编平台校样、签发传版到印点接收制版全程加密,防止报纸被人为修改与破坏。图 4-29 展示了报社工作流程。

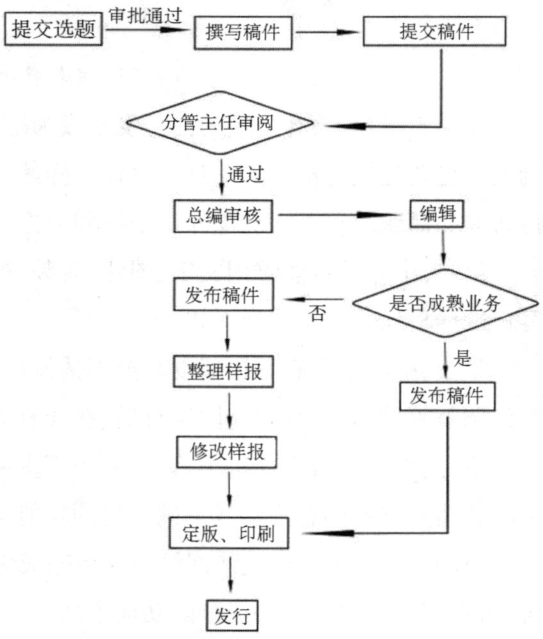

图 4-29　报社工作流程

第六,支持印刷环境的模拟,支持基于印刷文件的激光打印校样。

(三)广播

广播电台是采编、制作并利用无线电波向一定区域的受众传送声音节目的大众传播机构,是通过无线电波或导线进行通信的信息传播工具。通过无线电波传送节目的是无线广播,通过导线传送节目的是有线广播。目前我国已经建成一套较为完整的广播网络,利用有线和无线广播,把声音传递到每一个角落。县级有线广播网络较为完善,20 世纪末就基本完成了"村村通广播、户户通广播",很受农民的欢迎。它是边远地区获得党政信息、时事要闻的主要工具。在互联网时代,广播转型很快,利用网络将声音传播得更远、更广。市县级广播网络系统如图 4-30 所示。

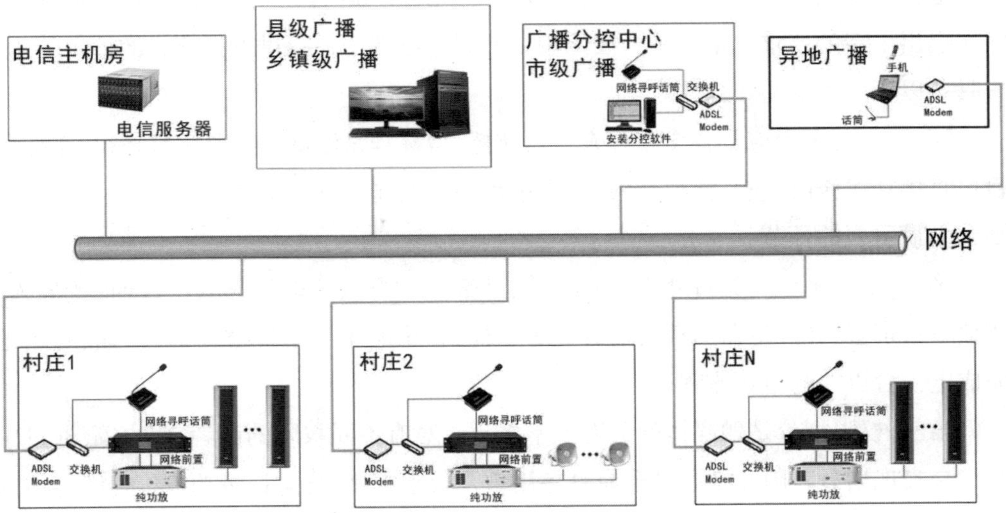

图 4-30　市县级广播网络

县级融媒体中心平台建立后,把广播端口接入中心平台,有利于广播事业的发展,使广播网络更完善。中心平台可以使广播节目按照编排计划向终端用户播出,具备主备链路;具备用户及权限管理、日志记录能力;符合《广播电视安全播出管理规定》(广电总局令第 62 号)中关于系统配置方面的规定。

(四)电视

电视是传统媒体中收视群体最大、影响面最广的一种媒介。电视台指的是通过无线电信号、卫星信号、有线网络或互联网播放电视节目的传媒机构;是制作电视节目并通过电视或网络播放的传媒机构。它是由事业单位或商业机构创办的媒体运作组织,传播视频和音频同步的资讯信息,可通过有线或无线方式为公众提供付费或免费的视频节目。

在互联网时代的今天,电视台也与报社、广播一样面临严峻的挑战。电视媒体是融媒体的主要力量,"传媒为基础,融合为方向"的指导性方针,为电视媒体事业提供了发展方向。因此,电视媒体应转变观念,发挥优势,在融媒体平台上取得更大的发展。

电视台和新媒体天然具有宣传和传递信息的功能,结合融媒体平台的线索汇聚功能,可以将所有合作的政府网站公告进行汇聚并推送至新媒体平台,也可以进一步与多个政府部门合作,在融媒体平台上开设相应的政务办事子栏目来传递政府信息,既免去了政府部门自行推广网上政务和自建终端的困难,也使广大用户办理相关业务时无须再跳转于多个政府网站之间,而是一站解决。

目前,国家提出融媒体发展战略,让传统媒体和新媒体融合在一个平台上,更好地为当地社会发展服务。转变观念迫在眉睫。中心平台的建立向电视制作、编辑、播出发布提出了新的要求。中心平台按照编排计划向终端用户提供电视节目的播出管理,应具备以下主备链路:

第一,中心平台应具备多路外来节目转播、台标挂角滚屏等简单字幕播出、正播节目单直接在线修改、应急播出、节目播出单预编排功能。这是最基本的要求,也是中心平台上最重要的环节。

第二,中心平台应具备外来信号上传、外部文件导入或转码导入、自动批量导入、待播节目审查、文件生命周期自动管理等功能,在中心平台上能够便捷、快速、有效地完成电视台以往的审核流程。

第三,权限划分是融媒体的关键技术之一。对有不同权限的记者、用户等,通过中心平台实现划分。因此中心平台应具备用户及权限管理、日志记录功能。传统媒体的审核制度已经成为我国媒体的一大特色。互联网时代融媒体技术结合 ERP 技术,使权限划分得以实现,也使传统媒体的审核制度在融媒体平台上得到延续和发展。

第四,符合《广播电视安全播出管理规定》(广电总局令第 62 号)中关于系统配置方面的规定。图4-31为融媒体安全播出管理流程。

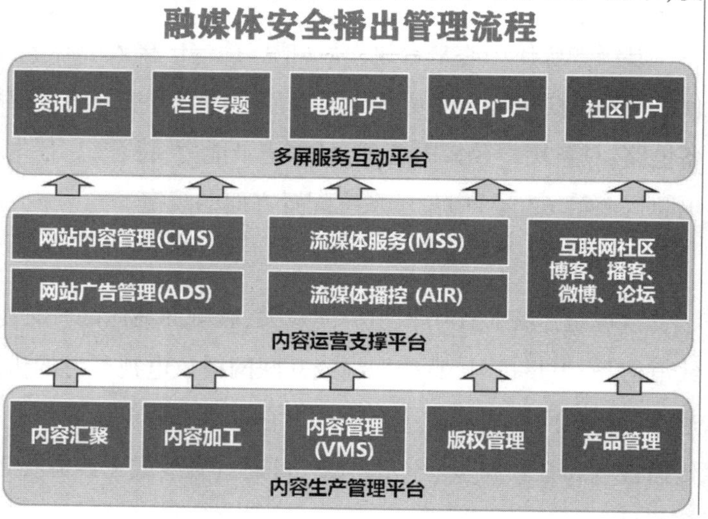

图 4-31　融媒体安全播出管理流程

第五，在高科技发展的今天，广播电视技术日新月异、不断更新，播出平台上的播出信号应随着采集技术的更新而更新。因此融媒体平台不仅要满足高清播出的要求，而且还要满足今后播出 4K、8K 信号的要求。

（五）大喇叭

支持与应急广播系统对接，通过农村大喇叭向公众发布紧急消息，提供信息服务。

（六）网站

网站是指在互联网上根据一定的规则，使用 HTML（Hypertext Markup Language，超文本标记语言）等工具制作的用于展示特定内容的相关网页的集合。简单地说，网站是一种沟通工具，人们可以通过网站来发布信息，或者利用网站来提供相关的网络服务。人们可以通过浏览器来访问网站，获取自己需要的资讯或者享受网络服务。

网站分类较为复杂，基本上分为门户网、官网、用户网，其作用不尽相同。门户网以提供社交、政务、资讯服务等为主。官网则主要指企事业单位的网站，见图4-32。

图 4-32　官网页面

在中心平台上，网站也是一个主要的播出载体。首先由采编人员制作有价值的信息并发布到各个板块上，如政务、党建、民生、文化、教育等。其次，中心平台支持与各网站 CMS 和 VMS 系统对接，实现内容类型自定义、内容审核、内容评论、内容检索、数据统计等各种功能。再次，中心平台应具备直播和点播功能。直播和点播是互联网时代电视发展的新标志，人们不再定时定点地守在电视机前等喜欢的节目播出，而是充分利用移动客户端，随时随地收看，还可以快进快退视频、挑选任意一段观看，甚至还可以进行互动，这是互联网时代的优越性。最后，中心平台支持统一的内部管理系统，支持面向互联网、移动互联网、社交媒体的内容发布，具备将同一内容播发到不同客户端或不同栏目的功能。

（七）微信、微博等

互联网造就了新媒体，新媒体改变了传统媒体的发展思路并迅速占领市场，以微信、微博等为代表的社交媒体不断推陈出新，以适应社会发展需要。

新媒体是相对于传统媒体而言的，是利用数字技术、网络技术，通过互联网、无线通信网、卫星等渠道以及电脑、手机、数字电视机等终端，向用户提供信息和娱乐服务的传播形态。《新媒体百科全书》的主编斯蒂夫·琼斯更为深入而全面地向我们诠释了新媒体的本质。他认为："新媒体是一个相对的概念，相对于图书，报纸是新媒体；相对于广播，电视是新媒体；'新'是相对于'旧'而言的。新媒体又是一个时间的概念，在一定的时间段内，新媒体应该有一个稳定的内涵。新媒体同时又是一个发展的概念，科学技术的发展不会终结，人们的需求不会终结。新媒体也不会停留在任何一个现存的平台。"①新媒体技术带来的全新的传播形态和个性化交流，极大地改变了人们的思维方式和生活方式。短视频、网络直播、微博、微信、QQ 等已经成为网民表达情绪、记录生活、获取信息的重要途径。

中心平台包含了微信、微博、抖音等。它们都在为抢占市场不断创新发展，不断开发新产品，不断完善自己的播出内容。创新已经成为新媒体的代名词。2019 年 2 月 28 日中共中央网络安全和信息化委员会办公室发布的第 43 次《中国互联网络发展状况统计报告》指出："截至 2018 年 12 月，我国网民规模达 8.29 亿，普及率达 59.6%，较 2017 年底提升 3.8 个百分点，全年新增网民 5, 653 万。我国手机网民规模达 8.17 亿，网民通过手机接入互联网的比例高达 98.6%，全年新增手机网民 6, 433 万。2018 年，互联网覆盖范围进一步扩大，贫困地区网络基础设施'最后一公里'逐步打通，'数字鸿沟'加快弥合；移动流量资费大幅下降，跨省'漫游'成为历史，居民入网门槛进一步降低，信息交流效率得到提升。"②与此同时，报告中还就互联网视频、音乐和游戏等行业发展情况作了数据分析："截至 2018 年 12 月，网络视频、网络音乐和网络游戏的用户规模分别为 6.12 亿、5.76 亿和 4.84 亿，使用率分别为 73.9%、69.5%和 58.4%。各大网络视频平台注重节目内容质量提升，自制内容走向精品化。网络音乐企业版权合作不断加深，数字音乐版权的正版化进程显著加快。越来越多的游戏公司开始侧重海外业务，国产游戏在海外市场的影响力进一步扩大。短视频用户规模达 6.48 亿，用户使用率为 78.2%，随着众多互联网企业布局短视频，市场成熟度逐渐提高，内容生产的专业度与垂直度不断加深，优质内容成为各平台的核心竞争力。"③因此，在融媒体中心平台建设中，微信与微博将是一个重要环节，它与传统媒体融合将产生巨大的影响力。例如，在县级电视台播出的电视新闻节目可以在微信、微博上同时播出；中心平台能够实现在线编辑、在线审核、在线直播、在线发布播出。中心平台利用省级技术平台，能

---

① 肖凭，文艳霞.新媒体营销[M].北京：北京大学出版社，2015：3.

② 中国互联网络信息中心.第 43 次《中国互联网络发展状况统计报告》[EB/OL].(2019-02-28)[2019-08-10].www.cac.gov.cn/2019-02/28/c_1124175677.htm.

③ 同上。

够快速完成对微信微博内容的审核流程、播出发布流程。如图 4-33 所示。

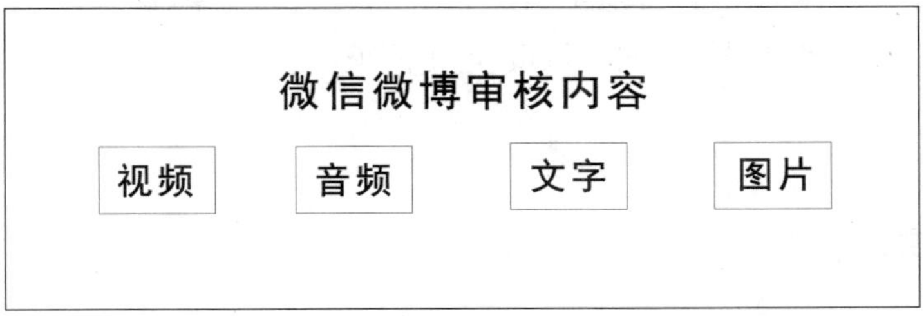

图 4-33　微信微博审核内容

县级融媒体中心平台上的微信、微博推文制作和发布是融合发布的主要内容，首先中心平台具备微信、微博发布能力，所发布内容包括文字、图片、音频、视频等。无论是电视台的视频、广播电台的音频，还是报社的电子版报纸，都能通过微信平台或微博平台发布出去。其次，中心平台可经授权绑定多个微博、微信公众号，支持将同一内容播发到多个公众号，并可以根据地区选择性地发布相关信息。这样便能最大限度地扩大信息的传播范围。最后，中心平台具有支持其他社交媒体发布的能力，同时也支持自主开发微信小程序。图 4-34 所示为微信、微博同时发布信息。

图 4-34　微信、微博同时发布信息

（八）其他

凡是属于新媒体的内容，都能呈现在中心平台上，从采集、编辑、审核到发布，实现流程全覆盖。中心平台提供面向手机报、电子阅报栏、户外大屏、楼宇电视等终端的内容发布功能。

九、传输通道

在中心平台上，传输通道的主要任务是通过平台专设的通道传输不同类型的数据和文件，如图 4-35 所示。

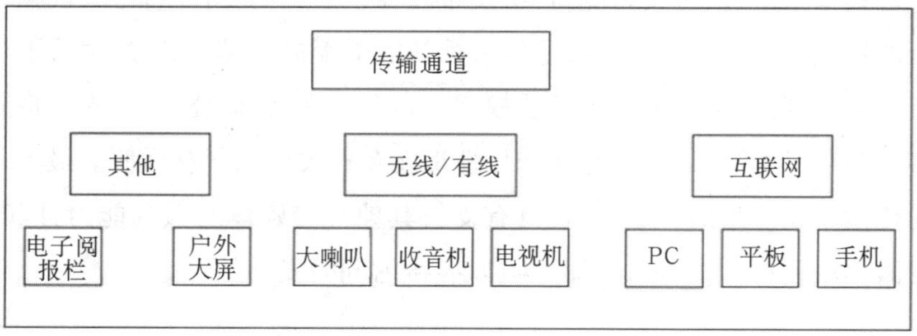

图 4-35　传输通道

在中心平台上，U-PGC 是一款为融合媒体记者提供外场传输服务的 App 客户端，是融媒体移动化采编生产发布工具，能帮助记者实现新闻生产的移动化，提高新闻生产效率。记者或者用户通过移动客户端向中心平台传输信号，也可以用不同设备传输视频文件、音频文件、图片文字等，如图 4-36 所示。

图 4-36　用手机传输采集信号

第四节　县级融媒体中心平台生产工具

中心平台上配有不同的编辑工具,因为平台上的媒介形式多样,所以使用的采集工具也就不同。软件科技公司将非线性编辑、音频编辑、图片修复等软件绑定在融媒体平台上,方便用户使用。使用上洋手机视频剪辑软件,可以在手机上进行视频剪辑、电视新闻编辑等,如图 4-37 所示。

图 4-37　手机视频剪辑软件

一、精编视频工具

视频编辑软件是平台上最常用的主要工具,记者或用户使用这个工具对外采视频文件进行编辑制作。

视频编辑是指先用摄影机、单反相机、手机等摄录下影像,再在电脑或手机上用视频编辑软件将影像制作成视频的编辑过程。目前,视频编辑软件很多(见图 4-38)。中心平台上的视频精编工具所生产的视频文件,能够满足视频文件在平台上传输、发布要求等。中心平台对精编生产工具功能做了规范要求,要求其支持素材文件导入、快速挑选、剪辑、打点上传、合成,提供高清码率素材的编辑服务;要求其能提供高码率素材云端剪辑、特效合成、字幕包装以及成片输出。编辑软件要具有文字、图片、滚屏、对白等字幕形式的制作功能,主要支持但不限于 MPEG-2 I、MPEG-2 IBP、H.264、MPEG-4、AVCUltra、XAVC、ProRes、DNxHD、DVCPRO HD 等格式的素材,还能提供多格式、多制式的素材混编及校色功能。

图 4-38　中广上洋的视频编辑软件

二、快编视频工具

快编视频工具指由中心平台软件供应商自行设计，绑定在融媒体平台上的视频编辑软件，以及手机视频编辑软件。目前许多设备生产商推出了使用手机拍摄视频的4K 摄像器材。例如大疆口袋灵眸（Osmo Pocket）防抖手持口袋云台相机，能够拍摄4K、8K 视频，在移动端上快速编辑成片（见图 4-39）。

图 4-39　大疆口袋云台相机

中心平台上的快速编辑工具具有以下主要功能：首先，要支持但不限于 MPEG-2

I、MPEG-2 IBP、H.264、MPEG4、AVCIntra、AVCUltra 等多种格式的视频文件的快速编辑。目前视频文件的格式向高清和4K发展，因此快速编辑工具也应具备编辑4K或者8K视频的功能。其次，快速编辑工具要提供添加字幕和简单特效、拆条、打包输出等功能。现在手机视频编辑软件基本上都能添加字幕和实现简单特效。最后，应具备模板化快速生产和移动编辑功能，可利用移动设备编辑本机视频素材。这里的移动编辑设备不仅指手机，还包括平板设备、便携式视频编辑机等。

三、广播编辑工具

广播编辑软件有多种。中心平台基本上沿用了广播电台所使用的广播编辑软件，不同的是，中心平台上的手机广播音频编辑软件，使得记者可以在现场即时编辑音频，并回传到中心平台上，如图4-40所示。

图4-40　手机音频编辑

中心平台上的音频生产工具应具备以下功能：

第一，支持录音、配音、混音、音频特效制作，还要支持单声道、立体声和5.1环绕声输出，在5.1环绕声制作时提供声像空间定位等功能。

第二，由于音频格式多样，所以中心平台生产的音频必须是PCM、WMA、MXF、

WAV、MP3 等格式。

第三，能提供采样点级编辑精度，对采样点可直接调整幅度；提供音频表、频谱分析、相位分析等多种工具，能对音频进行监听。

第四，符合快速编辑的要求，允许利用移动设备编辑本地音频素材。

四、报刊编辑工具

中心平台设置了报刊编排任务栏，绑定的报刊编排软件能够满足中心平台上的报刊编辑需求。报刊编辑工具以美国 Adobe 公司的 PageMaker 为主，如图 4-41 所示。

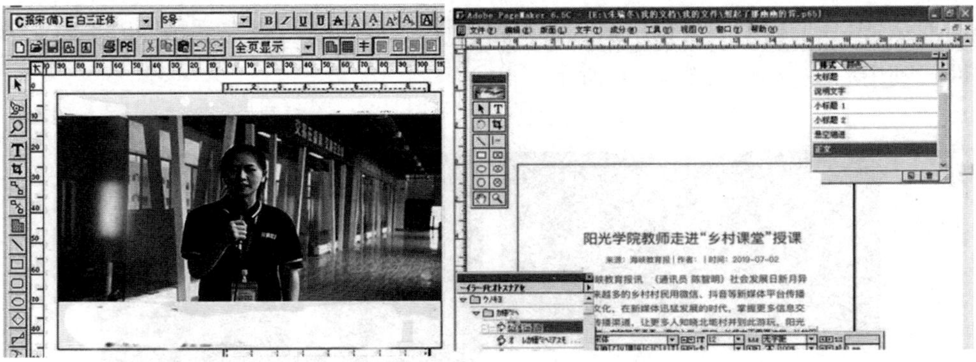

图 4-41　PageMaker 工具

报刊编辑工具应具备浏览已签发的小样及附件列表、支持可视化排版等功能，同时还要支持在组版过程中对稿件的修改、回写小样稿件，实现修改记录的全流程管理。在报刊编排过程中，要对新闻版面制作、合版、大样签发、版面加密、传版、印前制版等各个出版环节进行统一的流程控制与管理，提供版面反解工具，将报纸排版结果文件反解成符合 CNML 标准的文件，用来进行数字化发布。

五、新闻图片采集修复工具

目前常用的图片采集修复软件是由美国 Adobe 公司开发的 Adobe Photoshop（简称 PS）图形图像处理软件，如图 4-42 所示。融媒体平台软件供应商也开发了平台图像修复软件，如图 4-43 所示。

图 4-42　Photoshop 图片编辑软件

图 4-43　融媒体平台上的修图软件

六、H5 编辑工具

在中心平台上，H5 是近几年来应用较广的新形式。HTML 文本是由 HTML 命令组成的描述性文本，支持以可视化自定义方式创建 H5 页面；中心平台也支持后台文稿编辑器预设 H5 版面模板，同时支持自定义配置。

平台支持可视化自定义问卷、投票、抽奖等交互应用 H5 表单的创建；具有可视化自定义创建宣传类单页功能；支持文字、图片、音频、视频等在同一页面内混合编排，如图 4-44 所示。

图 4-44　H5 编辑界面

第五节　县级融媒体平台基础设施配套要求

一、总体要求

(1)中心平台技术用房和配套设施应满足融媒体业务开展的要求,在此前提下,合理确定建设规模。

(2)县级融媒体中心的建设应根据技术经济条件、工程类型、建设场地条件、城市规划要求等因素区别对待,合理确定建设标准。

二、设施组成

县级融媒体中心设施应包括技术用房、技术配套用房、辅助配套用房三部分。

三、技术用房

(1)县级融媒体中心技术用房主要包括新闻指挥调度中心、演播室、录音室、融媒体采编用房、广播直播室、融合发布机房、数据中心机房等,如图 4-45 所示。

新闻指挥调度中心:县级融媒体中心进行策划指挥和分析评价工作的技术用房,应满足实际需要的策划指挥等工位和终端显示设备放置的要求。

图 4-45　融媒体中心技术用房分布示意图

演播室:这是节目录制的主要场所,县级融媒体中心应配置适当规模的演播室。演播室功能宜以新闻制作为主,宜多景区布置,可根据需要设置 1—3 个演播间协同工作。

录音室:这是音频节目后期制作的主要场所,县级融媒体中心录音室宜以语言类录音为主,可根据需要设置 1—2 个录音间。

融媒体采编用房:提供中心各类新闻节目的采集、编辑、存储管理等设备与工位的场所,每个工位使用面积宜为 5—7 平方米。

广播直播室:广播节目的播出技术用房,应根据频率数量按每套频率 1 间直播室的数量进行配置,可根据需要预留 1 间。

融合发布机房:这是融媒体中心视频播出监控、信号传输监控和新媒体播发监控场所,应满足发布监控工位和终端显示设备放置的要求。

数据中心机房:这是存放融媒体中心机柜类设备的技术用房,应满足各类机柜放置的要求,并预留适当空间。

(2)技术用房环境指标要求如下:

技术用房的机房条件应符合 GB 50174-2017 的相关规定;演播室、录音室、广播直播室等有声学指标要求的技术用房应符合 GY/T 5086-2012 的相关规定;演播室灯光系统设施技术指标应符合 GY 5045-2016 的相关规定;技术用房室内环境应符合 GY/T 5043-2013 的相关规定。

思考题：

1.融媒体中心平台分为哪几种类型？

2.建设县级融媒体中心平台的基本条件有哪些？

3.简单阐述县级融媒体中心平台的意义和作用。

4.融媒体中心平台的总体架构是怎样的？

5.县级融媒体中心平台对主要配套基础设施有哪些要求？

第五章 县级融媒体中心平台应用

〉〉〉〉 **重点提示**

①汇聚、分析和管理线索。平台用户根据线索和上一级管理者的指派，提交选题以报审，进行现场采编，组织新闻文稿，完成内容

②登录中心平台后进入线索管理窗口，对线索的来源进行分析，上传有价值的线索。线索窗口根据不同的性质对线索进行分类，有十个应用模块

③对各种新闻线索、观众互动信息进行统一聚合、展现，是融合新闻生产业务的起点

④记者根据任务栏中的“我的派发”和“我的任务”开展采编工作

⑤上一级管理层管理权限划分；分配播出渠道、确定播出流程

〉〉〉〉 **学习目标**

①了解线索管理是融媒体平台的应用基础，记者行动是平台应用手段，播出审批是平台的关键环节。学习利用平台的应用基础和关键环节，掌握平台的应用手段，让融媒体平台发挥更大的作用

②认识融媒体平台的性质和特征，根据平台的需要建立线索模块和应用。掌握平台用户申报选题、审核稿件、播出内容的过程

③掌握权限审批技术，进行分级管理，有条不紊、便捷迅速地传播信息

创新是信息化时代的显著特征之一，融媒体理念的形成除扩展了对媒介既有的狭义理解之外，还意味着对传统媒介产业链的新认识。媒介的产业链不再仅局限于新闻生产、交换、消费等环节，而是因新媒体的加入有了新的变化。整理线索来源、收集线索、管理线索，使有价值的线索得到及时充分利用。平台用户（或记者）通过线索汇集，提出选题，进行采编；利用资源平台进行在线编辑、新闻稿件编写和审批，进入播出审批、发布流程等。加强平台管理、划分审核权限和保证播出是融媒体平台应用的重要内容。

第一节 线索管理

互联网的多样性决定了融媒体平台的灵活性和多样性，受众不同、融媒体平台性质不同决定了线索收集的内容不同。划分线索来源，并对其进行有效的管理，是融媒体平台的基本功能。在互联网时代，线索来源多样。人们只对有价值的信息感兴趣，如何获取信息线索就成为一道难题。在融媒体平台上，线索管理是一个基础应用模块，它的建立直接影响后续工作的开展。

线索管理是对融媒体平台上的线索收集、使用进行权限划分，用户向平台管理员提出申请，得到批准后才能进入已建立的线索模块中。用户在平台上向上一级负责人申报选题，各级管理部门根据申报内容进行审核后向员工下达选题任务。它与记者行动、视频直播、管理权限和发布通道共同构成了融媒体平台的核心部分。

一、线索管理模块的建立

管理者根据融媒体平台的性质和用途来设定线索模块。以县级融媒体中心平台为例，其线索基本是网络上的最新、最热事件，以及舆情安全事件、政务动态等。线索管理模块具体可分为十个子模块：网络最新、最热事件、新闻事件、热词排行、热门新闻、热搜榜单、观众爆料、政务动态、安全事件、通联回传，如图 5-1 所示。

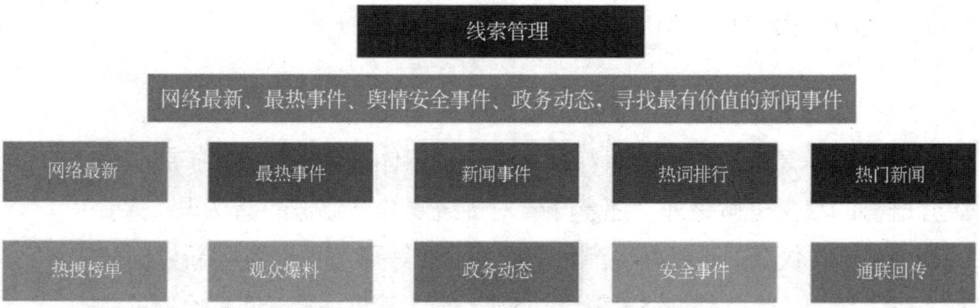

图 5-1 线索管理十大模块

县级融媒体中心平台（以下称“中心平台”）得到政府部门、企业、学校和广大网民的青睐，逐渐进入各个行业中，线索管理模块的内容也发生了相应的变化，比如增加了行业动态、物价行情、期货动态、产品销售、科技动态、实时商情、精品课堂、专家在线等。

二、登录平台进入线索管理界面

线索管理是对线索进行有效的归纳,平台用户可以在线索管理界面上便捷地获取相关的有价值的线索。只有通过平台管理员授权的用户才能登录该界面。获得授权的用户可以点击界面上的线索汇聚图标,进入线索管理登录界面,直接输入用户名、密码登录系统,如图 5-2 所示。

图 5-2　线索管理界面

三、使用者录入或添加线索的步骤

融媒体平台设有"用户录入"或"添加线索"等按钮。用户可以在"记者录入"界面上,点击"添加录入",对热点线索内容进行编辑(如图 5-3 所示)。用户可以录入热点线索标题、摘要,上传相关的图片视音频等文件;可以执行线索收藏、删除和报选题等操作,但已经收藏的线索是不允许删除的。

我们也可以通过"融媒助手"App 查看线索管理系统的所有信息,并通过"融媒助手"App 进行收藏、删除和报选题等操作。

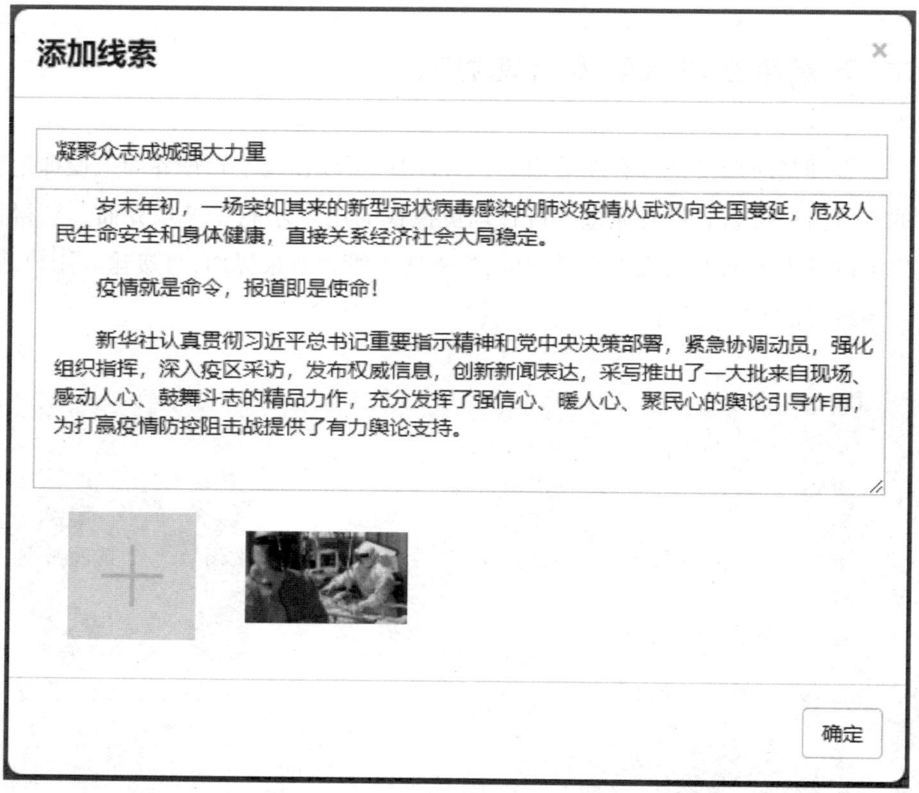

图 5-3 添加线索

四、随时爆料、随时选用

在信息化时代，无论人们在何地，只要有网络信号，就能在中心平台上做到随时爆料、随时选用、随时查阅、随时审核，体现出互联网便捷、快速的特性。中心平台用户在外获取有价值的线索后，使用移动端登录平台，向上一级管理者提交线索，进行选题申报；管理者根据平台管理规范，对用户提交的线索进行评估之后，通过平台向用户下达任务。同样，平台用户在外采访时可以迅速登录中心平台，进入“线索管理”窗口查阅相关线索的审核结果，这体现了中心平台新闻的真实性和实时性的特征。

中心平台媒体信息的实时性主要是指在人的感官系统允许的条件下实现媒体信息的即时交互，就像面对面沟通一样。融媒体实时发布系统融合了通信网络的分布性、计算机技术的交互性、广播电视媒体的真实性，见图5-4。

中心平台用户，是指经过平台的最高管理员或总编审核批准，进入平台进行浏览、爆料、采编、查找、维护、服务等工作的人员，主要有四类：一是中心平台记者，或者工作人员；二是中心平台的特约通讯员、评论员、观察员；三是中心平台特聘专家、学者、访

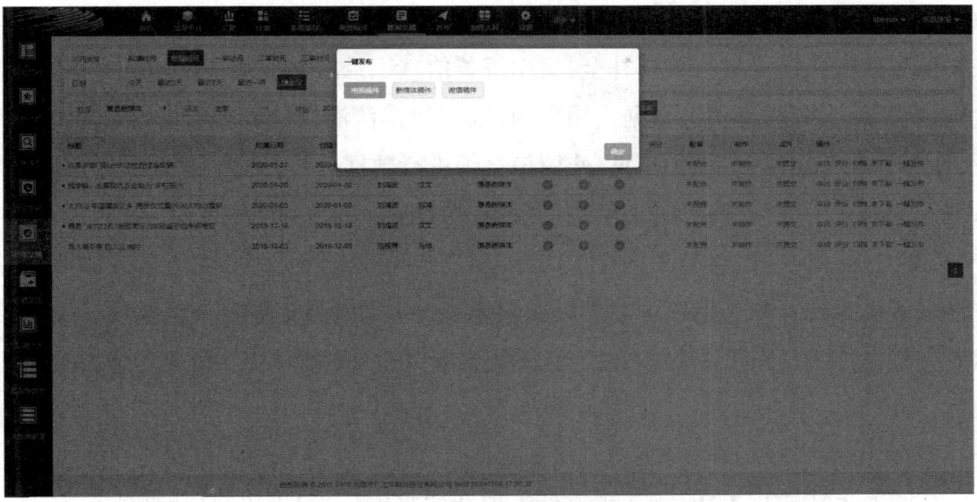

图 5-4　中心平台的实时发布系统界面

问者、考察者；四是中心平台上的主管领导、分管领导、部门负责人、制片人、通联单位、合作单位等。

第二节　网络汇聚

网络汇聚是将多份数据或信息进行处理，组合出更有效、更符合用户需求的数据的过程，能减少传输过程中的数据拥堵、重复、残留，从而提高效率，发挥更大作用（见图 5-5）。可建立分析信息资源基础数据库，对其进行查重和去重操作，删除重复和无

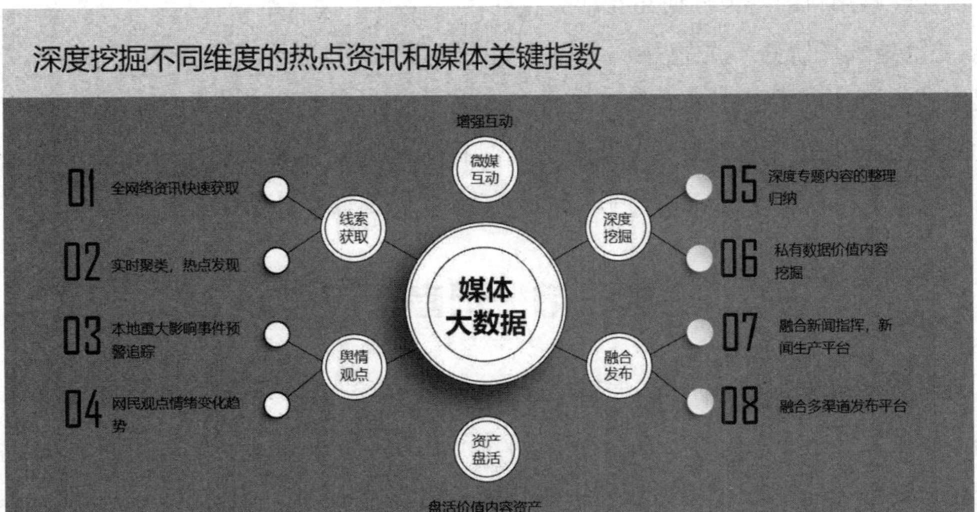

图 5-5　阳光融媒体信息网络汇聚示意图

效的信息记录。由此可见,筛选剔除残留的信息是必要的,能更有效地对非关键数据缺失的有效信息记录进行数据补全,根据每条信息记录的分析结果创建已有资源的增量汇聚引擎。因此,在信息数据应用方面,以大数据清洗、分析、挖掘等为主要技术手段,针对各类在线线索、堆积信息、残留信息等进行数据分析,选择应用,提供数据应用系统或定制化的数据分析成果,解决平台用户对信息应用的价值诉求。

在信息化时代,信息的来源更加广泛、多样,海量信息通过互联网迅速传播,给用户带来了极大的便利。用户可以通过融媒体平台上的网络汇聚窗口获取信息、新闻线索或突发事件的最新情况和各方视角,不用在终端上不停地关注、搜索多个相关网站、微信、微博等。中心平台上的网络汇聚系统可以对各种新闻线索、观众互动信息进行统一聚合、展现、选择、查重和弥补,这是融合新闻生产业务的起点。

从图 5-5 中可以看出,中心平台的汇聚功能强大、应用广泛,具体功能如下:中心平台支持对媒体热点的发现,支持对主流媒体发布渠道和互联网内容的热点挖掘,定期进行热度更新,支持对汇聚线索的溯源;同时,支持对各类资讯的手动抓取和自动抓取,并对抓取的信息进行智能分析,支持时间排序和热度排序,可对线索按照主题进行聚类,并支持分类检索查询;中心平台与互联网互通,支持互联网媒体的发布跟踪与反馈,支持县级融媒体平台终端用户行为数据和互动数据的汇聚;在进行线索汇聚的同时能够实现定制。

对抓取的信息进行智能分析,是中心平台网络汇聚趋向智能化的起点。融媒体平台的网络汇聚功能对线索实行智能筛选查找,包括线索筛选、信源统筹、线索推送、标签化管理等。

让终端用户的行为数据和互动数据在中心平台上进行汇聚,是为了分析数据信息,更好地选择信息。首先,中心平台要支持网站、微博、微信、热线电话、短信等多种渠道,同时支持互联网热点信息的聚合。其次,中心平台要支持微博评论信息、微信互动信息的抓取,便于观众互动。互动是中心平台的重点,也是吸引用户的关键。汇聚后的线索资讯可以提供给指挥调度系统、文稿系统、演播室系统等使用。

第三节 记者行动

记者行动是融媒体平台的重要环节,对平台中的新闻采编、前期拍摄、内容生产、后期制作等起到决定性的作用。融媒体平台"记者回传系统"对记者任务指派、定位、上传文稿、采编等窗口做了精细设计。记者通过"选题编辑""选题审核""任务管理""全部任务""直播任务""我的任务""实时地图"等分栏页面(见图 5-6)完成选题任务。总编或管理员在系统中审核、指派、提出意见,能较为详细地了解记者的行踪和任务完成的情况。通过系统应用,记者之间可以交流话题、交换信息。

图 5-6　记者回传系统界面

选题编辑:记者根据从线索管理、网络汇聚中获取到的信息寻找选题目标,系统中有详细的选题清单,可确定主题和纲要,包括事件发生的时间、地点、内容、主要人物、所属栏目等。提交成功之后,上一级的负责人通过平台进行审核。记者可以上传一个选题或多个选题。

选题审核:记者上传的单个或者多个选题,需经过上一级负责人审核,负责人通过平台的管理权限,对记者上传的选题进行认真审核。负责人有权对选题进行筛选,有争议或异议的选题可以提交给其上一级负责人,也可以直接上传给中心平台总编。负责人的审核任务可以在手机 App 上完成,无须在固定场合进行,如图 5-7 所示。

任务管理:选题审核通过后,记者就要执行任务。任务管理是对单个记者任务执行情况的管理,包括对随行人员、车辆、设备、完成时间表等进行有效的管理。任务执行的进度、设备使用情况、记者行踪、历史记录、工作计划等在任务管理栏中,一目了然。

我的派发:在中心平台上可以查看由中心平台派发的选题任务,看到任务实时执行状况;在执行任务过程中可以随时提交修改意见和建议,报负责人审批。与此同时,还可以在任务执行过程中对任务进行新增或删除等操作。

任务资源上传:执行任务的记者,可以进行稿件文本、图片和视频的上传,同时可以查看派发给自己的任务;任务执行者可以领取任务,通过移动应用端回传图片、视频和文本,可以通过手机进行视频直播,也可以通过电脑端上传素材和文本;任务执行者可以根据栏目、日期、标题和关键字检索任务,更改任务的状态。

图 5-7　手机 App 上的选题审核界面

全部任务：在中心平台上，部门、项目负责人能看到其权限范围内所有人员的任务，还能了解记者任务执行的实时状况，通过平台及时向在不同地区工作的记者发出指令；总编可以查阅中心平台上全部任务的执行情况和任务计划，同时还可以阅读所有用户的历史资料、选题审核进程、任务执行进度和已经发布的信息。

直播任务：直播任务是中心平台的一项重点工作（见本书第六章“直播通道应用”），包括电视直播、广播直播、图文直播、现场互动等。直播任务需要有一套完整的直播技术来支撑，这也是融媒体平台的关键技术之一。直播设备有多种，如电视直播车、电视直播解码设备、手机等。随着 5G 网络传输技术的发展，手机直播得到越来越广泛的应用，手机成为最便捷、使用最普遍的直播设备。记者用手机登录 App，点击“直播”按钮，进入直播页面。在正式发起直播之前，要确认好直播的模式、手机的准备情况。部门负责人能够看到下属所有人员的直播任务，并能在 PC 端预览直播信号。

实时地图：可以通过全球卫星定位系统确定用户所在的位置。定位系统是以确定空间位置为目标的一个集合体或装置（部件）。这个系统可以保证在任意时刻、在地球上任意一点实现导航、定位、授时等功能，能准确了解记者身处何处、是否到达目的地。调度指挥系统可以实时定位记者的位置，在记者开启 App 的情况下，管理员登录系统网页就可以浏览每个记者所在的位置，如图 5-8 所示。

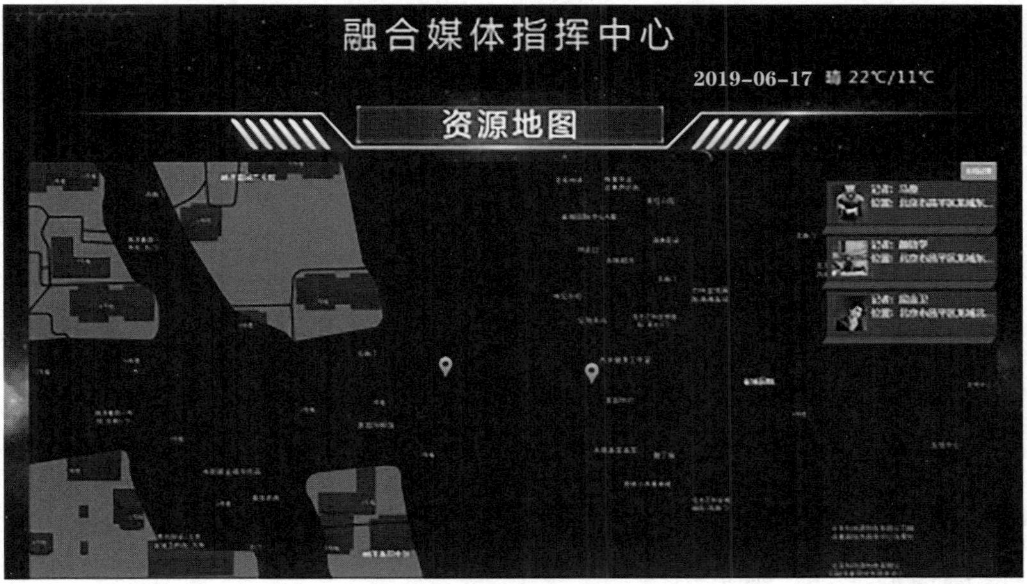

图 5-8　资源地图界面

中心平台上的实时地图的特点就是可即时掌握记者的动态，这充分体现了互联网快速便捷的特征。负责人根据实时地图可及时了解记者的位置，合理调配人员赶到现场对突发事件、应急事件进行采访等；能够及时派出离事件现场最近的记者，让其第一时间赶赴现场进行报道。新闻的基本要求就是第一时间进入事件现场进行报道，记者们要抢时间、抢镜头，在中心平台负责人派发和审核后，第一时间发布新闻。

调度指挥系统能实时查看人员位置，可以查看设备、车辆等报道资源的位置，实现对人员、设备、车辆等报道资源的调度；支持与前方记者进行网络连线、语音通话，也支持视频、语音两种网络连线模式；支持采访任务的申请、派发、通知、调度、监控。

第四节　资源平台

资源平台是以信息资源为基础，结合平台系统和大数据信息资源存储系统，利用计算机网络和通信系统，通过满足客户需求的信息资源加工方法和使用方式，向用户展现资源价值的一种信息资源系统管理平台。用户利用资源平台存储有价值的视频、音频、图片、文章等，在资源平台中进行分类保存，便于中心平台用户使用。用户根据需要可以在资源平台上执行添加、删除操作，可以与平台上的用户进行互动，可以检索到平台所有用户在资源平台上存储的内容和资料，征得发布人同意之后可以在线应用或下载应用。

用户对资源平台的操作包括用户资源的创建、修改、删除、检索及用户统计分析数据检索等;中心平台逐步涵盖各县级政府部门的信息和社会信息,资源平台上的内容和资料就是通过县乡村各媒体、各部门的信息资源融合和通联互通建立起来的。

用户通过手机 App 回传的素材,按照栏目类别进行分类存储,在栏目中可根据日期将选题和任务进行归整。回传结束后,可以根据相关条件进行检索,如图 5-9 所示。

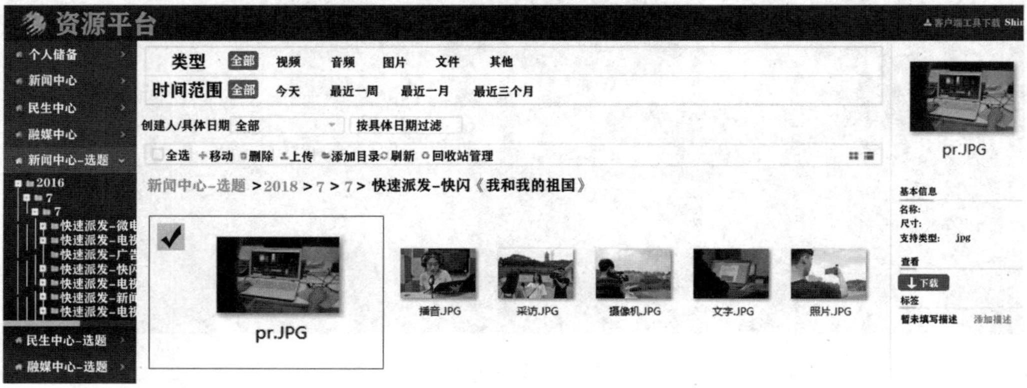

图 5-9 资源平台的检索模块

资源平台上有“个人储存”“新闻中心”“民生中心”“融媒中心”“新闻中心选题”“民生中心选题”“融媒中心选题”等界面。不同性质的融媒体平台的资源平台,其内容也有所不同,系统可以根据自身特点设立特色栏目,在设立栏目之后还可以设立不同类型的分栏页面、子目录等。用户可以根据任务和需要,对不同的页面进行素材查阅或应用,可以预览素材上传和下载进度,并对素材添加相关描述,如图 5-10 所示。

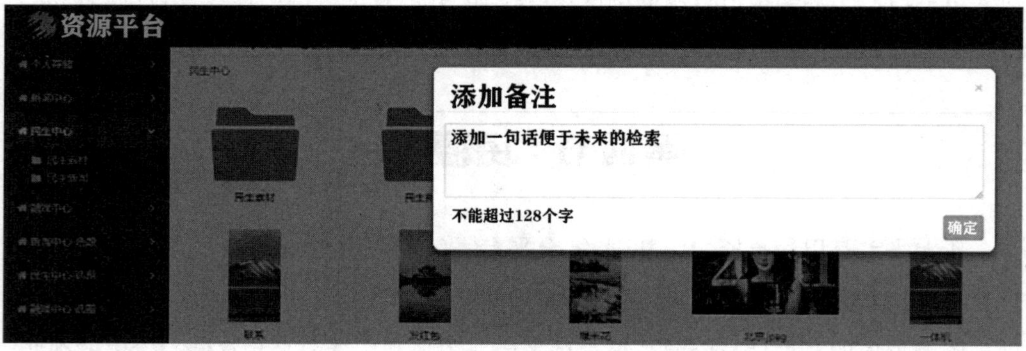

图 5-10 对素材添加备注

在资源平台上,用户可以自行添加目录,进行上传、删除和移动素材等操作。如果本地上传的文件过大,可以使用媒体管理窗口右上角的桌面工具下载,下载完成后解压缩文件;上传完成的素材可以被同栏目所有的记者共享使用。同时,可以根据栏目和标题检索素材或批量删除素材。

资源平台上的资源融合是媒体融合的基本要求，资源平台创建了面向多种生产工具和发布渠道的融合资源库，可以对融合生产系统中所有的素材、成片、稿件等生产资源进行统一管理和共享，为融合生产业务提供强大的内容支撑。

资源平台具有以下作用：

(1)为各业务提供统一的工具入口、用户认证机制、权限管理机制、消息平台等；

(2)支持与各种生产工具对接，提供多种资源访问方式，用户可以直接从融媒体平台上的资源门户中下载资源；

(3)可基于群组、栏目或选题方式"分权分域"管理资源，不同群组有不同的资源生命周期、入库后的业务规则等。

第五节　新闻文稿

中心平台的业务核心是新闻采编，这也是最迫切需要进行媒体融合的业务。新闻包括电视新闻、广播新闻、报纸新闻、网络新闻、新媒体新闻等，记者在采编时可以选择单项媒介，也可以选择多项媒介。"成功的媒介融合的一个关键因素是向受众提供需要的媒介内容"①，这样一来，记者的新闻稿件创作就显得尤为重要。对于同条新闻，不同的媒介需要创作不同的新闻稿件。融合新闻生产整合了电视、广播、报纸、互联网、新媒体等众多媒介，在融媒体渠道中进行统一选题策划、新闻稿件编写、电视新闻编排和广播播音稿件编写。记者可以通过平台的新闻稿件系统进行在线编写、在线编辑电视新闻，并根据各渠道传播特点和受众的收视习惯进行个性化内容生产；负责人可以通过审核窗口实时审阅。不同渠道的资源可实时共享，各种生产工具高效协作，构建起立体化、全方位、互动式的新闻传播体系。

在新闻文稿系统中有"选题编辑""选题管理""文稿编辑""新建文稿"("我的文稿""我的文稿评分")"文稿管理""串联单管理"等多个页面，如图 5-11 所示。多样性是中心平台的特色，包括栏目多样性、窗口多样性和内容多样性，方便用户选择应用。

记者登录平台后，进入新闻文稿系统，有相应权限的用户便可执行新建文稿操作。在"文稿编辑"页面上点击"新建文稿"按钮，可进入新建文稿页面，记者可以根据回传的素材进行文稿编辑工作，如图 5-12 所示。

中心平台要支持新闻稿件的推送、选用、分享、编辑、多级审核功能；还应该支持内容素材与稿件结合的共享功能。

用户在编辑电视新闻文稿时，可以根据新闻稿件的内容与广播播音稿件、报纸新

---

① 奎恩.融合新闻报道[M].张龙，侯娟，曾嵘，译.北京：北京大学出版社，2015：99.

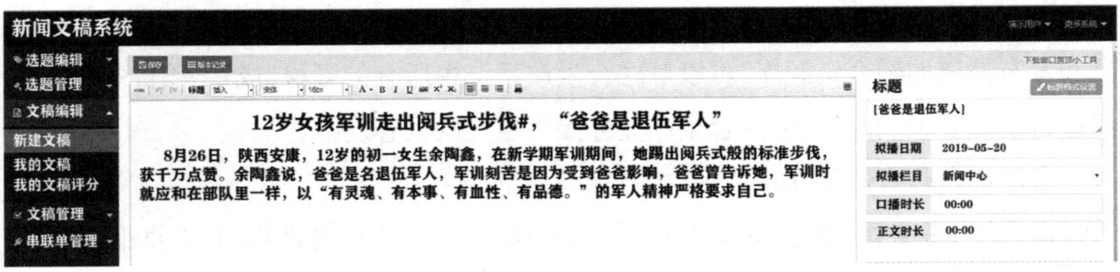

图 5-11　新闻文稿系统

图 5-12　新建文稿页面

闻稿件进行整合编辑，结合非线性编辑软件，编辑同期声的内容；可以使用窗口置顶小工具，将文稿页面置顶，实现文稿页面跟非编同屏编辑，省去来回切换的多余操作。

中心平台支持 MXF、MP4、MOV、WMV、WMA、MP3、WAV 等视音频格式文件的专业化编辑，由于采集方式不同，文件的性质不同，需通过后缀名来区别；新闻类音视频节目的素材剪辑、字幕包装、成片输出等制作及审核，根据不同的新闻节目要求可以使用精编、快编等编辑制作工具；支持多格式混编，支持实时编辑双轨高清格式视频、双轨音频、单轨字幕/图片的功能。

不同融媒体平台都有自带的视频编辑软件、音频制作软件，可进行在线视频和音频实时编辑，保证第一时间传递新闻消息。

完成电视新闻文稿内容编辑后，即可上传到资源平台，提交至下一步流程。

每一个用户都可以设置一个标题模板，模板需包含新闻标题字体、日期和固定文字。设置标题模板后，每次编辑文稿标题时，只需要填入具体标题内容即可，格式固定的部分就不需要重复填写了，中心平台可以通过人工智能系统完成后续文稿编辑工作。

在文稿编辑区域的标题部分插入“解说词”分栏目。点击“人员”按钮，弹出人员选择窗口。文稿的负责人可以选择该文稿参与人，让其参与最终的文稿评分。

进入“文稿管理—评分统计”可以看到所有用户按月份统计的得分。中心平台可使用系统提供的估算文稿时长功能，对编辑后的文稿进行统计。根据经验填写配音语速后，点击下方“重算”按钮，可将计算所得的口播时长和配音时长自动填写到右侧文稿属性栏内，如图 5-13 所示。

图 5-13 估算文稿时长

这种通过中心平台进行文稿评分的制度，能够考核每一位用户的工作成绩。中心平台不仅能够让用户查看自己的所有文稿得分，也可以查看同事的得分情况。当文稿提交审核后，责编、主任可以查看待审文稿，点击文稿名称即可进入文稿修改审核页面。通过“融媒助手”App，记者可以利用手机创建新闻文稿，在文稿编写完成后提交审核，便捷、快速、高效，如图 5-14 所示。

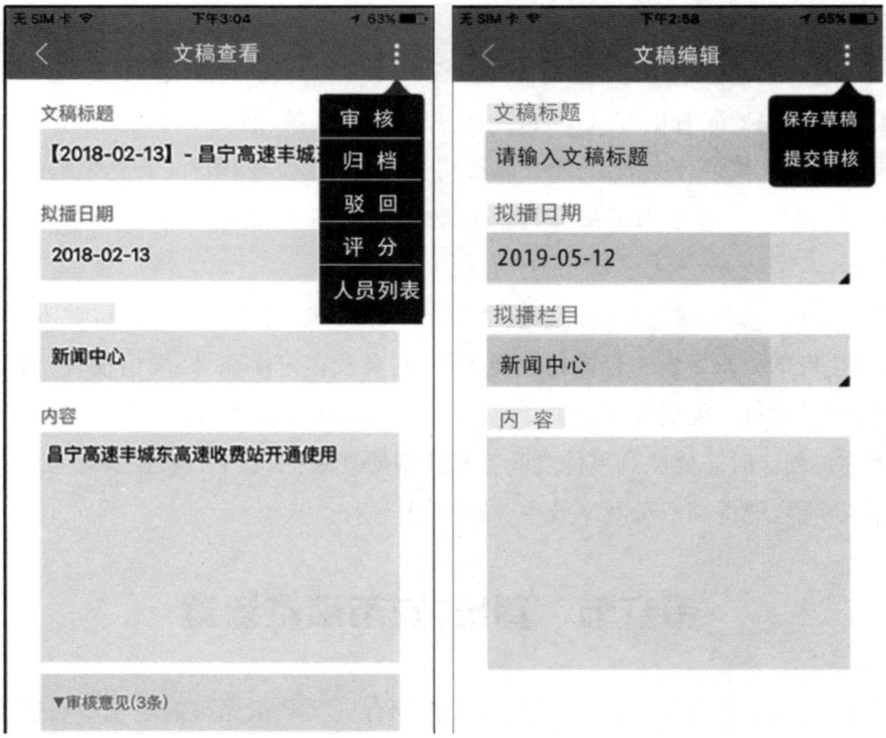

图 5-14 移动端文稿查看和文稿编辑界面

每一次审核过后，系统都会产生一个新文稿的版本，记录本次审核之后文稿的内容情况，如图 5-15 所示。用户浏览文稿时默认浏览最近一次审核修改的文稿版本，同时也可以查看历次审核的文稿版本，这对用户之后的文稿写作有很大的帮助，有利

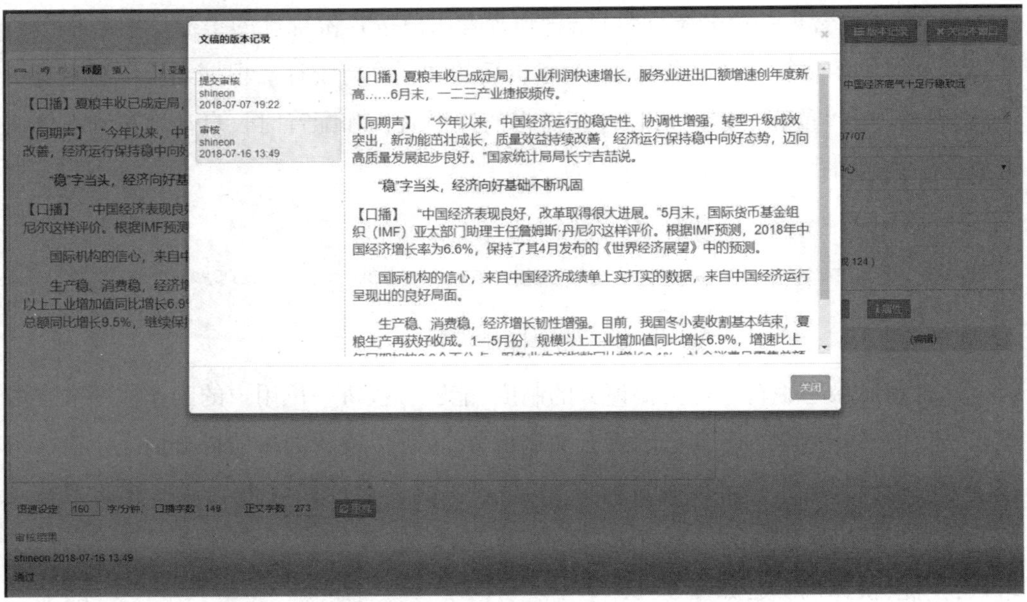

图 5-15　文稿的版本记录

于提高用户写作水平。

使用过的文稿会自动保存在平台上“资源库”中，中心平台上的用户在自己权限内查看自己文稿的同时也可以查阅其他用户提交的文稿，前提条件是必须征得其他用户的同意。当文稿评分完成后，用户就要将自己的文稿归档留存，归档之后的文稿不能再修改或删除。这是为了更好地满足融媒体记者进行多渠道稿件写作、发布的需求。

中心平台开发了融媒体稿件编辑系统，兼顾传统电视稿件生产和新媒体“两微一端”稿件生产的要求。它不仅支持电视稿件、网页及客户端稿件、微信稿件、微博稿件的撰写，而且对每一类稿件都提供专业、有特色的编辑界面和版本，支持不同稿件的分发流程。在创作时需要注意稿件之间互相复制的现象，中心平台资源管理系统具有查重和筛选功能，能提高资源共享效率，减少重复工作。

第六节　播出、发布审批流程

目前，各级电视台在播出电视节目之前，都有一套严密完整的电视节目播出审核制度，实行“三审制”，即责任编辑（制片人）审核、部门领导审核、总编辑审核，总编辑审核是最后一道关卡，如图 5-16 所示。

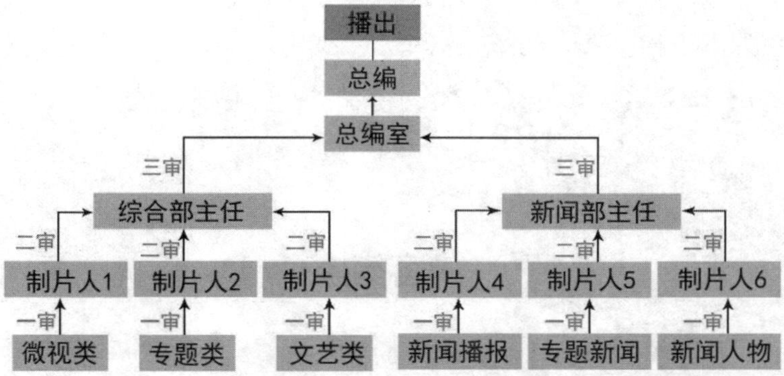

图 5-16　电视节目播出的审核流程

一、审核制度

目前,无论是电视台还是报社、广播电台、新媒体等,对内容的播出或发布都有一套审核制度。我国实行的是"三审制度",即稿件提交之后,要切实做好初审、复审和终审工作,三个环节缺一不可。三审环节中,任何两个环节的审稿工作不能同时由一人承担。在三审过程中,始终要注意稿件中的政治性和政策性问题,同时切实检查稿件的科学性、艺术性和知识性问题。在电视台,新闻节目的审核最为严谨。新闻节目先期须将选题策划方案报批,再由节目负责人完成策划、采访、录制、编辑和初审;部门主任进行二审,总编、值班总编或者相关主管台长为终审。

县级融媒体中心平台同样采用了较为严谨的"三审制度"。在管理权限窗口中,总编权限最高,为终审;部门主任是复审;制片人是初审。中心平台上设置了"节目审片系统",提供系统管理,上传素材、视频等在线浏览功能;制定了播单的创建、修改、排序、审核等较为完整的审核流程。在中心平台的权限管理上,总编是中心平台上所有播出或发布内容的最终审核者,总编、部门主任和制片人的审核工作,既能在 PC 端上完成,又能在移动终端上完成,他们可随时随地、迅速便捷地完成审核工作。

二、审核内容

在互联网时代,每天都有巨大的"信息包"堆在人们眼前,如何让人们更快更便捷地获取信息,是让每个媒体都伤尽脑筋的事情。中心平台能通过不同环节对信息内容进行层层筛选,以最快的速度将有价值的信息传播出去。"内容为王"的准则在融媒体平台也不例外。图 5-17 是多元发布平台示意图,可以看出,内容是审核工作的核心。

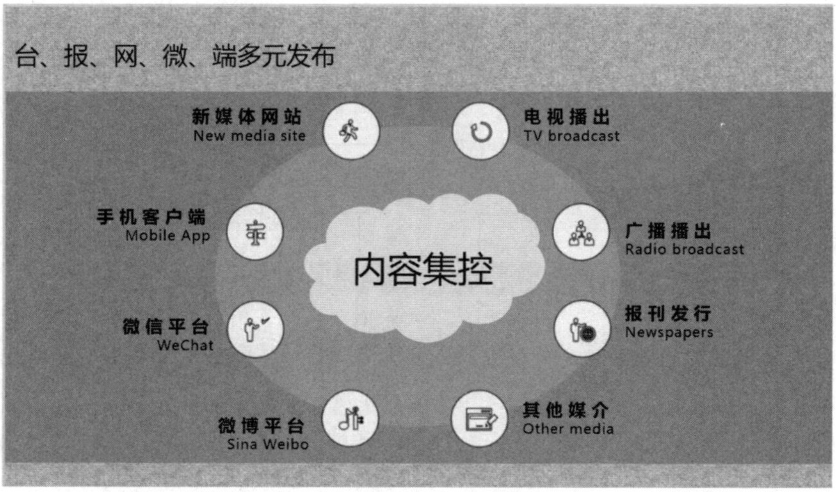

图 5-17　阳光融媒体多元发布平台示意图

一条信息在进入人们的视野之前,在融媒体平台上必须经过下列流程:线索选择—提交选题—采访编辑—制作成文—提交审核—总编审核—播出发布。

在这个过程中,内容审核是重要环节。由此可见,中心平台播出前或播出后的主要审批对象是内容。审核不仅确保了对外呈现内容的合法性、合理性,也确保了信息的准确性、真实性。

中心平台对不同类型的媒介内容采取归口审核的办法。中心平台的内容审核功能不仅齐全而且强大,首先是完成生产和发布过程中的多级审核;其次是管理发布渠道;再次是支持版权保护和对开放内容管控权限的第三方发布渠道实行一键撤稿;最后是覆盖与更新 CDN 平台内容缓存,同时具有宣传管理部门要求的其他功能。

三、文件上传

网络的发展给文件的传输带来了便捷性和多样性。由于使用的采集工具不同,形成的文件格式也就不同。在信息化时代,在互联网上传输这些文件可能会造成"交通堵塞"甚至"瘫痪"。媒体界更是如此,起初人们通过一支笔和一张纸就可以进行简单的新闻采访或记录,如今人们使用大量的数字技术和各种类型的数字工具进行新闻采访或记录,并通过互联网进行传输。由于使用的工具不同,所以形成的文件的数据大小也就不同。为了使互联网"交通顺畅",就得区分这些文件的类型。为了便于区分,我们给文件加了一个后缀名。在媒体界常见的文件后缀名有:docx、xlsx、pptx,avi、mp4、mxf、mov、wmv、mp3、wma、asx、wav、jpeg、bmp、tga、tiff,等等。从图 5-18 可以看出,不同工具形成的文件不同,我们可以通过文件的后缀名来辨别其所使用的工具的种类。

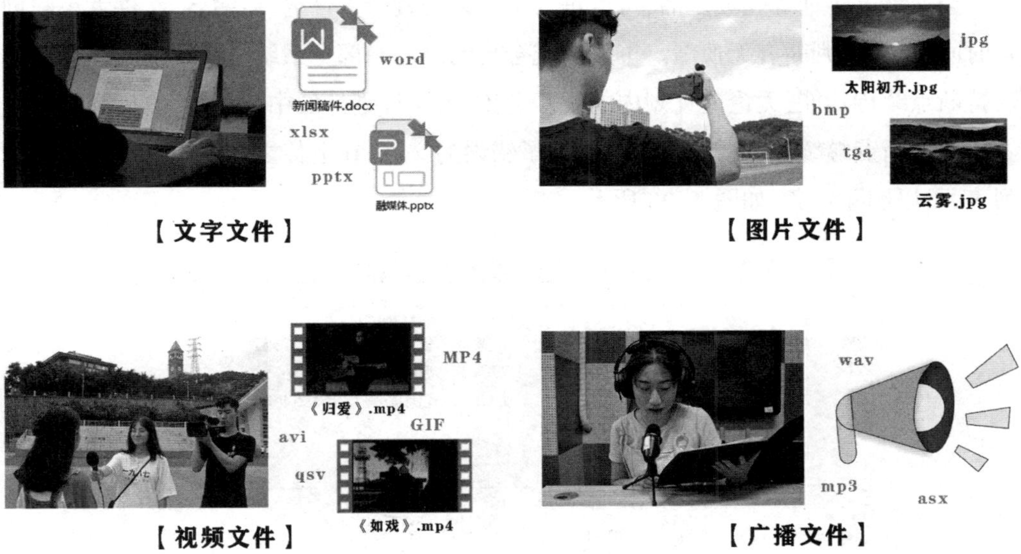

图 5-18　使用不同工具而形成的不同文件格式

中心平台将使用不同工具而形成的不同文件进行有效的区分，通过服务器为这些文件开通“绿色通道”。文字文件数据量很小，如同高速公路上小轿车在快速行驶；图片和音频文件数据量大些，如同高速公路上的中型车限速行驶；视频文件数据量最大，犹如高速公路上的重型卡车低速行驶。中心平台服务器承担着平台指挥的功能，在资源管理系统中对文件进行分解。目前中心平台上有人工分解和智能分解两种形式，智能分解文件种类是今后智能融媒体发展的一个重要标志。中心平台审片系统上传工具的主界面和文件性质、内容会在窗口上展现出来，如图 5-19 所示。

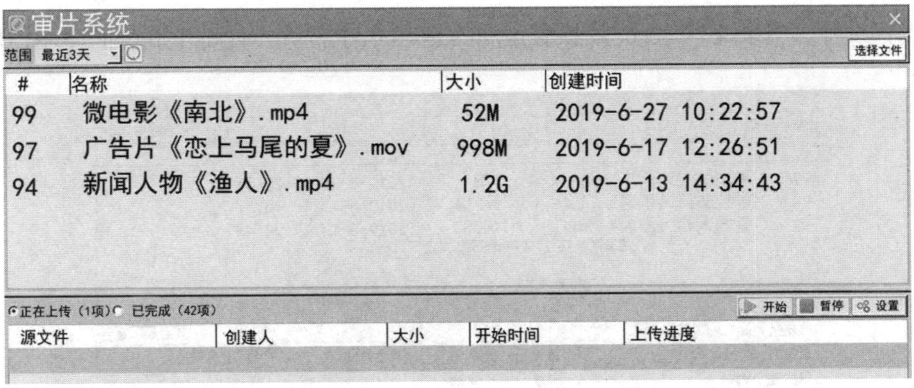

图 5-19　审片系统上传文件界面

审片系统上传工具可以实现单条、批量文件上传，数据越小传输的速度就越快，反之越慢。系统允许用户设定一个上传时间，避开用网高峰期，能够实现无人值守的自动上传。

当文件上传任务完成之后,可以进入审片系统查看文件名、后缀名、文件大小和创建时间,可据此判断有无遗漏。审片系统会自动过滤一部分系统不兼容的文件。系统支持断点续传功能,无论是计划内的暂停上传,还是计划外的中止上传,之后都可以从上传的中断点继续执行任务。如果添加了错误的文件,在上传之前使用右键点击任务列表,可以删除任务,如图 5-20 所示。

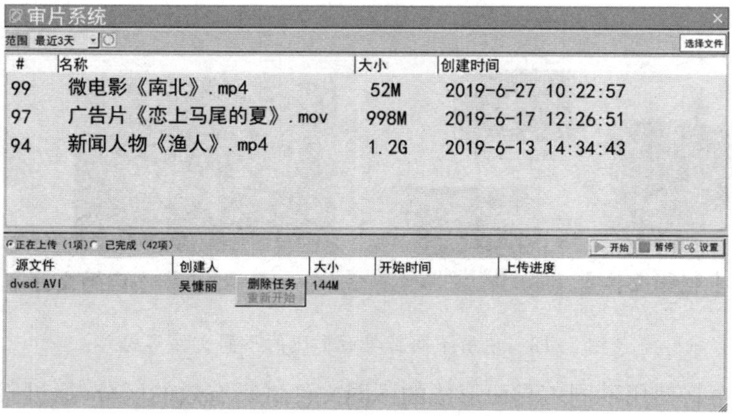

图 5-20　删除已上传任务

上传视频通常会占用较多的网络资源,如果文件数据较大就有可能占用较长的时间。审片系统不希望上传工具在执行上传任务时影响系统内的其他工作,因此,需要把上传任务放在其他工作结束后进行。

定时上传功能,是审片系统中的一个智能化模块,支持用户提前添加任务,并在无人值守的情况下自动上传文件、定时审核、定时阅读、定时播出发布等。在“定时上传区间”窗口上,填写定时上传的时间段,将“定时上传区间”设置为合适的区间,然后点击“确定”保存设置。当系统时间到达所设置区间的起点时,上传就会自动开始,如图 5-21 所示。

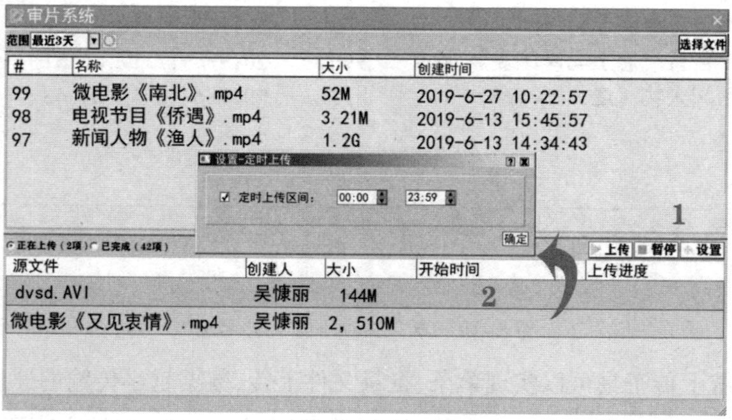

图 5-21　设置定时上传

四、我的视频

视频文件在融媒体中具有重要的位置。它不仅使用量大，而且数据量巨大，占整个平台总量的70%—90%，甚至更多。在腾讯视频、爱奇艺、优酷、抖音、芒果TV等以视频为主的网站上，视频文件占据整个网站总量的97%。直播、微视频等，都是人们喜爱的新媒体节目形式。如何在融媒体平台上进行视频文件的采集、传输、编辑、管理和播出发布是一个有关技术革新的话题。

（一）视频文件采集

记者在采编过程中，使用不同的工具获取视频文件，但这些视频采编工具也在逐年发生着变化，不断创新，不断发展。随着科技的进步，视频向高清和超高清发展。视频采集工具生产出来的视频文件数据也就越来越大。4K、8K视频以及AI、VR等进入人们的视野，其数据量比起高清的要大得多。今后融媒体平台系统建设将朝着高清和超高清方向发展，满足未来超高清节目制作的需求。例如，2019年全国“两会”期间，新华网2019全国“两会”大型融媒体专题《奋力奔跑 同心追梦》开设了以高清视频为主的“炫视觉”栏目，不仅有网络在线直播，还有新闻人物、专题报道等内容，如图5-22所示。2019年3月5日晚黄金时间，新华网媒体创意工场给受众献上了创意高清短视频《全息交互看报告》，利用融媒体前沿技术，将政府工作报告内容情景化，总理作报告的原声、直观字幕、鲜活画面三位一体，短短2分半钟，将百姓生活、城乡风貌、经济发展等场景与报告内容有机结合，可视、可感、好看，体现了满满的科技感，让网民获

图5-22 新华网“炫视觉”栏目（图片来源：新华网）

得沉浸式体验,迅速了解政府工作报告的核心要点。该视频全网总浏览量超过 1.5 亿次。在媒体融合背景下,电视新闻、视频文件的高清播出和发布已经进入全新时代,由科技创新、技术升级引发的媒体视频采集生产变革扑面而来。

视频采集方式的多样性给融媒体平台的构建增添了新动力。传统采集工具已经逐渐被高科技代替,新华社全球首位 AI 合成女主播"新小萌"一上岗就赚足了眼球,如图 5-23 所示。AI 技术可对视频进行标注、分发、播放等,一个 AI 和娱乐结合的媒体生态圈正在形成。

图 5-23　新华社 AI 合成主播(图片来源:新华网)

(二)视频文件传输

在融媒体平台上传输视频文件,分为外部传输到平台上和平台内部传输两种形式。从外部传输到平台受到网络的影响,传输速度比较慢。由于视频文件比较大,一般 1 分钟的视频文件都在 50M 以上,甚至更大,传输时间会超过 5 分钟,因此网络的速率对视频文件传输有极大影响。传输路径有两种,一种是网络接口传输,另一种是无线传输。无线传输是利用移动终端完成的,是融媒体用户比较钟爱的一种传输形式,不仅快捷,而且便利,视频文件质量、图像清晰度也比较高,但会受到无线信号影响,尤其在快速移动过程中影响较大。当视频文件较大时,无线传输速度就慢,耗用的传输时间就长。目前无线传输基本上都是在 4G 网络下进行的。

2019 年全国"两会"期间,主流媒体开辟了融媒体报道平台,三大电信运营商向各路媒体提供了 5G 传输信号,让参加全国"两会"报道的国内外记者无不称赞 5G 技术的优越性。新闻平台首次实现了 5G 信号全覆盖,建立了 5G 融媒体直播间,"部长通道"首次进行了 5G+VR 直播。全新的技术使得视频文件传输更快、更稳、更顺畅,容量更大、视频更清晰,进一步丰富了融媒体报道方式和手段,也为传播"两会"盛况注入了新的活力与元素,使观众能在手机客户端实时收看"两会"盛况。由此可以看出,音视频技术快速发展推动融媒体发展,而 5G 将成为其中不可或缺的重要环节,如图 5-24所示。

图 5-24　2019 年全国"两会"期间实现 5G 信号全覆盖

5G 是第五代移动通信技术的简称,是第四代移动通信技术的延伸(见图 5-25)。4G 改变生活,5G 改变社会。5G 的主要特征是提供高速率、大带宽、零延时的极速网络。在未来,5G 网络的建立将促进融媒体平台的建设朝着 8K 超高清视频 5G 网络传输的方向发展。5G 网络理论上传输速度峰值可达每 8 秒 1GB,比 4G 网络的传输速度快数百倍。举例来说,一部 1G 的电影可在 8 秒之内下载完成。我国的 5G 技术已经领跑全球,5G 网络传输的应用使得视频传输迎来一次技术革命。

图 5-25　5G 极速网络

(三)视频文件管理

视频采集、编辑、审核、播出发布等流程,是融媒体平台上的重要流程之一。中心平台按照流程和视频文件的内容设有"视频管理""视频审核""视频发布"模块。在融媒体平台上拥有上传权限的用户可以进入 Web 审片系统"我的视频"模块,对视频文件进行管理。

视频文件根据内容分为以下类型：

(1)电视新闻、电视专题、电视综艺等类型节目；

(2)高清和超高清视频文件；

(3)短视频和微视频。

“我的视频”与资源平台共享，在资源平台上存有主要事件或活动的视频素材历史资料。素材库的建立是中心平台的一项重要工程，图片素材和视频素材会产生大量的数据，占据大量存储空间。随着时间的发展，素材越来越多，数据也就越来越大，所以要建立有效的管理体制。严格控制素材的随意堆积和无休止上传是融媒体平台的一项艰巨任务。

中心平台对视频文件的管理应具备以下条件：

(1)支持冗余数据保护功能；

(2)支持根据不同的业务类型设置不同的冗余保护级别，避免硬盘或节点故障对业务造成影响，并应具有断电数据保持能力；

(3)平台存储应支持租户隔离、业务独立、按需分配；

(4)视频文件存储和对象存储应支持横向扩展。

存储系统性能随着业务的增加而扩展，聚合带宽应随着系统规模增大形成近线性增长。素材库中的大量素材能够在平台上实现共享联合调用，对已发布的内容进行聚合等，如图 5-26 所示。

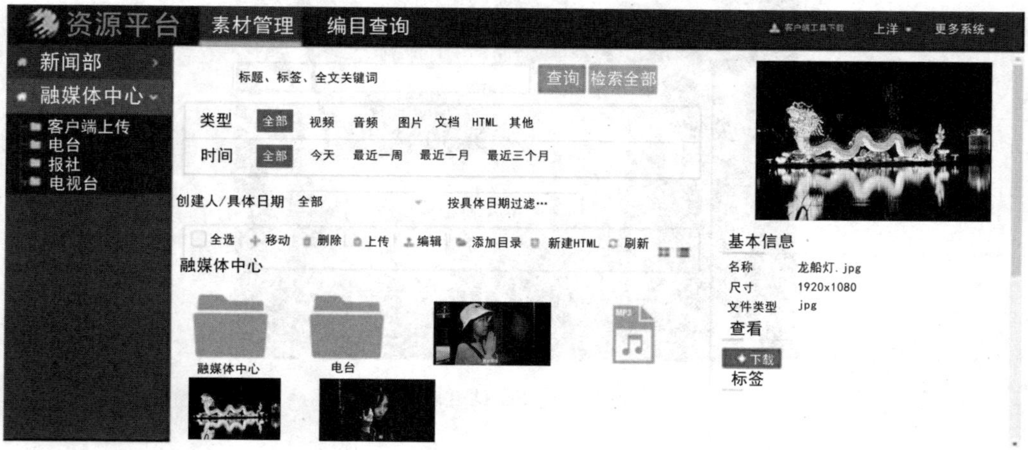

图 5-26　资源平台上素材管理界面

(四)视频文件传输目的

视频文件在融媒体平台中的传输目的主要有两个：一是审核，二是播出发布。这需要对视频的传输流程进行整合。审核流程是传输和发布的必经阶段。

(1)用户把制作好的视频文件通过系统上传审核,上传的目的是给第一审核人审核,即给制片人或编辑室主任等审核。

(2)用户通过中心平台的窗口模块浏览自己上传、未被清除的所有视频文件,查看自己上传的视频文件是完成了上传任务,还是被退回修改。

(3)用户查看上传视频文件的审核情况、审核结果,如图 5-27 所示。由于视频文件数据都比较大,传输需要一定的时间(一般 3 分钟的视频文件在 400M 左右,平台上传输大约需要 10 分钟,再加上审片过程和等待时间,一般 3 分钟的视频文件三审通过,需要 20—30 分钟),因此用户要充分考虑审批流程中的各环节所用的时间,争取用最短的时间让视频文件通过审核,再用最快的速度发布出去。

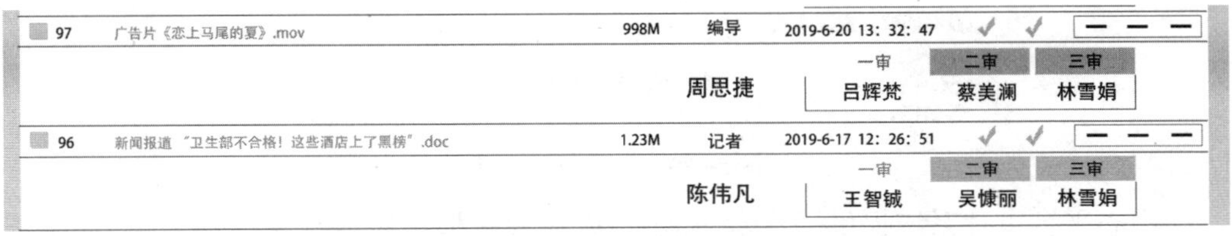

图 5-27　查看审核情况

中心平台的传输速率比外网传输快得多,会大大缩短传输时间。为了缩短时间、加快传输效率,目前大部分融媒体平台开发商都开发了自己的在线视频编辑软件,在平台上享有权限的记者或编辑人员只要在编辑软件上编辑完成,就可以申请审批流程,上一级的审片人就可以通过平台审核,节省了生成成片的时间和上传时间。

由于视频文件数据较大,通过网络传输会造成网络堵塞,所以融媒体平台都配有一套转码器,转码后的视频文件传输流畅,文件数据也会小很多。一般可在窗口的左侧视频列表中查看视频的转码状态,当"转码"列打√时,说明视频转码已经完成,可以预览,如图 5-28 所示。

图 5-28　视频转码界面

转码成功的视频文件,在预览时同样会占据较大平台空间,在不同的时间内会出现多人点击同一个视频文件进行预览的情况。为了更好更快地对视频文件进行审核和播出,审核系统中建有视频预览模块,它与平台上的视频播出或查阅分离,确保视频文件的审核流程顺利完成。当某一视频文件正在审核或者完成审核,视频上传者可以在“我的视频”模块中查看审核状态和审核意见,以便上传人员对审核不通过的视频进行修改后重新上传。当视频通过审核,审核列表中会出现对应的审核结果,标有详细的审核意见,如图 5-29 所示。

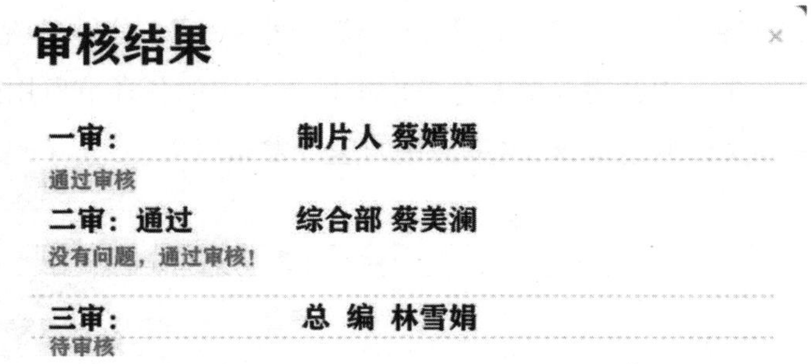

图 5-29 查看审核结果

中心平台审片系统提供了检索功能,可以在搜索框里输入视频文件名后,在系统内和云平台上进行检索,为审片人提供与本条信息相关的资料。当审片人不能做出肯定判断时,可以通过搜索引擎查看视频的内容、情景、解说词等是否重复。审片系统同时具有筛选功能,可以通过页签筛选出今天、昨天或最近一周的视频,甚至更久的视频文件。图 5-30 展示了通过检索搜索到的相关视频文件。

图 5-30 “我的选题”模块中的检索界面

(五)视频播单管理

视频文件的播出,是一个非常严谨的过程。在传统媒体中,电视节目的播出需要完成很多程序,尤其是播单的审核和签署。在中心平台上,也要完成相同的流程,但这些流程是在平台的系统中自动完成的。

(1)播单的创建:用户拥有自己的权限,在播单栏中填写视频文件的标题、创建时间、创建人等相关资料,与视频文件一起传送到系统中,由上一级审片人审核。播单添加申请单如图 5-31 所示。只有拥有创建、编辑、删除播单权限的用户，才能进入播单页面。在播单页面中，用户可以完成播单创建、播单预览、播单修改排序等操作，审片系统提供了以播单方式进行审核的功能，如图 5-32 所示。

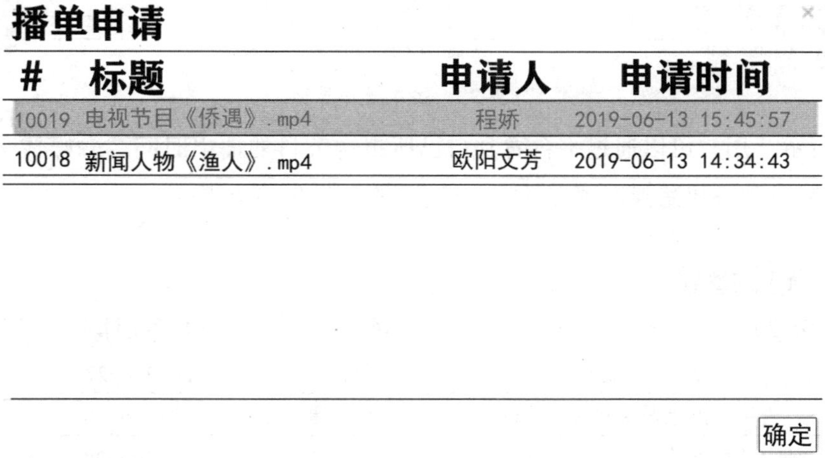

图 5-31　播单添加申请

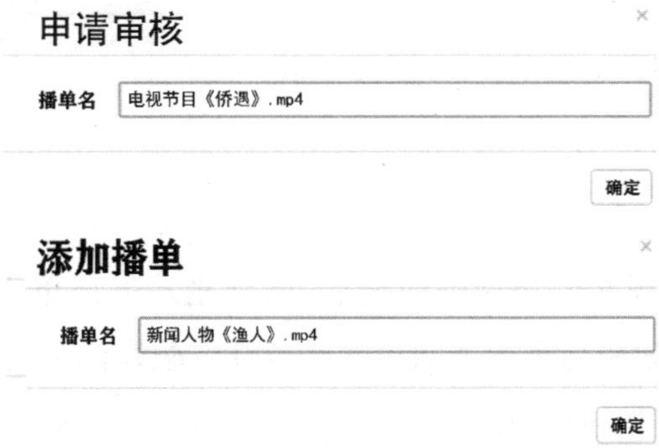

图 5-32　播单申请审核

(2)播单的签署：审核人员对视频文件审核完成后需要进行签署，或者提出修改意见。在系统平台窗口上进行签署(点击页签)，就表示已通过，播单便可生效。播单经过三级审核签署后，系统会自动进行逐级页签，直接传输到播出平台。系统能够显示视频文件的实时状态等信息，用户在播单页面中可以一目了然地看到视频文件的动态。用户根据自己的任务完成情况将视频文件添加到播单上。中心平台上有“保存至播单”功能，用户可选择视频文件并将其添加到某一个播单中，如图 5-33 所示。

三审时，总编在“选择播单”页面完成对播单的审核或播出发布。如总编选定编号为 10019 的电视栏目《侨遇》，对创建人和创建时间进行确认，即可进入下一个环节——播单内容排序。也就是说，电视节目《侨遇》已经审核通过，可以按时播出，如

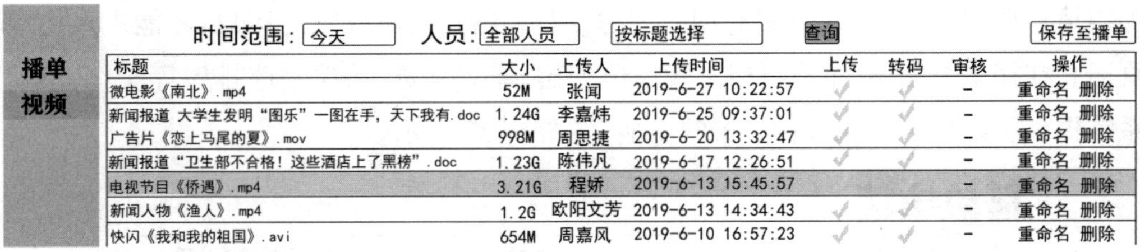

图 5-33　播单操作界面

图5-34所示。用户可以通过平台看到自己所报送节目的播出时间。融媒体平台设置播单,就是要严格和完善视频文件播出流程,避免发生播出事故。

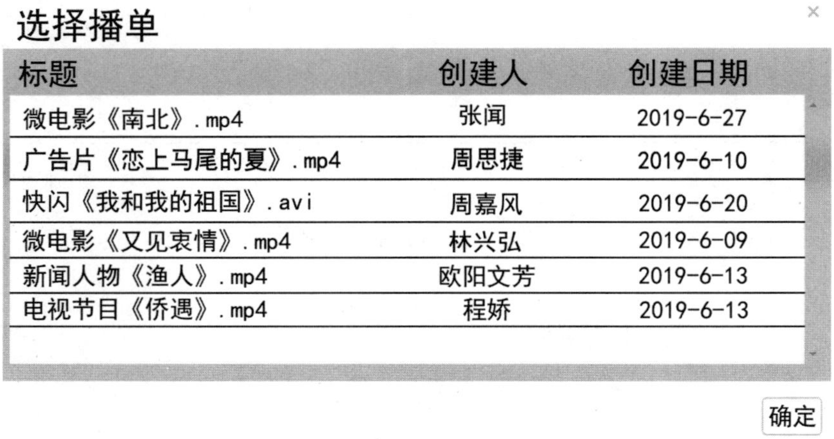

图 5-34　在“选择播单”中显示可播出的文件

(3)播单排序:视频文件添加完成之后,回到刚才的播单页面,就可以预览该播单,如图 5-35 所示为融媒体平台上播单的优越性。融媒体平台上的视频文件内容非常丰富,有新闻演播室类、新闻类、新媒体类、广播电视综合类等多个种类。每一个部门负责的节目类型不同。在“播单内容排序”一栏中,可以查阅记者或者编导、制片人、部门负责人的即时工作状态,同时也可以查阅用户所属的电视节目的播出时间。用户可以看到其他部门所制作的电视节目,这对其今后的选题有很大的帮助;还可以对播单进行排序,在“播单内容排序”内,查阅视频文件状态。

一审、二审人员审核播单之后,可在“播单内容排序”栏中进行预览,预览没问题就可以提交给下一级审核。审核通过后,便无法再将已提交的视频加入新的播单,以避免重复审核同一视频。在平台上的播单栏目中,可以看到全部视频的审核流程情况,如图 5-36 所示。添加播单后,突发事件报道等临时性播出视频文件仍可添加到播单中:进入视频页签,选中要添加的视频,把它添加到刚才创建好的播单中。三审通过后,上传人可以直接点击“保存至播单”。

图 5-35　融媒体平台上播单的优越性

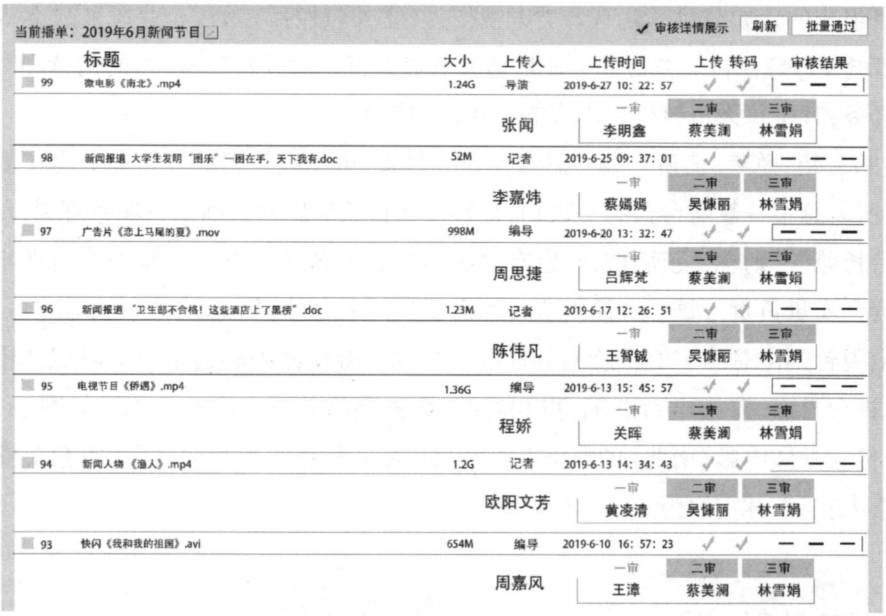

图 5-36　播单内视频审核状态

(六)视频审核流程

中心平台视频审核流程沿用了传统电视台审核机制，它的优越性在于通过中心平台实现了在线审核、在线签署和自动提交。经过一审、二审和三审后，平台上出现审核详情和审核结果两个界面，使得记者能及时查看提交的文件的最新动态和结果。中心平台上的审核流程较为智能化，审核后可自动上传到播出平台，同时将播出文件保存到资源管理平台“我的文档”中。

视频文件审核流程主要涉及三审人员，包括一审制片人、二审部门负责人、三审总编。我国的影视产业实行的是制片人制度，制片人是最基层的负责人。

（1）一审：制片人。中心平台通常实行的是制片人制，制片人争取资金进入视频拍摄团队中，全权负责视频的拍摄制作如剧本统筹、前期筹备、组建摄制组（包括演职人员以及摄制器材的合同签订）、核算成本、进行财务审核等；执行现场拍摄、后期制作；协助投资方进行国内外发行和国内外申报参奖等工作。制片人可以是融媒体中心工作人员，也可以是融媒体中心以外的传媒公司或影视公司法人或总经理。新闻类电视节目制片人基本是由融媒体中心内部人员担任的。综艺节目、电视剧等节目类型多由融媒体中心外的人员担任制片人。

（2）二审：部门负责人，由融媒体中心职员担任。融媒体中心建立起一套完整的运作体系（见本书第二章），设立了新闻部、影视部、新媒体部等部门。其中影视部就是拍摄制作视频文件的部门，类似传统媒体中的电视台。一个部门是由多档电视栏目或项目组成的。如节目部就有各类电视栏目（含外包栏目），如《企业风采》《名人启示录》《微电影》等栏目。节目部主任是第一负责人，负责部门多个栏目的运营和节目制作等任务，其中每天审核栏目内容的工作最为繁重。

（3）三审：总编、值班总编。总编为业务总管，由于电视台的宣传业务是主要工作任务，所以总编一般与台长同一级别，是排位在台长后副台长前的正职管理岗位，如果是副台长兼任，则享受正职待遇，也有总编由台长兼任的情况。总编对所有播出节目的内容和质量负责。每一个播出节目都需要通过总编审核，总编签字之后方可播出。有的电视台则由总编室值班总编负责审核视频。融媒体中心通常设立融媒体中心总编、电视台总编、广播电台总编、报刊总编、服务网络总编和应急总编。如图 5-37 所示，上传人是微电影《南北》的导演张闻；一审人员制片人为李明鑫；二审蔡美澜为部门负责人；三审林雪娟为融媒体中心电视台总编。

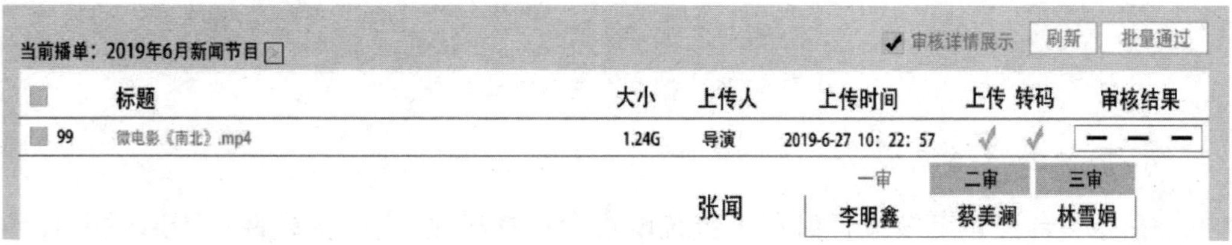

图 5-37　视频审核详情展示

（4）审核详情：视频文件从上传开始，便进入审核流程。记者或编导进入平台的播单审核页面“记者回传系统”，如图 5-38 所示，将制作好的视频文件上传到文本里，派发人员要录入视频文件的详细资料，选择视频文件后点击上传。与视频页面类似，审核页面的左侧是视频列表，右侧上方是播放窗口，右侧下方是评论区。如果勾选了“审核详情展示”，可以展开各级审核情况，直接查看所有审核人对每条视频的审核结果；取消勾选后，审核结果会隐藏。

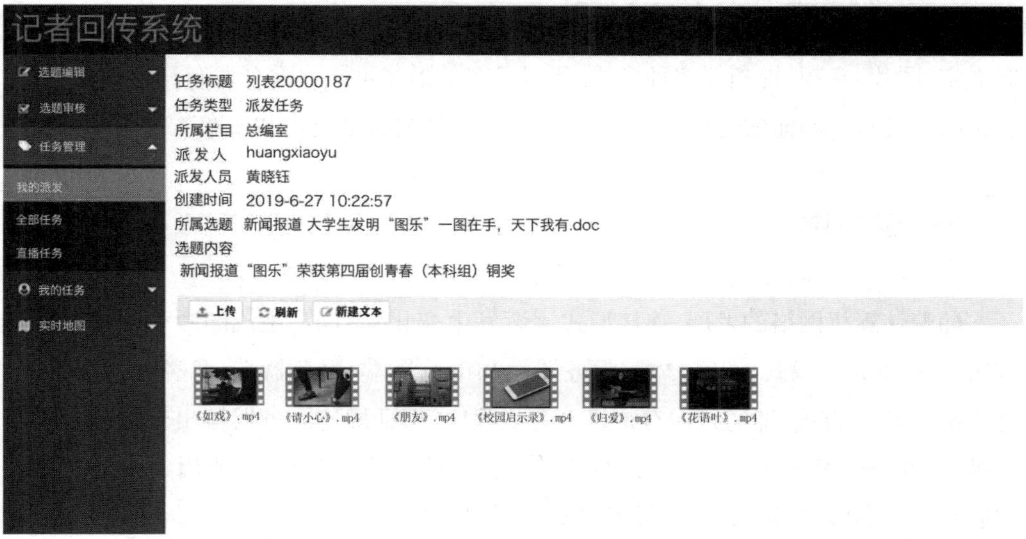

图 5-38　记者回传系统界面

（5）审核结果：若查阅详细的审核意见，需要点开“审核结果”下的按钮，从弹出的审核意见窗口查看所有审核人员的意见和视频文件流程进度。审核通过，审核员下方标有通过的字样，如有修改意见，审核人会将视频文件的修改意见写在下方。有的融媒体平台在“审核结果”一栏中，会标有审核员的详细信息和联系方式，便于上传人及时与审核员沟通，及时修改视频文件。“审核结果”一栏中的内容是每一个审核者都必须确认的，确认后，文件会在平台上自动转到上一级，包括审核意见，不仅上传者可以查看，上一级审核者也能通过自身的权限查阅到文件的审核状态，如图 5-39 所示。

审核人员审核完成后，按照自己的权限点击“通过”或“不通过”按钮，并输入审核意见，完成一次审核。审核人员也可以对一批视频文件进行批量审核：勾选对应的视频文件，点击左侧上方的“批量通过”按钮，统一输入审核意见，完成批量审核。最终的审核结果将反馈到审核状态页面，作为判断视频是否可用的依据。

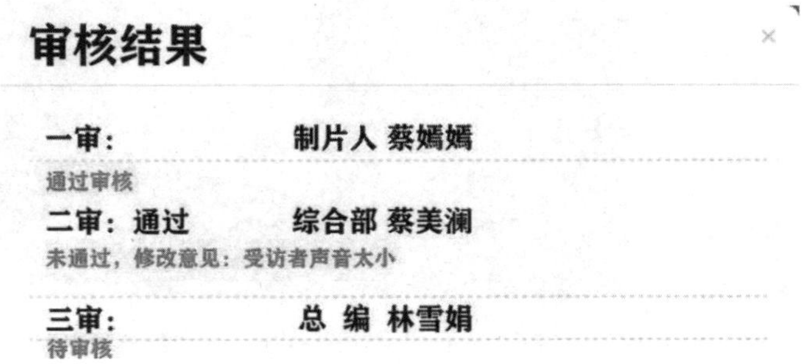

图 5-39　审核结果显示

第七节　融合发布管理

在县级融媒体中心平台上发布各类形式的信息，主要靠融合发布功能中的两微一端、互联网平台、广播、电视、报刊和大喇叭等模块进行。由于中心平台上的信息类型有文字、图片、音频、视频等多种形式，所以发布的形式不同。融合发布流程的管理，主要是指对其自身功能的管理，目的是实现视频文件的自动播出和发布。

一、客户端

随着计算机网络的发展，连接形式逐渐发生变化。目前，主流的两种网络连接模式为 C/S 和 B/S 模式，即客户端/服务器端和浏览器端/服务器端。我们通常所说的客户端为 C/S 模式，即通过向客户机上写入程序，保证即使服务器端出现故障或者需要维护的时候，客户端依然可以实现脱机工作。因此，融媒体平台使用的正是 C/S 模式客户端，向客户端发布信息是融媒体平台的首要任务。

H5 是制作网页互动效果的一系列技术的集合，H5 就是移动客户端的 Web 页面（见图 5-40）。对于大多数现代人来说，H5 可能是一个陌生的名词，但不管是宣传还是增加曝光度，好的 H5 的作用在客户端上是不可忽视的。与此同时，客户端还支持下一代无线通信技术环境下的多种业务的应用，比如 5G 网络通信技术，见图 5-41。

图 5-40　移动客户端 H5 页面

图 5-41　5G 在客户端的应用

二、报刊

中心平台上的报刊包含传统报纸、刊物，以及电子报、手机报等。在新媒体的冲击下，传统的报纸和刊物处于低谷，许多报纸和刊物退出了历史舞台。电子刊物、手机报、微信、微博等替代了传统报刊，成为当今人们获取信息的主要来源。

中心平台上发布的报刊分为正式出版物和非正式出版物两种。

（1）正式出版物，指经国家出版单位审核过的，给予出版书号的书籍、刊物等。

（2）非正式出版物，指内部文件，内部出版的学术文集、会刊等。

正式出版的报刊在人们生活中占有一定比重。非正式出版物是行政部门、大专院校、科研机构和企业常用的材料。报刊发布须经过融媒体平台编辑审核，须遵循严格的审核流程和要求。

书刊报纸经过融媒体平台审核发布，应在相关技术保障之下，确保其内容不出现错误。发布流程从采编平台校样、签发传版到印点接收制版应全程加密，防止被人为修改与破坏。

三、广播

广播属于传统媒体中的一种。在互联网时代的今天，广播仍然充满着生命力，它因传播速度快、移动便捷、设备轻巧、播出形式多样等特点，深受广大听众的喜爱，如各地的新闻播报、交通广播、音乐频道、心灵之声，等等。融媒体中心平台上的广播频道具有很大的发展空间，广播节目发布同样有一套严谨的审核制度。平台要支持与应急广播系统对接，通过农村大喇叭向公众发布紧急消息，提供信息服务，如图 5-42 所示。

图 5-42　大喇叭播音的现场

四、电视

电视是传统媒体中影响力最大、传播面最广的一种媒体，也是人们最喜爱的媒介之一。随着互联网的快速发展，电视也发生了变化，从传统的人们被动接收节目的有线电视，到现在的智能电视，人们开始主动搜索资源，获取信息，无论在产品的特征上还是在内容功能多样性上都取得了重大的发展。电视行业具有较高的科技含量，从电视机到摄像机、编辑机、播出设备等，早期的设备从电子管、晶体管，发展到如今的集成模块，从模拟到数字标清再到高清、超高清，电视行业随着高科技的发展而发展起来。如图 5-43 所示，一名摄像师用标清摄像机在拍摄，而如今标清摄像机处于淘汰边缘。

电视行业的发展不仅象征着人类社会的进步，也跟随着科技的发展加快了更新的步伐。视频真实地记录事件过程，是一个视听立体的延续画面，具有很强的艺术感染力，同时具有真实性、可信性。画面的清晰程度反映电视画面的优劣程度。随着科技的发展，电视画面的清晰度越来越高，清晰的电视画面给人们带来了无穷的快乐和享受，改变了人们的生活，推动了社会进步。2019 年中央广播电视总台每年一度的春节晚会利用了 4K 高清技术、5G 网络传输，为全球亿万观众献上一场文化盛宴。

2017 年，在人工智能浪潮的带动下，智能电视机进入了优化升级的快车道。用户下达指令，电视接收、识别指令后，可在多个场景实现跳转，为电视行业带来革命性的

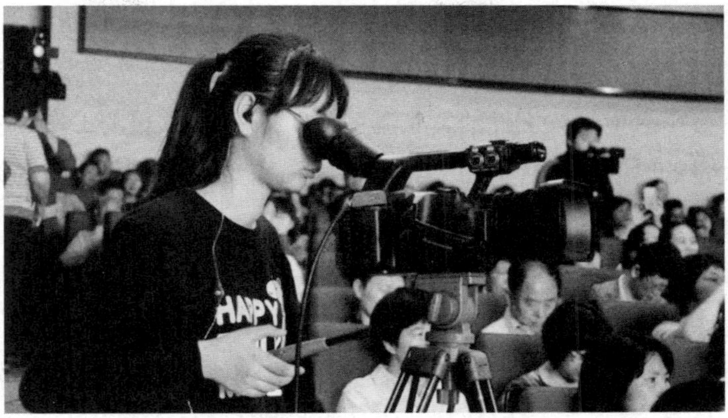

图 5-43　标清摄像机拍摄现场

突破。未来的人工智能电视机不仅仅是一个娱乐工具，更是一个多功能的互动平台。随着技术的发展，人工智能电视机将成为家庭智能化的平台。

视频文件的采集、编辑和发布设备一直是随着高科技的发展而发展的。然而，电视行业的发展遭遇寒冬，传统电视节目的制作和发布受到新媒体的冲击，面临严峻的考验。融媒体概念的提出，给电视行业带来了一线希望。随着融媒体迅速发展，技术越来越成熟，电视行业也随之兴旺起来，再加上 5G 网络传输的应用、电视机新概念的提出和人工智能化的电视体系的建立，电视行业即将迎来曙光。各个科技公司都千方百计地在融媒体平台上创新视频文件的采集、传输和发布技术，将最新、最快、最清晰的视频文件发布到平台上，以适应电视行业的高速发展，为用户带来科技大餐（见图 5-44）。

图 5-44　融媒体实验室里的师生正在应用融媒体平台进行视频文件的发布

融媒体中心平台发布视频文件有一套完整的发布制度和管理机制,它不仅延续了电视台实施的播出制度,而且还与新媒体发布条例相结合,建立了发布管理体系。

融媒体中心平台上视频文件的发布流程管理,是一项繁重的工作。视频文件的播放需要占用大量的时间和平台空间,也需要消耗一定的人力,同时它还受到不同视频文件格式的影响,如使用标清、高清、4K、8K 等摄像机(见图 5-45)拍摄的视频内容的格式不同。目前融媒体平台上的播放设备基本上都是高清设备,而人们常用的客户端设备则以标清为主,用这些设备是无法播放 4K、8K 的视频文件的。众所周知,视频文件经历过一个短暂的发展过程,它的更新速度可以用“迅雷不及掩耳”来形容。从模拟信号到数字信号,再到高清信号,每一次的变革都要更新大量的设备,有的设备还来不及使用就被淘汰了。如今,4K 才刚进入人们的视野不久,8K 就犹如暴风雨席卷而来,让人们措手不及。融媒体平台的建设和视频文件的发布,首先要考虑高科技给电视行业带来的技术革命。

图 5-45　松下 4K、8K 摄像机

五、网站发布

网站发布首先是通过网站主页来完成的。网站主页用来发布该网站提供的信息,并引导互联网用户浏览网站其他部分的内容,且主页内容一般被认为具有目录性质,因此可以在网站主页搜索或点击所需的项目条。各党政机关和行政部门建立的网站以及具有法人资质的社会团体、企事业单位根据自身的特点和经营范围建立起来的网站,被称为“官方网站”,也叫“官网”。政府部门的官网用来发布党政部门的方针政策、新闻、党建、法律条文、民生、文化、教育、服务等信息,它代表着一个国家或地区执政部门和行政部门的权威,体现了为民办实事、为人民服务的宗旨;企事业单位的官网主要用来树立形象,宣传产品,发布企业文化、技术服务、新商品等信息,如图 5-46 所示。

中华人民共和国教育部官网

阳光控股官网

图 5-46　官网页面

网站发布主要在网站的后台完成,我们称网站后台的管理者为“管理员”。网站的日常维护就是由管理员负责的,他对整个网站的发布负有直接责任。网站后台管理系统主要用于对网站前台信息的管理。

网站发布在融媒体平台上是一项重要工作,因为平台所属的区域内有各级党政机关和企事业单位,许多官网和普通网站都要依托融媒体平台获取更多的信息,并通过融媒体平台把区域内的网站打通互联,及时传递最新资讯。

六、微信、微博等

微信、微博是为智能终端提供即时通信服务的应用程序。融媒体平台支持微信、微信公众号、微博的运营。它们最大的特点是通过互联网、宽带局域网、无线通信网、卫星等渠道在客户端和移动客户端上使用。在手机上进行微信和微博的浏览和点击是最为普遍的。由于手机科技含量较高,新产品不断出现,而且向智能化方向发展,这也助推了微信、微博的内容和形式不断变化和发展。

思考题:

1.线索管理的主要内容是什么?

2.网络汇聚的意义有哪些?

3.融媒体资源平台是如何建立的?

4.融媒体平台上的新闻稿件如何创建?

5.播出审批的主要流程有哪些?

第六章 直播通道应用

〉〉〉〉 **重点提示**

①直播的分类，网络直播、现场直播和在线直播的概念

②现场直播技术的基本要求，对网络网速的要求

③移动直播技术的要求、移动直播环境

④移动直播前期准备工作，提交策划、文稿，主持人前期准备工作

⑤移动直播对县级融媒体中心平台的意义

〉〉〉〉 **学习目标**

①掌握移动直播的基本技能，充分利用移动端为直播服务

②掌握融媒体直播通道技术，了解现场直播、网络直播、电视直播以及直播的条件、内容选定标准、电视直播的人员要求、出镜记者的基本素质

③了解融媒体技术对现有媒体直播通道的帮助，掌握如何制订直播应急预案

直播通道是融媒体平台上的一项关键技术，它区别于网络直播。融媒体直播通道对网络带宽要求比较高，一般须在500兆以上。5G通信传输新技术打通了融媒体直播的“最后一公里”。移动直播前需要进行合理、有序的前期准备。直播系统在融媒体平台上还有一项十分重要的功能，即实时定位。它对“记者新闻”“合理调配”“广播现场”等都起着重要作用。融媒体平台上的直播模块支持实时定位、回传通道、融合发布。直播条件、环境和人员素质是直播的基本要求，应急预案的制订能保证直播顺利进行。

第一节　融媒体移动直播

现场直播可分成多种类型，如电视节目直播、电视现场直播、网络电视直播、网络直播、在线直播等。按照规模大小可分为大型直播、中型直播、小型直播。大型直播主要用于国家大事、大型体育赛事、大型文艺演出等的直播，技术含量最高。中小型直播就没有那么复杂，但是也要有一套昂贵的直播设备。我们现在所说的直播一般都是中小型直播。现场直播最受观众欢迎，一直是各大电视台坚持做电视直播的原因所在。以前，要完成一场电视直播是一件很困难的事情。电视直播受到诸多因素的制约，基本上只有省级以上电视台才能完成。进行电视直播首先要拥有一支技术精湛的电视直播队伍，包含策划、导演、导播、摄像、技术员等；其次要有一套价格昂贵的电视直播车载系统（见图 6-1）和花费巨额资金购买的卫星讯道，信号将通过微波设备传送至电视台播放，有的直接通过卫星传输到电视台；最后还要有直播的条件、直播内容等。电视现场直播一般用于重大会议、体育赛事、文艺演出和重大事件等。

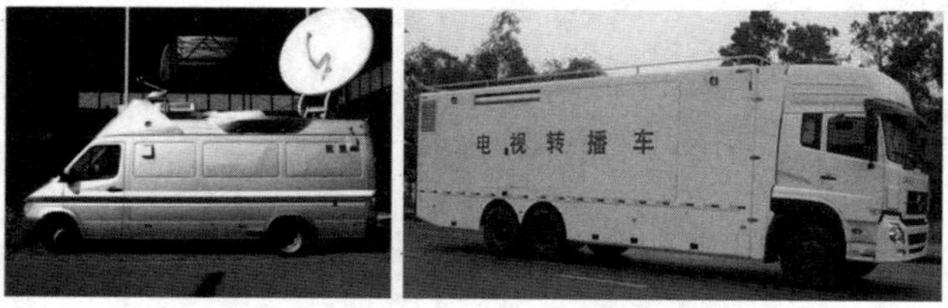

图 6-1　电视卫星转播车

所谓电视现场直播是指“在现场随着事件的发生、发展进程同时制作和播出广播电视节目的播出方式”。与录播不同，它的报道过程既是播出过程也是事件发生的过程。报道与播出同步进行的电视直播，一直受到观众的喜爱，因为它具有真实、可信、刺激等特点，这使得电视直播经久不衰。

在互联网时代，现场直播业务得到迅猛发展，各项技术也在不断完善，直播的技术不断创新，直播的方式不断改进，原本复杂的直播变得越来越简单。首先，它不再需要通过微波海事卫星传送信号，只要通过互联网或者移动通信网络即可实现；其次，直播车、导播台等繁重昂贵的直播设备不再是必备硬件设施，只要有便捷的摄像机即可完成，图 6-2 左图所示为手机移动直播兴起后，由于具备图像清晰、操作简单、传输便捷和使用实惠等特点，越来越受到追捧。如图 6-2 右图所示，手机移动直播的便捷性显而易见，现在的现场直播，具有网络化、简易化和个性化等特征。

图 6-2　手机移动现场直播

一、电视现场直播类型

现场直播即正在通过讯道播出的电视信号，它是互联网时代融媒体中的一项重要内容。在融媒体平台中，直播是一项关键的融合技术。如果要在融媒体平台上实现所有媒介同时进行直播，那么中心平台上的融合发布技术就成为一个关键窗口，它也是现场直播的一个瓶颈。

（一）电视台电视现场直播

电视台的电视现场直播，是指活动规模、影响力较大的电视直播，其要求比较高也比较严格。目前许多县级单位的电视台还不具备电视现场直播的条件，直播设备、团队组建等制约着县级电视台电视现场直播的开展。如果县级电视台需要现场直播，往往都是邀请省市级电视台进行直播报道。

（二）网络电视现场直播

网络电视现场直播，一般是指通过官方网站进行的电视现场直播，规模比较小，甚至是一人直播，目前网红的直播就属于个人网络直播。企业推介和发布产品时通常使用此类直播。这类直播所使用的设备比较简单，直播现场较为简陋，直播的效果也不理想，但是它比较实惠，物联网上的电商对这种直播的应用比较普遍，它直接直观、有针对性、效果较好。

（三）新媒体直播

在互联网时代，新媒体直播是一个新兴的直播模式，受到广大网民喜爱。新媒体直播特性与网络直播相似，没有时间、地点的限制，通过移动客户端就能够播出、收看。新媒体直播的另一个特点是互动性强，观众可以与直播主持人或直播现场的新闻人物、专家学者进行互动。常见的新媒体直播有抖音直播、微信直播、微博直播，产品展示直播、教育教学直播、在线咨询等，是最受欢迎的直播模式之一。它的缺陷是：直播的媒介较单一，平台上的码流较小，仅供少部分人互动和点击；微信直播、微博直播或者官网直播各自为政，传播面比较小。

（四）融媒体平台现场直播

融媒体平台上各种类型的现场直播，将是今后现场直播发展的主阵地。在一个中心平台上实现现场直播，要体现出便捷等特点，还要保证收视率、浏览量，现场直播技术是关键。以往县级传统媒体无法满足的现场直播的技术和条件，如今在融媒体平台上都能够实现，这使得现场直播的影响面更广、传播力更强（见图6-3）。如今，融媒体平台实现了一键多发，更多观众可以通过不同媒介在同一时间实时观看同一场精彩的直播。

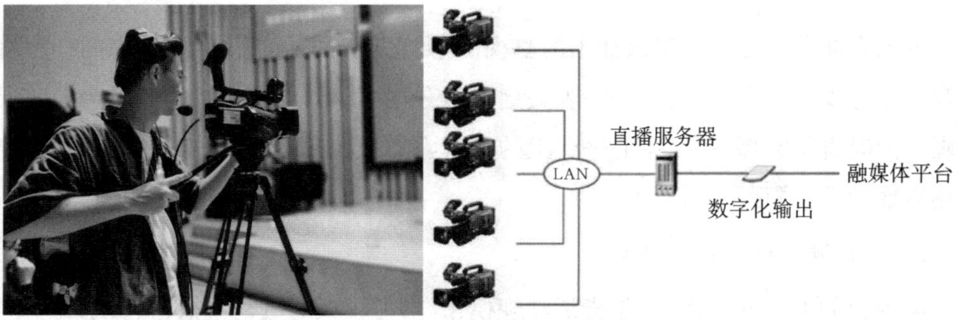

图 6-3　融媒体平台现场直播示意图

随着互联网的发展，融媒体产业迅速崛起，网络现场直播成为一种时尚，而它的标志就是移动直播。移动直播具有轻巧、便捷、实用、实惠、快速等特点，风靡了整个互联网。

二、移动直播定义

移动直播，就是利用移动端进行直播，如自带 Wi-Fi 功能的摄像机、单反相机以及手机和平板电脑或其他专业设备。这类设备具有对文字、图片、音频、视频等各类型文件进行远程回传和管理等功能。移动直播利用不同软件供应商开发的手机 App，将现场音视频信号通过网络回传到融媒体平台上。记者也可以通过平台创建的手机 App，将现场热点内容或者突发事件实时推送回平台，为融媒体平台微新闻提供线索。在平台后台可以实时监控预览直播流。

三、移动直播设备要求

在融媒体平台上进行电视现场直播,不再需要一整套昂贵的传播设备,仅需要自带 Wi-Fi 功能的摄像设备就能完成直播,如大疆灵眸系列摄像器材(见图 6-4)中的应用软件设置了直播窗口,可以选择直播平台进行直播信号推送。从中小型电视现场直播来看,目前使用手机进行移动直播更为盛行。

图 6-4　大疆灵眸系列摄像器材

在移动直播现场,多台摄像机可进行导播切换,信号经过解码器再通过网络传输到融媒体平台上进行直播,不需要过多的人员就可以完成电视现场直播任务。在图文方面;目前使用单反相机就能满足图文直播要求。例如尼康 D7500 单反相机内置 Wi-Fi,通过尼康手机 App,延时 5—19 秒就能将现场拍摄的图片及时回传到平台上,满足微信和微博直播的需求,如图 6-5 所示。

图 6-5　尼康相机内置 Wi-Fi 用于图文传播

四、移动直播信号回传

融媒体平台上通常设有“直播”模块。要实现直播，首先需要融媒体平台具备对回传视频文件的共享管理、直播观看、查看预览、下载到本地、删除等功能；回传下载地址在任务栏中选定。其次，在融媒体平台上实现现场直播的一个基本要求就是直播工具能在移动终端上使用，因此融媒体平台上的移动终端设有回传功能，支持多种不同的客户端工具，具备大文件断点续传以及文件批量上传能力。最后，要有在充分利用现有设施的基础上宜在本地部署的功能模块。

（1）融媒体远程回传客户端工具：首先要进行融媒体平台上用户系统的认证登录，保证素材的远程回传信号畅通，使回传素材汇聚到资源平台系统。其次是融媒体远程回传客户端要支持文件查看预览、下载、重命名，支持文件夹的创建。最后，做到批量上传、文件全选、批量删除等，同时支持文件的断点续传，支持上传列表查看。

（2）在融媒体平台上现场移动直播信号的回传涉及回传信号不受损失的技术，它对直播通道上各项技术要求很高，不能有一点儿误差；融媒体平台上的软件允许回传信号延时 0.5—5 秒。

（3）融媒体平台会使用一个回传模块——U-PGC 融合媒体记者外场传输模块，它主要服务于移动端 App，是融媒体的移动采编生产发布工具，能帮助记者实现新闻生产的移动化，提高新闻生产效率，如图 6-6 所示。

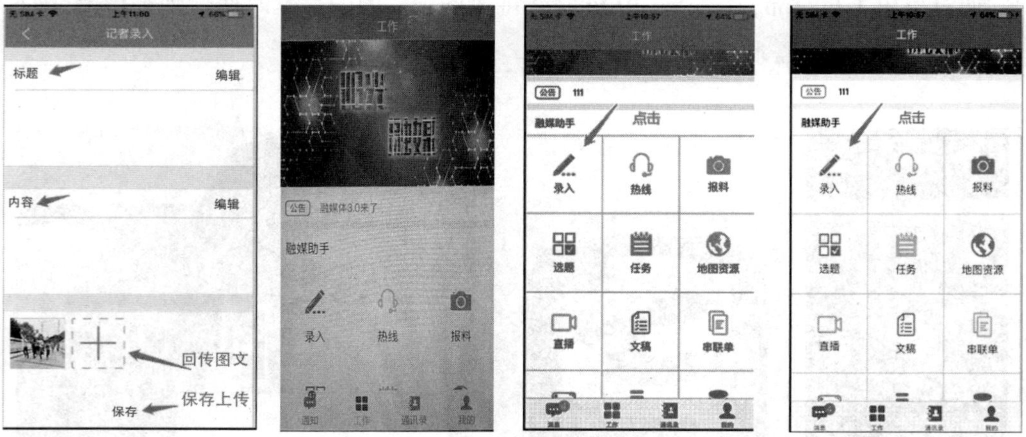

图 6-6　U-PGC 融合媒体记者外场传输模块

（4）移动直播使用的软件：融媒体平台上使用的移动直播软件以远程回传软件为主，是记者在外场进行新闻采访的视频或新闻视频成品文件的远程回传载体。这些软件通过 PC 系统与互联网的连接，将文件远程回传至资源平台，保证新闻采访制作、播发的时效,如图 6-7 所示。

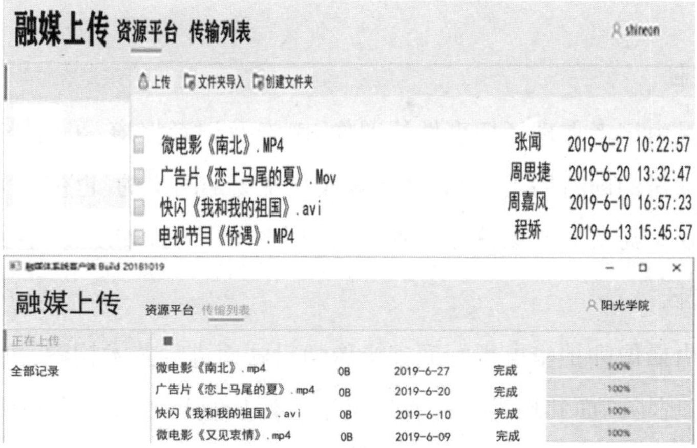

图 6-7 远程回传模块

(5)使用“融媒助手”进行视频文件回传的核心优势:“融媒助手”是平台为移动端开发的 App(不同融媒体平台的应用软件的名称不同,但是功能相同)。通过“融媒助手”可查阅移动采编过程中的素材汇聚情况 ,了解采访任务的接收、设备的使用状况;“融媒助手”支持媒体文件手机远程回传,视频文件的编辑、审核、发布等。

五、移动直播的特征

电视现场直播一直是省市电视台积极采用的一种电视节目形式,它不仅能够拉动电视收视率,而且能够增强电视台的影响力。电视现场直播也是广告主看好的节目,广告主愿意在电视现场直播中投入比平时价格高出好几倍的广告。例如:省级体育频道转播世界杯或欧洲杯等足球赛事时段(见图 6-8)的广告价位比平时同时段的价位

图 6-8 赛事直播

要高三倍。目前,移动直播虽然还不能与电视现场直播相比,但是具有与之相同的特性。

(一)真实性

现场直播是由记者在现场把事件的图像、声音及记者报道、采访等转换为广播或电视信号直接发送的即时播出方式,终端画面与现场是同步的,也被称为实时播出,具有真实性。观众不需要到现场就能看到现场的实时画面,犹如亲临现场。

(二)艺术性

现场直播由摄像师拍摄电视画面。摄像师对画面进行艺术构图,再加上电视导播的二次创作,将现场画面和现场声音传送出来。现场直播不仅有强烈的真实感,还有一定的艺术感染力。同时,对于一些精彩镜头还可进行慢动作回放和现场专家解读,再加上解说员的激情解说,观众可以尽情享受美好的电视现场直播时光。

(三)可看性

电视现场直播基本没有导演和表演的痕迹,是对真实故事和真实事件的记录。电视工作者对电视画面语言的应用,使用蒙太奇手法进行各景别的交替切换,增加了画面的逻辑性、生动性,使直播精彩、好看。

(四)便利性

移动电视现场直播的设备简单轻便,有时直接用手机完成直播。正式场合下多通过"融媒助手"将视频信号传送到融媒体平台上,实现现场直播。在有网络的条件下,能不受环境因素影响,对突发事件、自然灾害和疫情防控进行现场直播。

(五)刺激性

刺激性是指看电视现场直播时人们难以预料下一秒会发生什么。例如在球赛直播中,观众很难预料比赛结果,只能根据在场球员的表现和实力来预判结果,具有一定的刺激性。

第二节　移动直播的条件

移动直播条件包括网络或者网络信号、直播环境和人员等。外采记者要有移动直播设备,可以通过手机 App 将现场视频或音频信号实时地推送回融媒体平台。这些信号不仅在平台上直播,还能为新闻提供线索。可在后台对直播流进行实时监控预览,如图 6-9 所示。

图 6-9 融媒体平台上移动直播后台

一、网络条件

网络，是信息传输、接收、共享的虚拟平台，通过它可以把各个点、面、体的信息联系到一起，从而实现资源的共享。网络是人类发展史中重要的发明，提高了科技和人类社会的发展速度。在信号传递过程中，网络路径的大小直接影响信号传输的速度。宽带网络（Broadband Network）一般指的是带宽下行超过 25Mbps 的网络。与宽带网络对应的是窄带网络。宽带网络可分为宽带骨干网和宽带接入网两个部分。如今，宽带网络的速率基本上超过了 100Mbps，经济发达地区超过 300Mbps。网络速率越大，传输信号的速度也就越快，反之就越慢。例如，4G 标准规定，移动通信速率在 100Mbps 以上，静止通信速率在 1,000Mbps 以上的可以被称为 4G 网络。网络速率往往受到网络布局、传输设备、地区经济等的影响，并随之发生变化。在做融媒体现场直播时，网络速率的大小将直接影响直播质量，通过"融媒助手"回传文件也会受到其影响。所以，较大的网络速率是融媒体平台直播通道的先决条件。

二、使用设备

融媒体平台上的直播设备包括摄像机、照相机、导播台、解码器、通道和窗口等，要使直播的节目技术质量高、安全可靠，播出系统的稳定性至关重要。对播出设备的维护、检修和测试都是为了预防播出事故的发生。坚持日常维护、定期对设备进行维护测试，是保证设备正常工作和安全播出的重要措施。为了不让系统带"病"运行，要坚持定期对融媒体平台设备进行维护、保养、检修和测试；对系统通道的报警系统、控制系统、指示系统的功能进行检测、调整;检查校正各项设备的电源,及时将设备性能测试情况记入设备的技术档案。在维护和检查系统时,要全面认真,不放过每一个环节,尤其在每次直播前都必须认真检查系统各个环节是否正常,及时发现故障苗头并排除事故隐患,变事后抢修为主动维修,使系统安全稳定运行。通过日常维护,可以大大减少设备的故障发生率,起到预防的作用,使播出系统始终处于良好的运行状态中,更好地保证直播节目安全播出。

三、人员配备

电视直播团队是直播的前提条件,由于直播规模有大小之分,所以要根据规模来确定团队人员的组成。

导播:是直播的艺术导演,是直播的关键人物。导播要对回传的电视信号进行二次创作。一般直播现场有3—6台摄像机甚至更多,每台摄像机的信号与导播台连接,导播根据每台摄像机回传的图像进行镜头切换,增强电视画面逻辑性。因为播出的只能是一个镜头画面,所以导播的工作就是让观众看明白画面的含义。

主持人:直播要求主持人能够完整、准确地理解编导的文稿,再通过语言上的停连、重音对文稿进行再创作,并保证直播有序进行。主持人应具有自己的语言风格,要学会控制注意力,一旦进入直播状态,就需要把所有的感官和注意力都放在所要播报的内容上。

现场导演:在整个直播的过程中,导演承担着十分重要的责任。在进行直播之前,导演要对节目的整体有一定的设计和了解,还要提前将文案工作做好,对直播中涉及的不同工种做好协调和沟通工作,将直播中可能出现的问题进行全面考虑,防止由于准备不充分而造成直播失误的情况。

摄像:拍摄电视画面,确保直播在融媒体平台上呈现优秀的画面质量;及时与导播台进行沟通,听从导播的指挥,确保直播顺利进行。

灯光:根据不同的直播内容,灯光师应布置好现场灯光的位置,如面光、侧光、顶光、轮廓光和背景光,以确保电视画面整体清晰、自然。

四、直播环境

直播环境是融媒体电视直播的一个重要环节,所谓直播环境是指现场的场地、人数、光线、声音等。它直接关系到电视直播的成败,因此在融媒体直播前,导演和策划人员必须先到现场考察直播环境,再做直播策划。

(一)场地

场地是直播的基本条件,是需要首先考虑的重要因素。无论是策划活动还是突发事件的直播,都要考虑场地这一基本因素,如是室内还是室外,是城市还是郊区,是山区还是海滨等。场地决定直播的视角、景别和直播规模的大小。

(二)人数

直播现场的观众人数,对直播有直接的影响。现场观众人数会影响直播的画面感、真实感。融媒体直播的对象就是人,现场观众多,反映出事件的重要程度高;现场观众少,会弱化直播事件的重要性。

(三)光线

影像是光的艺术,直播现场的光线会影响直播画面的质量。直播现场的光线分为自然光线和人工光线,自然光线包括日光、月光和星光,人工光线包括使用各类灯具照射获得的光线。

(四)声音

电视是视听结合的艺术,声音是其中不可或缺的组成部分。融媒体直播中的声音分为人声、自然声和音乐声。按照录制方式的不同,声音可分为同期声——对白、自然音响、动作音响等,也就是直播现场所固有的声音;配音声——解说词和画外音、音效、音乐等,这是在直播过程中人为安排播放的为现场烘托气氛的声音。

目前,直播行业进入了一个新的时期,"千播齐发"的时期已经过去,深度运营的时期已经到来。在类似抖音这样的短视频的冲击下,直播的大环境也变得日趋严峻。直播同行应该携起手来维护良好的直播秩序,建立良好的直播市场以及更为规范的发展模式。

五、直播内容选定

融媒体平台的直播内容既丰富又简单、既严肃又轻松。严肃是由于它代表着党和政府的形象;轻松是由于它融合了互联网新媒体的内容。直播内容不是完全自语化的,而是具有在一定流程管理下的自由,它基于个性与小群体,既有开放的内容又有严谨的内容。因此,融媒体平台上的移动直播要寓教于乐。图 6-10 展示的是不同类型的外场直播。

要保证新闻报道的客观性就必须公正、不偏不倚,尽可能地做到新闻当事人、新闻事实以及新闻观点的平衡。一旦新闻失衡,视觉冲击代替了其他新闻价值,便会让新闻报道失去其"传播真相"的本来面貌。因此,电视直播的真实性毋庸置疑,受众对其

图 6-10　不同类型的外场直播

持有较高的信任度。如何选择内容,对于电视直播来说也是很重要的。直播内容首先要做到政治立场正确、不违法,还要贴近生活、为人民服务、以人为本、坚持人文关怀、时刻关心受众。新闻是人的活动,因此电视现场直播还应该时刻关注人的动向。

第三节　记者外采直播通道

一、记者外采直播通道的主要功能

记者外采直播通道的主要功能是资源共享、即时回传等,如图 6-11 所示。

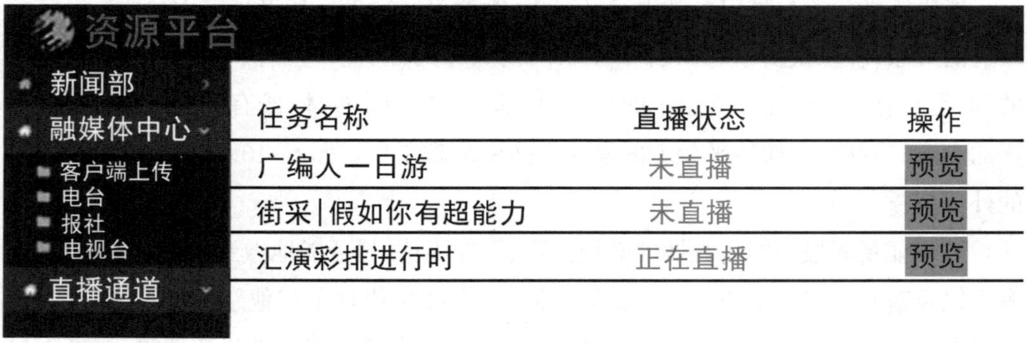

图 6-11　记者外采直播通道界面

县级融媒体中心平台对记者外采进行直播，能把新闻快速传递给观众。记者外采直播通道有以下功能：

(1)在使用直播通道时能够进行栏目资源和栏目选题资源管理；在同一栏目下，用户上传的素材可以共享。

(2)直播信号或者视频文件跨网上传得到安全保障，安全客户端工具能够安全地识别记者回传的资源素材的关联性；视频文件可以得到本地资源的上传转码，还能够使用第三方的转码工具平台，如阳光融媒转码平台；具有便捷的资源检索功能，支持按照日期、创建人、类型、标签、编目信息进行检索。

(3)直播传输通道具备资源的批量删除功能，支持回收站管理，只有具有相关权限才能彻底删除资源；将资源素材按照视频、音频、图片和文档进行分类；支持对资源素材的预览、重命名和下载功能。

二、直播通道支持的格式

(一)文字图片

JPG格式是最常见的图片格式，是报社记者和新媒体记者外采使用的主要文件格式。记者在现场通过“融媒助手”App上的修图软件可以将用手机或者专业设备如单反相机拍摄到的新闻图片进行调整，再回传到平台上。记者在现场撰写的新闻稿件也可以通过“融媒助手”App实时回传，第一时间回传给栏目组或部门审核。

(二)广播音频

融媒体中心平台的广播电台在进行现场直播时，其音频信号可通过直播通道回传。融媒体中心平台支持多格式文件混编，具有实时编辑4轨高清格式视频、4轨音频、2轨字幕/图片的能力；支持对WMA、MP3、WAV等音频格式文件的多轨后期处理，包括音量平衡、效果处理、混音合成等。图6-12为电台播音员正在进行音频现场直播。

图6-12 通过“阳光融媒”App进行现场播音直播

(三)视频信号

融媒体中心平台的电视直播视频信号采集是由现场摄像设备完成的(见图6-

13),也就是说,使用不同摄像设备所获得的文件格式不同,回传的格式也就不同。4K、8K、HDMI、标清等技术,决定了视频回传信号的生成格式。融媒体中心平台支持采集设备存储介质的素材导入及导入前的浏览、挑选,支持高清、标清格式的音视频信号采集。

图 6-13 通过"阳光融媒"App 进行现场直播

第四节 现场直播内容审核

一、直播内容审核流程

融媒体平台的审核流程是根据权限来制定的,在平台上权限代表着审核的严谨性,不同岗位的人拥有不同的权限。直播内容的审核流程是:记者或用户提交内容——一审—二审—三审—播出。

二、移动直播内容

融媒体平台上的移动直播不同于电视现场直播,移动直播是指在融媒体直播平台上以语音、视频、文字、图片等多种方式和手段,开展的意识形态传播、道德宣传、文化传承、娱乐消遣等精神文化活动。融媒体平台的移动直播内容包括有关国家政治、经济、文化等社会公共事务的信息,与我国社会稳定和公民权益相关的突发事件的报道和评论,以及新媒体、自媒体直播内容等。

三、申报选题

负责人或者制片人接到现场直播任务后应对选题进行全面研究。因为选题是直播报道的基础,决定了整个报道的风格和走向。在快节奏时代,拥有好的选题,报道便成功了一半。要慎重策划选题,因为甚至一个标题都会影响实时观看人数。所以,在构思选题时应充分考虑时间段和手机用户诉求,挖掘社会热点,关注特殊时刻,实现与日常生活关注面的整合,同时要注重人文关怀,寻求与大众的情感共鸣,构建一个轻松却拥有"温度"的平台,满足用户利用碎片化的时间直击多元新闻现场、找寻情感连接的诉求。

四、确定执行人员

选题获批后就要选定执行人员。融媒体平台电视现场直播对人员要求很高。

第一,对策划人员的要求:对策划人员的基本素质有要求,有思想是第一要求,要突出内容主题。

第二,对导演的要求:对导演的艺术水平有要求,既要有现场捕捉新闻的能力,又要有较高的艺术创作能力。

第三,对摄像师的要求:既要有思想,又要有较高的艺术水平和专业性,艺术水平体现在对电视画面语言的掌握上,专业性体现在摄像机使用技能上。现场拍摄也是摄像师的艺术创作,要选择好角度,讲究构图,服从导播的统一指挥。

第四,对出镜记者的要求:出镜记者是新媒体直播的关键人物,有时以"网红"的身份出现,是一次移动直播的主角。出镜记者在前期的选题策划中要积极地融入,运用创新性思维完善方案,找准切入点,力求对报道思路了然于胸,在直播报道中有的放矢。为了在移动直播中发挥自身的作用,出镜记者应该不断增强心理素养、提升专业能力、增强工作意识。出镜记者、主持人参与移动直播进行实时报道,能够提高移动直播报道的真实性,有助于提高收视率。

第五节　现场直播前的准备工作

现场直播是实时电视节目的播出方式。它的技术特点决定了它容易伴生风险。因为直播没有或几乎没有编辑的余地,能加以控制的机会极其有限,所以要求参与直播的工作人员各司其职,通力合作,提前制订详尽的播出方案及应变计划,充分做好直播前的准备工作。

一、测试网络

在融媒体平台的电视现场直播中,网络是主要的技术关口。直播活动前最重要的工作是测试网络环境,带宽需要保证上行速度在100M以上。一般网络满足以下几个参数要求就能流畅地做直播活动:有线连接最好是专线网络,上传带宽不少于300M;无线连接受周围环境影响较大,编码器要尽可能靠近发射源,保持信号强度,同时无线网络使用专供编码器连接,避免其他接入设备抢占网络资源。

此外,手机热点受周围环境影响较大,建议在手机信号良好的地方使用4G直播。4G网络波动可能性较大,直播应选用稳定的4G卡。在网络条件满足直播需求后就可以开通直播现场通道,进行网络直播测试,完善基本信息在直播通道上的传输;同时在手机上下载“融媒助手”,测试手机信号的稳定性,如图6-14所示。

图6-14 “融媒助手”App

二、选定任务栏

在融媒体平台上选择好要做直播的媒介或者栏目,进行单一媒介或者栏目直播时要及时选择好任务栏,并做好直播前的调试工作。

三、选定回传通道

回传通道对于直播至关重要,直播前要选定回传栏目的下载位置,做好录制储存位置的选定、文件的命名和文件夹的设定等工作。

四、信号收录

信号收录在平台上有严格的要求,它的主要功能包括:

第一,能够将各种来源的信号录制生成视音频文件;

第二,视音频模块提供高清、标清SDI信号及IP信号的自动收录,并具备采集、迁移、入库等功能;

第三,具备对收录的IP流节目视频的码流修复功能等。

第六节　直播应急措施

在进行现场直播时，若相关设备出现故障，需要遵循“先应急，后处理”的基本原则，及时启动应急方案。直播前的准备检查和交接班制度的实施是一项重要工作，每次直播前融媒体实验室当值技术岗位人员必须填写直播设备状态检查表，并进行确认。

一、现场应急措施

（一）现场应急网络

在直播现场应可获取多种网络支持，目前我国三大电信运营商的网络布局比较广泛，因此现场可准备三个应急网络选项。

（二）直播期间的应急处理

直播期间，子系统或设备出现故障后，应按照“先应急，后处理”的原则来进行处理。所谓先应急，就是在第一时间判断设备故障点，启动故障应急预案，在最短时间内恢复正常播出，把事故影响降到最低。后处理，就是在应急状态下完成直播后，立即进行系统的修复和调整工作。这就要求直播系统除了能实现系统各环节应急处理外，还能实现直播期间的快速恢复。当无法准确预计直播节目时间时，编排人员需要提前做好备播预案，提前上传好备播节目，而不应该在直播中临时决定填充的内容。

（三）应急播出内容的准备

所谓应急播出就是常说的“垫播”，当电视直播遇到突发事件如现场出现状况、信号中断、设备故障等，导播组会应急播出事先准备好的风光片、广告、MV 等节目，这就是垫播。应急播出主要是确保播出的电视画面不黑屏（这属于严重播出事故），等到突发事件处理完毕后，现场活动可以继续进行，直播可以延续时，导播组会将信号再切换回直播现场。垫播是每一个直播团队都必须提前准备的一项工作。

在电视现场直播工作中，仅靠硬件的安全措施保障是不够的，还要定期进行应急操作演练，确保每名技术人员、导播人员熟悉掌握应急处理系统，时刻保持警惕，直播过程中一旦系统出现异常能第一时间作出反应并及时启动应急方案，确保电视现场直播的正常进行。同时，各岗位操作人员也应熟练掌握操作流程，具有安全责任意识，避免人为事故的发生，这样才能最大限度地保障电视现场直播的安全播出。

二、应急人员的准备

“以人为本、安全第一”是应急管理工作要坚持的首要原则。其中,“以人为本”既是应急管理工作的立足点,也是应急管理工作的价值观。电视现场直播人员需要具备较好的心理素质,只有这样,当不同的应急事件发生时,才能做到冷静处理。这就要求直播人员在平时的工作中注意提升自身的心理素质,增强应急事件应对能力。在电视现场直播之前,导播、摄像、音频、灯光等负责人要对导播台等设备进行检查,对字幕以及直播条目的备播等内容进行一一核对;要做好垫播准备,以便出现突发情况时,能够及时处理,从而避免直播过程中断情况的发生。

第七节　记者定位

记者定位也叫即时定位,是融媒体平台上应用较为广泛的一项新技术。把记者定位融合到融媒体平台上有一定的现实意义。

一、记者定位的意义

20 世纪 80 年代,电视新闻报道出镜记者开始出现在我国电视荧屏上,增强了电视新闻的现场感。21 世纪初,出镜记者现场播报成了新闻节目中最具生机的报道形式之一。在互联网发展过程中,媒体趋向融合,越来越多的主流媒体综合使用多种终端直播报道重大的新闻事件,这对平台对记者的调度、派发,观众对记者所在位置的了解等都有较大的帮助。融媒体的发展使观众能够更迅速地了解新闻事件的发生发展情况,同时传播速度的加快也对出镜记者的现场信息处理能力和语言应对能力提出了更高的要求。记者定位的意义在于:

首先,带给观众真实感。真实是新闻的准则。记者进行现场报道时,通过融媒体平台上的记者定位,观众能看到记者所处的位置,这让新闻更具真实性。

其次,带给观众第一时间感。记者定位给观众留下一个印象,即记者已经在现场了。记者定位解决了以往电话连线只出现记者的照片,观众不能确认记者是否在现场的问题,给观众带来一种第一时间感。

最后,便于统一指挥、统一调配记者。记者定位采用的是全球定位系统,不论记者身处何处,都能在平台上显示出来,如图 6-15 所示。中心平台值班人员可以指挥记者到最近的新闻现场,第一时间进行新闻报道。

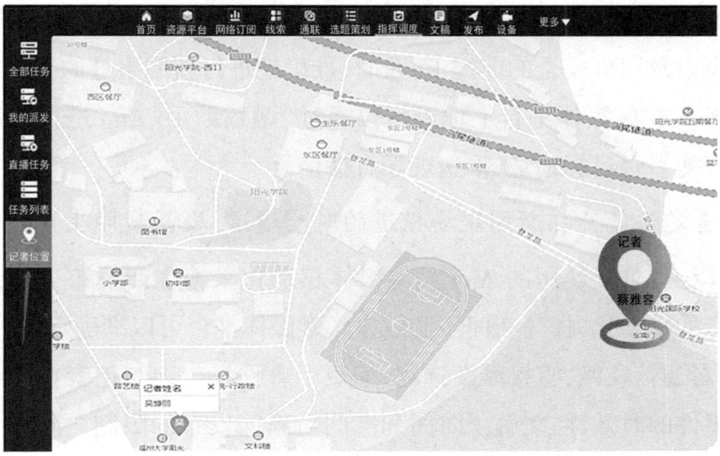

图 6-15　现场记者定位界面

二、记者定位的作用

(一)记者定位可提升新闻报道的真实性

出镜记者作为新闻报道的核心部分,对现场的新闻事件进行准确、细致的描述,合理把握新闻事件的发展过程和内容,使观众对新闻内容有全面的了解(见图 6-16)。记者出镜时直播通道播出不流畅或者受环境限制播出时隐时现等,不仅会降低新闻的准确性,更会降低新闻报道的整体质量,观众也无法对整个新闻事件进行全面理解。以往的解决办法是,用音频将信息传回导播间进行音频直播,而融媒体平台可直接改用移动客户端进行直播,以解燃眉之急。

(二)记者定位能完善出镜记者与融媒体平台指挥人员的实时协调机制

出镜记者的出镜环境存在未知性,在新闻报道中可能遇到地震、台风以及山体滑

图 6-16　阳光融媒出镜记者现场报道

坡等突发情况，这就要求出镜记者沉着冷静地应对现场的危险。在意外情况发生时应该在保证自身以及同事安全的前提下，及时、准确地进行新闻事件的报道，从而出色地完成报道任务。在融媒体平台上记者可以通过“融媒助手”App进行移动直播，通过配置不同的直播平台目标地址，推送现场直播信号。

（三）记者定位能开拓新闻现场报道的时空通道，提高新闻生产效率

融合媒体记者外场使用的App是融媒体移动化采编生产发布工具，能帮助记者实现新闻生产的移动化，提高新闻生产效率。融媒体平台可以准确定位到记者所在位置，及时与记者通信联络，直接派发选题，缩短了事件发生地与记者在空间上的距离，提高了新闻事件的时效性，缓解了时间和空间对新闻发布的限制。同时，这对记者自身素质提出了更高要求，对媒体良性发展起到了促进作用。图6-17展示了在手机App上进行现场直播的流程：融媒体平台上的传输通道开启之后，选择任务栏，再与平台进行对接，沟通之后就可以进行现场移动直播。

图6-17　利用手机App进行移动直播

三、记者定位功能的使用

首先，记者要进入融媒体平台进行身份认证，认证过程中需要与记者所在部门负责人对接。其次，融媒体平台选择卫星定位系统（卫星定位系统由融媒软件来决定），确保采访视频文件的接收，对远程回传视频进行检测。最后，记者将回传视频文件汇聚到资源平台上，资源平台对记者回传的位置进行确认存储，形成位置信息，便于今后查询哪位记者在什么时间在此地进行什么新闻报道或移动现场直播，通过融媒体中心在哪个媒体上发布，等等。如图6-18所示为现场记者定位。

图 6-18　现场记者定位

记者定位负责推送视频文件的审核通知，同时也支持负责人创建、审核选题，如图 6-19 所示。

图 6-19　待审文稿

在任务执行过程中，执行人以及其他参与人可以针对此任务进行素材（视频、图片、稿件）回传，将移动设备内的资源实时回传到平台上，并进行后续资源调用与生产。回传的资源会自动进入资源管理系统并按任务名称存放。

即时定位的选题不同于任务派发,在实际分配任务过程中,如果遇到同一选题需要不同的记者来完成的情况时,平台就会自动提供可选择的记者。系统支持分配任务时重命名任务,如图 6-20 所示。

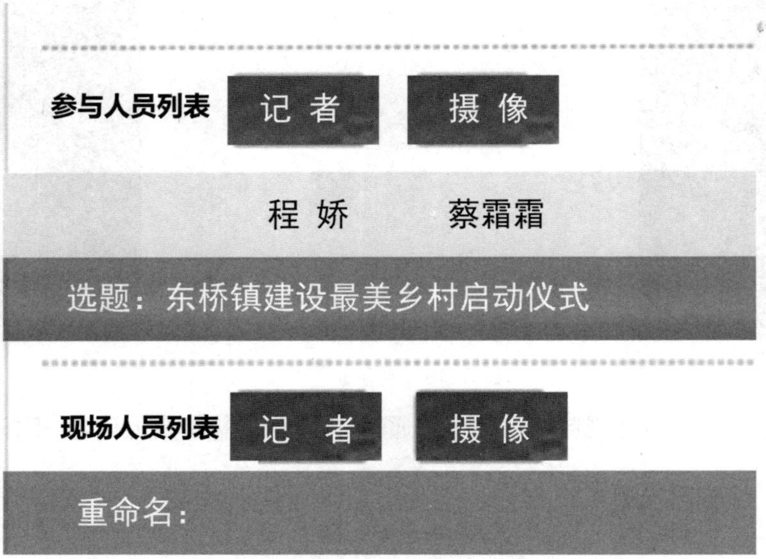

图 6-20　重命名任务界面

四、出镜记者与新闻直播的关系

电视现场直播报道是当前电视节目为了增强现场感,为观众传递准确信息的重要手段之一,而出镜记者则是传递信息的主体。在当前融媒体快速发展时期,主流媒体迫切需要提升舆论引导力和影响力,新闻直播报道竞争愈加激烈。对于融媒体来说,出镜记者的现场直播报道对提升新闻表现力与影响力具有重要的作用,受众更喜欢观看现场直播报道。

在播报重大新闻或突发新闻时,融媒体平台值班总编可以通过资源地图定位记者位置,进行现场视频连线以便指挥调度。融媒体平台支持标准直播流的推送,可进行码率、分辨率的调整设定。

记者回传系统为个人提供了资源管理空间,记者或摄像师可以随时随地将素材与稿件回传到个人的私密空间,方便后续分享或生产调用(见图 6-21)。此处回传的素材与稿件,只有本人可以预览,其他人员不可预览。

图 6-21 记者回传素材与文件存放空间

五、资源地图的应用

资源地图是提供给部门负责人查看的，通过它不仅能够查看记者所在的位置，也能查看新闻事件发生的位置。资源地图为指挥新闻事件的采访报道提供了便利，通过资源地图还可与其他相关部门进行通联合作。例如，2019 年 5 月 17 日福建省三明市清流县暴雨洪灾造成直接损失 2.3 亿元人民币。当地奋力开展抗灾自救，受灾乡镇的供水、供电、道路交通、通信等设施迅速被恢复。在融媒体中心平台上，通过资源地图的窗口，可查看决堤位置，并通知应急管理部门、乡镇村各级政府，还可通过融合发布渠道，对灾情发生的具体位置进行预警。受众通过手机、电视等不同媒介能及时看到实时信息，从而做好预防工作，把损失降到最低，如图 6-22 所示。

图 6-22 洪灾报道中应用资源地图

资源地图在县级融媒体平台上的作用是显而易见的。它可以标注当前在线记者的位置和采访任务，能够对人员、设备、车辆等资源进行定位、监看，将这些信息实时展现在融媒体平台指挥中心上，如图 6-23 所示。融媒体平台指挥中心可以根据现场状况进行合理、有效、快速的调度，分配记者进行报道，调度任务可以通过指挥大屏、PC 或者手机 App 推送给记者。

图 6-23　资源地图上展示的记者位置等信息

记者在手机上开启 App,管理员通过调度指挥系统的 Web 端便可以实时定位记者或摄像人员的位置,查看当前的任务状态,如图 6-24 所示。通过资源地图还可以为邻近的记者创建新任务。

图 6-24　记者定位

六、记者定位技术

目前,大多数融媒体平台实现记者定位主要是依靠北斗卫星导航系统或GPS。虽然记者定位在技术层面很容易实现,但在融媒体平台上有严格要求,不是平台上的每一位用户都能查看和使用定位信息,只有有使用权限的人员才可以。

(一)权限划分

县级融媒体中心平台的管理员先对记者进行权限划分,此时记者的权限是暂时的,授予记者权限的目的是让其能看到自己所在的地理位置和新闻事件发生地的位置。

(二)定位系统

目前大部分融媒体中心平台所采用的导航系统是我国的北斗卫星导航系统。

北斗卫星导航系统有四大功能:(1)短报文通信;(2)精密授时;(3)高精度定位;(4)容纳大量用户。

七、资源地图在移动客户端中的使用

融媒体中心平台上的用户打开“融媒助手”App界面,点击资源地图,就可以通过管理员授权查看自己所在的位置,并能够通过实时定位、实时导航,迅速赶到新闻事件发生现场。

八、记者定位派发功能

融媒体平台向用户或记者派发在线直播等任务时,是依靠记者定位来完成的,这一功能可以帮助融媒体平台及时、准确派发需要记者执行的采编任务。

(一)及时准确派发任务

外采记者能够通过融媒体中心平台直接与部门负责人或者更高一级的负责人进行互动;平台上的人员可以查看记者的位置,直接指挥调动记者前往拍摄地,或者另外派发任务等。准确、及时是记者定位功能的特点。在“融媒助手”App上记者也能看到自己所在的具体位置和事件发生的具体地点,及时了解自己所要完成的任务。

(二)现场指挥

平台控制中心通过记者定位系统,可实时看到记者回传的电视画面,并据此指挥现场记者进行合理有效的新闻采访,指导出镜记者的现场行为,提出播出要求,及时向出镜记者传递与报道有关的历史资料,让直播更加深入。平台还具有同时指挥多路记者行动的功能。

(三)调配广播采访

以往的广播电台记者外出采访时,仅能依靠通话模式进行采访和回传音频信号,真实性受到一定的质疑。现在通过融媒体中心平台的记者定位系统,平台指挥中心就能指挥记者进行现场采访并定位记者位置,真实性强。

(四)应急任务

县级融媒体中心平台融合了综合服务模块,并将其链接到党建政务窗口,能够第一时间获得全区域的应急任务,便于记者第一时间赶到现场,相关部门也能够第一时间通过融媒体中心平台掌握现场的情况。

思考题:

1.传统媒体电视直播与融媒体电视直播有什么区别?

2.融媒体上的移动直播须满足哪些条件?

3.移动直播对环境的要求是什么?

4.电视直播的即时定位和回传通道的设定有哪些?

5.记者定位的意义有哪些?

第七章 微信公众号应用

〉〉〉〉 重点提示

①微信的起源和应用，微信的定义
②融媒体平台上的微信推文的创作编辑
③在融媒体平台上如何创建微信矩阵及其作用
④微信推文创作的基本要求
⑤微信视频直播技术

〉〉〉〉 学习目标

①了解微信的定义，熟练掌握新媒体创作基本技能以及融媒体平台上微信创作的关键技术
②熟练掌握微信视频直播应用和发布渠道的创建技术
③掌握微信视频的采集、编辑、制作和发布流程

新媒体是融媒体平台上的主力军。微信发展迅猛，很快就得到了广泛使用。微信作为自媒体，已成为当今人们传递信息的主要平台。融媒体平台上的微信运营与互联网时代的市场运营息息相关。在融媒体平台上建立一个强大的微信矩阵，可汇集成千上万的微信公众号、微信群等，传递有价值的信息。微信发布流程是融媒体平台上的关键流程之一。

第一节　微信的概况

一、微信的定义

(一)微信的起源

微信由深圳腾讯控股有限公司(Tencent Holdings Limited)于2010年10月筹划启动,由腾讯广州研发中心产品团队打造。该团队经理张小龙所带领的团队曾成功开发过Foxmail、QQ邮箱等互联网项目。腾讯公司总裁马化腾在产品策划的邮件中确定了这款产品的名称叫作“微信”。

(二)微信的定义

广义上,微信(WeChat)支持跨通信运营商、跨操作系统平台地通过网络快速发送免费(需消耗少量网络流量)语音短信、视频、图片和文字,同时,用户也可以使用共享流媒体内容和基于位置的社交插件“摇一摇”“朋友圈”“公众平台”“语音记事本”等服务。狭义上,微信是一个为智能终端提供即时通信服务的免费应用程序,如图7-1所示。

图7-1　微信客户端界面

（三）微信的属性

今天，微信日益成熟，微信公众号成了成熟、庞大的流量金库。对于公众号而言，2017 年 4 月发布的新版本允许公众号和不同主体的小程序进行关联，全面打通了公众号与小程序间的联系。这使得进入成熟期且已积累了海量流量的公众号端，在传统营销如广告营销的变现路径之外，更容易利用电商、流量导流等新的盈利模式；对小程序来说，通过不同公众号的跳转提高了用户的打开频次，一举两得。

微信已发展成为独特的生态圈，而微信公众号则借助这一生态圈为用户提供丰富的内容及良好的体验，继续保持着迅猛的发展势头。

微信支付是新商业模式落地的核心前提。微信支付通过不断简化支付过程，让商户和用户之间的互动更加有效便捷，完成了微信生态圈中的最后一环。用户可以从朋友圈和公众号获取商品或服务的信息，小程序可以提供具体的功能和服务，最终用户通过微信支付完成购买行为，消费被沉淀在生态圈中。

二、微信小程序

小程序具有高度社交化属性，成为生态圈中重要的独立应用平台和引流渠道。小程序以“线下扫码”“转发至微信群”“微信内下拉搜索”等形式作为进入方式，先天具备较强的社交特点，使用过程中易产生流量转换、推广、消费。对于手握流量的第三方 App、平台、网站以及公众号而言，小程序不仅增加了应用场景和新的变现渠道，也在微信生态圈内通过社交反复传播，提高了产品的曝光度，增加了消费机会。

三、微信用户量

微信已成为全民级移动通信工具之一。根据腾讯 2018 年第一季报数据，微信及 WeChat 合并 MAU 达到 10.4 亿，超过 2017 年底我国 7.53 亿的手机网民规模，微信已实现对国内移动互联网用户的大面积覆盖。2017 年微信登录人数已达 9.02 亿，较 2016 年增长 17%，日均发送微信次数为 380 亿。微信已成为国内最大的移动流量平台之一。微信在民众中的使用进入一个平稳时期。2017 年，微信占据移动互联网用户使用时长 TOP10 榜单的第一位，如图 7-2 所示。

目前，微信已经完全融入国内网民的生活，成为一种生活方式。在图 7-2 中微信占据了国内网民使用移动互联网时长的 23.8%，排在第二位的腾讯视频仅占据 4.9% 的时间，微信已经培养出用户高度的依赖性。《2017 年微信经济社会影响力报告》显

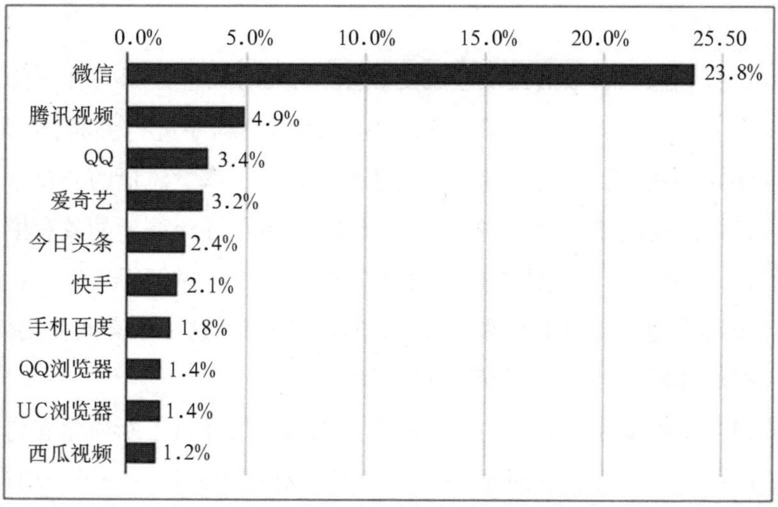

图 7-2　微信占据 2017 年移动互联网使用时长 TOP10 榜单的第一位

示,2017 年由微信驱动的信息消费达到 2,097 亿元人民币,拉动流量消费达 1,191 亿元人民币,微信已深入渗透到人们日常生活和商业活动之中。

第二节　微信推文编辑

一、融媒体中心平台上微信应用的意义

融媒体中心平台实现了传统媒体与新媒体的融合,其意义之大、内容之强、影响之广不言而喻。

第一,强强融合。传统媒体与新媒体在融媒体中心平台上实现了融合,极大地影响了人们的生活;传统媒体受众和新媒体受众的融合,助推了我国融媒体产业的发展。电视、报刊是传统媒体中的强者,而微信、微博是新媒体中的霸主,它们之间相互应用、相互支持、相互融合,将为我国文化产业界在互联网新时代带来一场革命。

第二,政民互通。互联网时代党政机关利用互联网为民服务,受到人们的欢迎。各级党政机关充分利用新媒体建立与网民沟通的渠道,及时传达政府的政策,人们通过新媒体及时向党政机关反映心声。通过微信平台与政府互动,人们提出的疑难问题将得到及时解决;各级政府充分利用微信公众号、小程序等,可提高为民办实事的水平。

第三,创新技术。新媒体技术创新是互联网时代的一个标志,新媒体的编辑技术创新、播发技术创新和移动端创新等,给这个社会带来了巨大变化,尤其是大数据和人

工智能技术的应用、网络传输的提速、移动端的推陈出新，给人们的生活带来根本的改变。融媒体中心平台为新媒体技术创新提供了应用平台。与此同时，融媒体中心平台技术也在不断创新，以适应互联网新时代技术创新的步伐。

第四，同时播发。电视台播出节目有一套严格的播出流程，新媒体的内容发布流程相对而言较为宽松；电视台具有一定的严肃性，新媒体则较为自由；电视台和新媒体在融媒体中心平台上进行融合，如同“水”与“火”相融。融媒体中心平台能够通过智能播出技术，有效地将两者发布、播出的内容进行融合。在党政服务窗口中，对重要的事件可以同时播发，如通过电视台和微信公众号对党政政策、应急事件等进行同时播发。同时播发使传播面扩大，影响力增强。

第五，资源共享。互联网时代，新闻的同质化较为严重。融媒体平台采用大数据云技术，建立资源共享平台，对新闻线索进行汇聚，智能分拣同质化的新闻，对有价值的信息分区域、受众群体和用户地进行发布。传统媒体的信息收集具有一定的限制，不是所有的信息都能被收集；新媒体则不然，它以海量信息来吸引用户，也造成了垃圾信息满天飞的现象。融媒体平台能够较好地解决这个难题，做到信息资源共享。

第六，携手发展。互联网时代传统媒体不是灭亡而是再得新生，靠的是融合。传统媒体与互联网融合，与新媒体在一个平台上融合，二者可发挥各自的优势，携手打造最新的媒介融合平台，进行技术创新、内容创新、形式创新，共筑一个崭新的融媒体平台。

二、融媒体中心平台上的微信应用

融媒体中心平台能实现微信推文编辑、视频直播、广播编辑等，而且用户还能在“融媒助手”App 上进行内容编辑，体现出互联网便捷、迅速的特征。融媒体中心平台把微信纳入线索汇聚模块，使微信能够与各个媒体以及综合服务窗口联系起来，实现通联协作，如图 7-3 所示。这是媒介融合的一个重大突破，对融媒体发展有着重大意义。

（一）微信矩阵建立

1.在融媒体中心平台上建立微信矩阵

在融媒体中心平台上，新媒体应用是一项重要内容，微信是新媒体应用中的主要内容。由于微信生态圈庞大，因此应在中心平台上加强科学管理。首先要建立微信矩阵，这主要是为众多微信群和公众号准备的。融媒体中心平台建成之后，会有大量的微信群和公众号进入，为了提升宣传效果和实现信息快速传递，微信将成为数量庞大

图 7-3　微信被纳入“线索汇聚”模块

的受众群体的聚集地。为了有效区分每一个公众号和微信群，就要把它们有机地合理地按照性质类别区分开来，这就形成了微信矩阵。微信矩阵与微博矩阵类似，可以在后台添加多个关注的微信公众号，每一个微信公众号推送的消息都可以实时反馈到U-Center融媒体指挥中心系统上，如图 7-4 所示。

图 7-4　微信矩阵

2.微信推文的创作

主要是针对官方微信公众号的推文创作,对它的要求及其审核流程基本与融媒体中心平台上的文稿创作一样,需要进行线索搜索,或者派发任务,提出选题申请,获得批准后可以进行现场采访、文稿创作,有时要根据需要或者企业要求策划创作。推文发布前需要进入融合发布通道,在微信矩阵中选择发布的对象和群体,通过一键单发、一键群发和一键全发的功能实现发布。目前建有云平台的融媒体都能直接推送微信。

(二)微信管理审核

只要在融媒体平台进行微信发布,就要通过融媒体平台上的审核流程。目前的融媒体平台基本由政府主导,政府微信公众号、App 等便民窗口目前也在融媒体平台上迅速崛起。对微信公众号的审核相对比较宽松。

1.登录微信公众号

微信公众号是开发者或商家在微信公众平台上申请的应用账号,该账号与 QQ 账号互通,如图 7-5 所示。通过公众号,用户可在微信平台上通过文字、图片、语音、视频等与特定群体进行全方位沟通、互动。融媒体平台上的微信运营主要是针对微信公众号的运营,需要用户与腾讯就用户使用微信公众平台服务订立有关协议。“腾讯”是指腾讯公司及相关服务的运营关联单位。“用户”是指注册、登录、使用微信公众账号的个人或组织。微信中“其他用户”是指包括订阅用户、其他微信公众账号用户和微信用户等在内的除用户本人外与微信公众平台服务相关的用户。可在融媒体平台上进行微信公众号的运营,并开展微信的各项服务。

图 7-5 微信公众号登录页面

2.基本配置

由于微信公众号是一个传播媒介,每个公众号都有登录密码和运作方式,因此要对其进行运营,就必须有“其他用户”或推流地址。在融媒体平台上进入“开发”窗口后,在“基本配置”中登录公众号,如图 7-6 所示,平台就可以通过所选定微信公众号发布推文。腾讯公司对公众号有一套完整的管理机制,对公众号的“户主”有严谨的审核流程,如登录地址、身份确认、设置密码等,如图 7-7 所示。这是为了确保公众号“户主”的账户安全。微信公众号拥有一定的受众群体,影响力较大,尤其是党政部门的微信公众号,社团和企业的微信公众号也有很大的影响力。在融媒体平台上运营微信公众号时也需要符合微信公众号运营的审核条件。

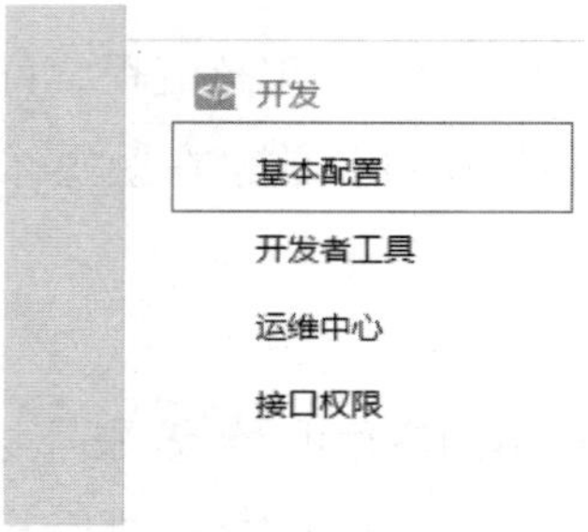

图 7-6　在“基本配置”中登录公众号

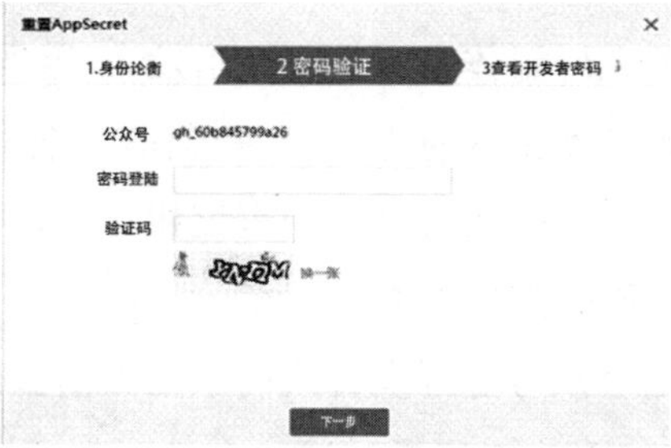

图 7-7　公众号密码验证

每一个微信公众号都有自己的网络应用程序密钥(AppSecret),要进入公众号运营后台,就需要使用密钥。它保护公众号不被他人入侵,如图 7-8 所示。

图 7-8　公众号密钥

3. 融媒体平台与腾讯平台实现有机链接

腾讯平台要确认融媒体平台拥有公众号的运营权。进行密钥设置之后将拷贝的 AppId 和 AppSecret 录入 CMS 系统中,就能对公众号进行日常运营,如图 7-9 所示。

微信公众号在融媒体平台上编辑、审核、发布需遵循以下流程和规定。

第一,平台对微信公众号的运营坚持统一管理、部门负责的原则。微信部门负责

图 7-9 融媒体平台与微信公众号对接

微信公众号的日常维护管理,统一发布信息;各部门向微信部门提供信息及回复,经部门领导审批后发布;重大事项信息,经总编审批后方可发布。

第二,微信部门安排专人负责本部门拟发布的微信公众号信息的收集、整理,经部门负责人审批后,向上一级申报。要确保所发布信息的准确性、时效性和适用性,要明确信息来源,对于来源不明、内容不准确的信息不予发布;内容应简洁,文字表达要清晰,并附带相关图片,做到图文并茂。

第三,对用户通过微信平台提出的问题、意见等,微信部门负责转达给相应的记者或用户,由相关部门通过微信平台及时反馈。

第四,微信公众号信息发布、转载必须遵守国家有关规定,并严格履行审核程序,未经审核的信息不得发布,严禁发布不宜公开和涉密的信息。

三、微信推文编辑

微信推文编辑是指在推文发布前的所有文字和图片的编辑,当然还包括视频文件的编辑。在融媒体平台上进行编辑时,编辑者可搜索关键词,利用平台上的群众爆料、微信爆料等资源优势,实现资源共享。

狭义的微信编辑,指对微信中常见的口语化的语句、表情包、问候语、简单短视频等的编辑、使用。在微信群中,使用表情、问候语、网络用语等更能贴近网民。

在任务栏中选择微信,会弹出在线编辑窗口,可进行文字、文件、图片和视频的编辑(见图 7-10)。首先要选择文字、图片或者视频。平台资源管理库中海量的资源为微信推文的编辑提供素材源。与此同时,融媒体中心的记者或用户也可为微信推文提供更多的素材。重要新闻、应急通知或有价值的信息,可以直接在平台上进行微信推文编辑,如图 7-11 所示,这极大地方便了编辑者。

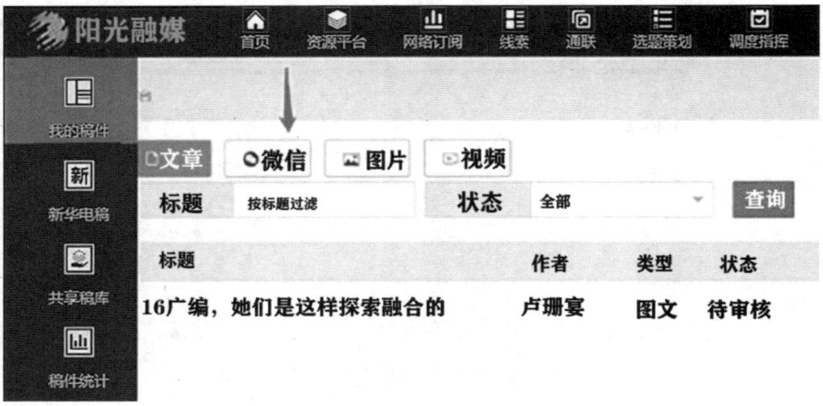

图 7-10 微信编辑界面入口

图 7-11 融媒体平台上的微信推文编辑示例

融媒体平台内置了用于编写图文的混排工具。将编辑好的文章发布到平台的微信编辑器上后，编辑者可以直接在平台上进行推文编辑，主管负责人可以在线审阅，如图7-12所示。

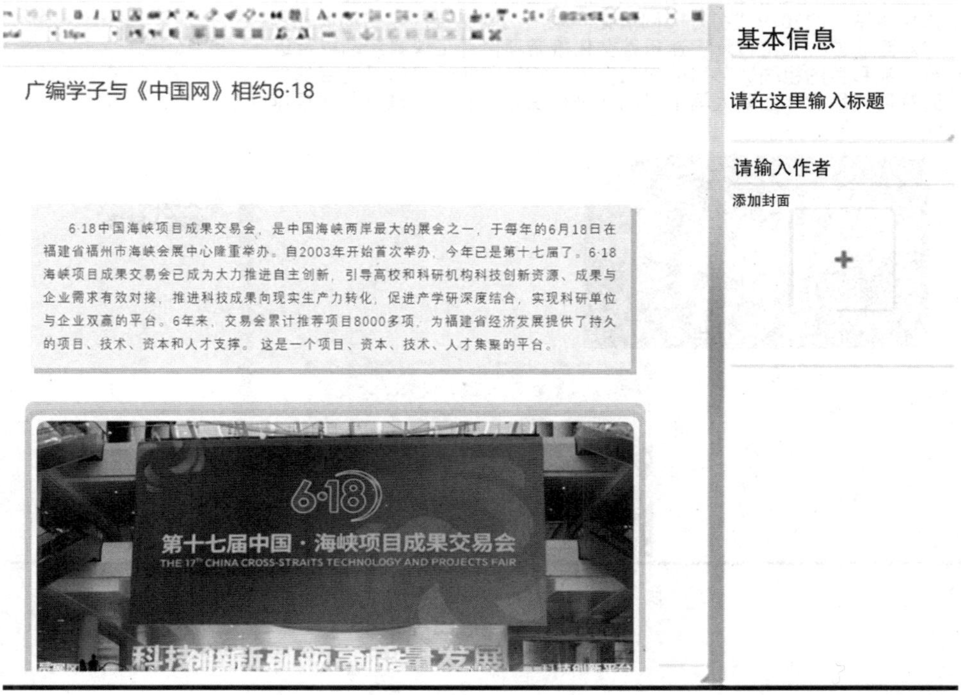

图 7-12　融媒体平台上的微信推文编辑界面

资源管理库中的图片可被直接发送到编辑界面，如图 7-13 所示。编辑人员要根据自己所编写的文章内容在资源库中找寻需要的照片，直接检索相关信息就可以获得具体的素材。在编辑界面上，还可以删除、修改图片的内容，添加必要的说明文字。

图片进入编辑界面后可以裁剪大小、修复色彩、设置为封面图，如图 7-14 所示。融媒体平台都有配套的微信编辑软件和图片编辑软件，进入图片编辑软件后可对选中的图片进行编辑、修复。

在图片编辑界面，可以对从资源管理库选出的图片进行编辑，以用于微信推文。虽然在编辑界面上对图片进行了编辑，但资源管理库中的原图没有任何改变，如图 7-15 所示。

图片剪辑软件是软件开发商自行研究开发的，它是微信推文编辑器上的一个重要编辑软件。由于微信推文作者大部分是业余人员，并没有进行过系统的摄影摄像学习，所拍摄照片的质量和构图都可能存在一定的问题，甚至有的照片的色彩和亮度都无法反映照片的内容，严重影响推文的质量，因此融媒体平台微信推文窗口的图片编

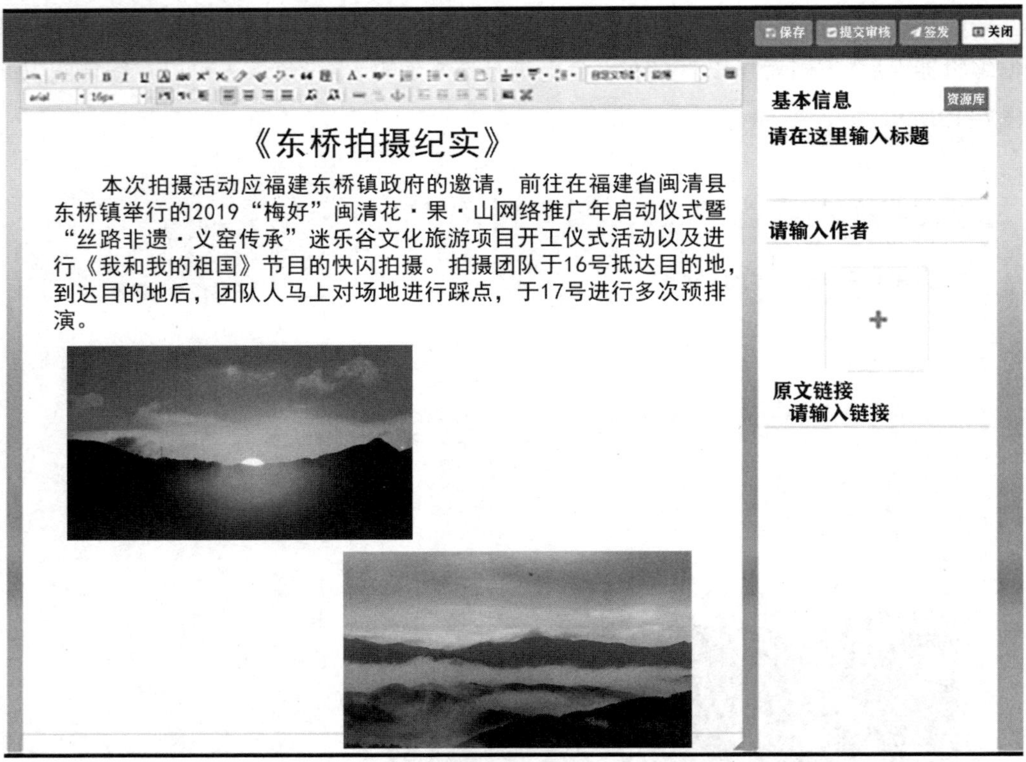

图 7-13　图片编辑界面

图 7-14　图片编辑功能

图 7-15　资源管理库中的原图未改变

辑是一个非常重要的环节。

要把微信推文推介给公众号读者，就需要有推文封面。编辑界面有裁剪功能，可以将裁剪后的图片设定为封面，如图 7-16 所示。

图 7-16　设置推文封面

四、微信推文的保存和签发

编辑结束后，需要对微信推文进行保存、审核、发布三项操作。

（1）保存到“我的稿件库”。如图 7-17 所示，文稿会被保存到平台上“我的稿件库”中，不仅方便自己编辑也便于提交送审，或提供给其他记者使用。

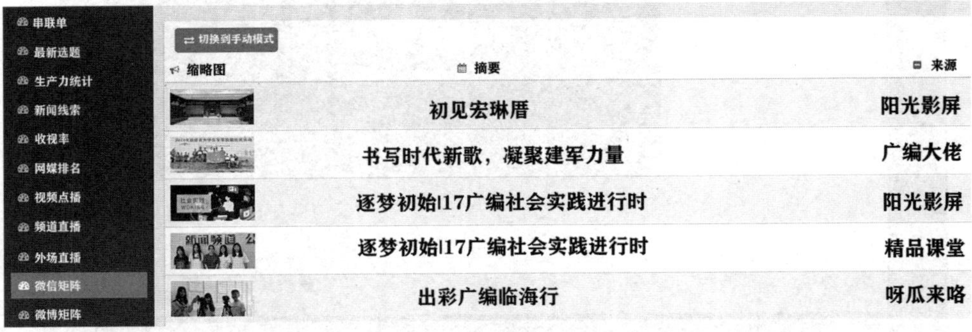

图 7-17　保存推文

微信推文编辑完成之后，用户需要进入审核流程和发布流程。融媒体平台上的微信推文审核相对宽松，腾讯与各融媒体平台制订了标准协议，各融媒体平台要按照要求编排微信推文，这样融媒体平台审核通过后，推文就可以立刻发布，如图 7-18 所示。

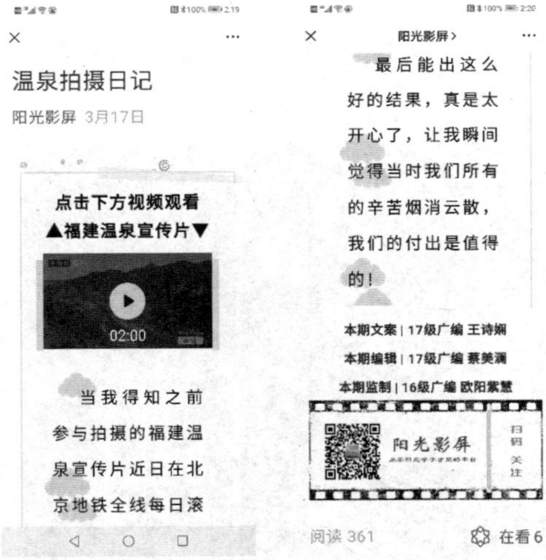

图 7-18　微信推文发布

（2）稿件历史。在“我的稿件库”中，存有一定时期内已发布（见图 7-19）、未发布、已删除的文稿，“我的稿件库”会自动对历史资料进行分类，只要进入库中就能查阅到微信公众号历史资料，同时在库中输入关键词能够查找到一定时期内的信息和文章。

图 7-19 已发布的微信推文

(3) 保护原素材。用户在微信推文编辑窗口中可以对图片进行多次修改，不会对原图产生破坏，如图 7-20 所示。窗口会保存最后修改的图片。

图 7-20 图片编辑工具

(4) 直接签发。具有审核权限的操作人员可以不经过审核直接将文章签发到各个站点。融媒体平台上的权限划分对于微信、微博等新媒体内容的采访、编辑、发布有着重要的意义。融媒体平台不需要反复对内容进行论证，微信公众号的后台也不需要对其进行反复论证，只论证一次即可；一旦权限人发生变化，融媒体平台管理员将立即注销其身份，原有的权限人就失去了在融媒体平台上应有的权限，如图 7-21 所示。

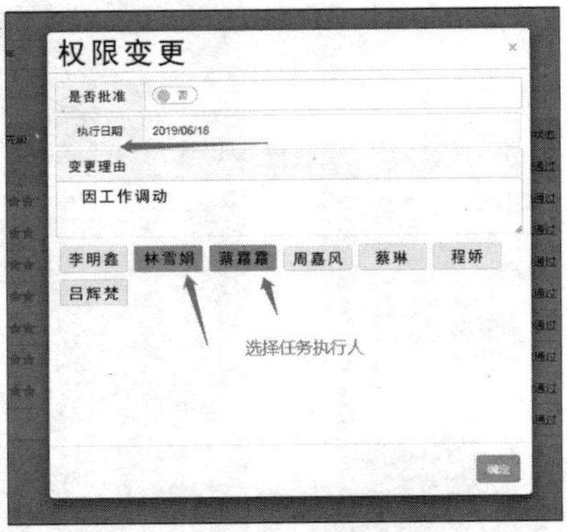

图 7-21　权限变更

五、微信审核

（1）一审制。融媒体平台上微信推文的审核相对宽松，不需要经过三审，因此，审核由一人负责即可。审核流程必须在融媒体平台上完成，文稿会被自动保存在“我的文稿”中，如图 7-22 所示。

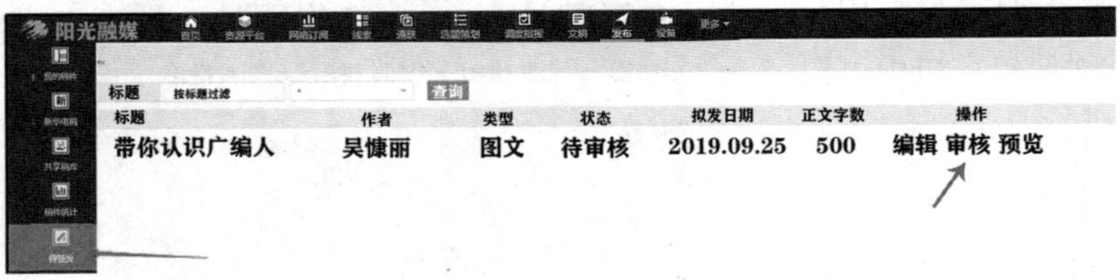

图 7-22　待签发目录

（2）选择审核人员。由于微信公众号的编辑和审核者不为同一人，所以编辑提交审核后，稿件会流转到待签发目录下，审核人就要完成平台所要求的“一审”。平台上有多名审核人，可任意选择一人审核，如图7-23所示。

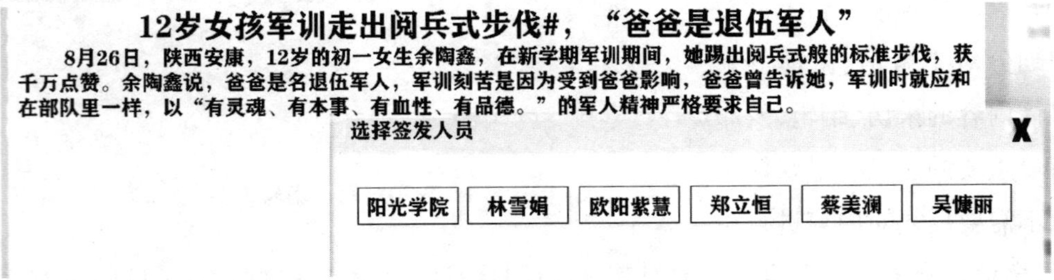

图 7-23　选择审核人员

(3)党政类微信公众号“三审制”。县级融媒体中心平台上有党政、企事业单位和社团组织的微信公众号,为了保证党政机关的权威性、企事业单位的灵活性、社团组织的公正性,平台对公众号所发布的内容,要按照三审制的审核流程完成审核。平台上经权限划分确定的微信审核人,必须严格审核微信推文,如图 7-24 所示。发布端审核为单次审核。

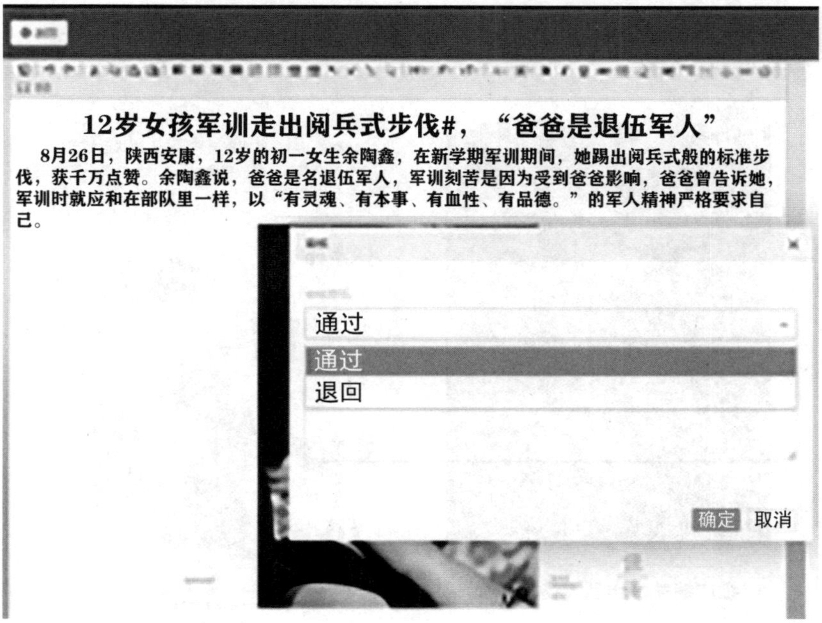

图 7-24　审核通过界面

微信推文从选题到编辑成文,是一个快速、简单的过程。融媒体平台上微信推文的编辑制作和发布在一定程度上能产生社会影响,毕竟微信的影响面比较广,群众的使用量非常大。因此,加强微信推文的发布管理、内容管理是很有必要的。

第三节　微信编辑的基本要求

在县级融媒体中心平台上,对选定的微信公众号内容的编辑不像传统媒体中电视、广播、报纸内容的编辑那么严谨,但是不同性质的公众号采用的编辑方式和审核方式也不同。

一、微信公众号编辑的基本规范

(1)引导语:不超过 200 字,能勾起读者兴趣、突出主题、进行个性化推荐。

(2)正文部分：小段内容为主，单屏两段以上为宜，重点加粗。

(3)大标题：杂志化、精品化，标题若过长可分成2—3行，居中。

(4)小标题：并列呈现或采用逻辑深入式。小标题引用原文核心观点，小标题下增加本段落核心摘要。

(5)视频或图片：深化内容，不宜过长，如图7-25所示。

图7-25 微信推文中的视频和图片

(6)摘要：最多两行，要求同“引导语”。

(7)重点备注：增强读者的重视度与注意力。

(8)版权：重视自己的版权，尊重他人的版权。

(9)阅读原文：标题醒目，内容丰富、有趣。

(10)关键字回复：提高用户关注度。

(11)底部模板设置：突出一个账号的规范性和品质感。

(12)语音：更富有情感，说出重点。

(13)音乐：适合文艺、情感类内容。

(14)投票：收集用户信息，提高用户参与度。

二、微信公众号应用中存在的问题

(一)微信安全性弱,相关法律法规不够完善

微信的一些功能可能会泄露个人隐私,也可能诱发欺诈行为,存在一定的安全隐患。未经认证的微信公众号可能会非法骗取用户个人信息,推送一些不良信息或者有害信息,这些都会影响用户的使用体验,严重的还会造成用户的经济损失。这其中的主要原因就是社交媒体仍处在发展期,从信息安全到知识产权维护,尚未形成完善的法律体系。

(二)营销手段同质化,竞争激烈

微信公众号的传播是一种动态的传播,微信拥有庞大的用户数量以及公众号运营方,双方每天都会产生海量的数据,并且由于信息迭代速度极快,运营方推送的信息很容易被其他的信息刷新和掩盖,这就致使企业很难达到预期的营销目标。随着微信公众号数量的不断增长,营销手段趋于同质化,微信公众号的竞争愈加激烈。

(三)部分微信公众号缺乏有效互动和交流

很多微信公众号的运营人员没有合理利用公众平台的各项功能,致使企业与用户之间未能形成良好的互动关系,用户忠诚度不高、黏性差。这其中的主要原因就是运营人员对微信公众号运营存在观念上的理解不深和功能使用上的障碍,很多功能和模块都没有被充分利用,且运营人员常将自己看作微信公众号背后的客服,而不是社交个体。

(四)推送内容不够优质,难以吸引用户

相较于复杂而冗长的内容,如今的用户都倾向于阅读碎片化信息。同时,有大量微信公众号复制粘贴热门内容,缺乏原创性。在由"内容至上"向"用户至上"过渡的新媒体时代,微信公众号运营方若不能提供优质的原创性内容,就难以吸引用户(见图 7-26),也难以维持用户黏性,使营销效果大打折扣,造成企业利益的损失。

图 7-26　微信公众号推送的内容

三、微信图片编辑

（一）微信图文编辑

融媒体平台上有专门的编辑软件可用于微信图片编辑，在线编辑是融媒体平台的一大特色，可以用于大图片加文章的发布，如图 7-27 所示。

图 7-27　微信图文在线编辑

（二）图片处理

图片处理即对图片进行裁剪、修改、美化，通常是通过图片处理软件，对图片进行调色、文字添加、抠图、合成、明暗度调整、特殊效果添加、修复，等等。与图片处理类似的概念是对图像进行分析、加工和处理，使其满足视觉、心理以及其他技术要求。图像处理是信号处理在图像领域的一个应用。目前大多数的图像是以数字形式存储的，因而图像处理通常情况下指数字图像处理。基于光学理论的处理方法依然占有重要的地位。

（三）图片在线编辑

融媒体平台上有一套完整的在线编辑软件，可以实时编辑图片，而且允许平台上的同事或者上级实时查看经过授权的图片，提出审核意见，指出需要修改的地方。图片编辑软件支持引入平台资源或本地的图片资源，实时进行在线编辑和资源共享。在线图片编辑软件有以下主要的功能。

第一，支持图片基础编辑，包括图片的基础调整（如亮度、对比度、色彩饱和度、清晰度调整）、色彩调整、旋转、裁剪、修改尺寸、添加文字、魔幻笔、涂鸦、背景虚化、马赛克、局部变色等（见图 7-28）。

图 7-28 图片编辑示例

第二，支持拼图。根据文章的内容，可将多张图片进行拼接，如图 7-29 所示。

图 7-29　图片拼接功能

第三,支持添加动画。动画制作是在平台上的动画制作软件上完成的。可以提取资源管理库中的动画图片,根据微信推文创作需要将图片和动态表情进行编辑合成,如图 7-30 所示。

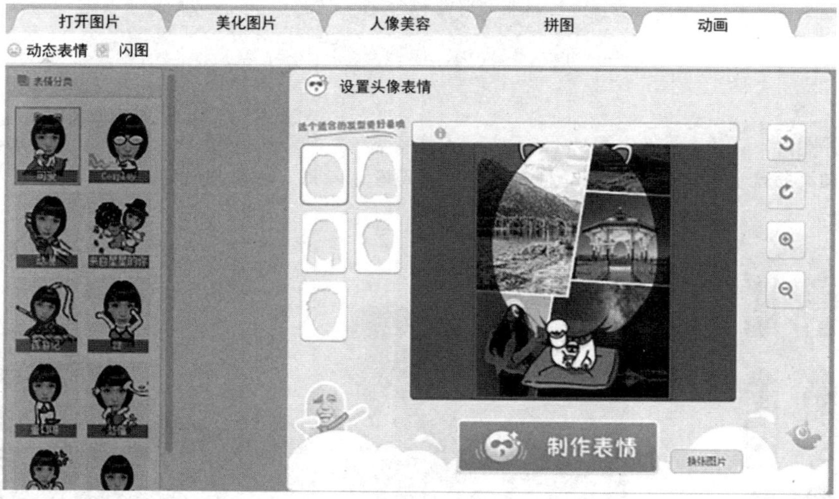

图 7-30　图片和动态表情的编辑合成功能

第四,个人存储。个人存储和资源管理有所不同,个人储存是指将素材存入属于自己的存储空间(见图 7-31)。由于平台留给个人的存储空间有限,个人留存的素材仅仅是用来编辑和保存的部分作品,因此应把主要的素材上传到资源管理库中保存。编辑好的图片可保存至本地或者资源管理系统中。

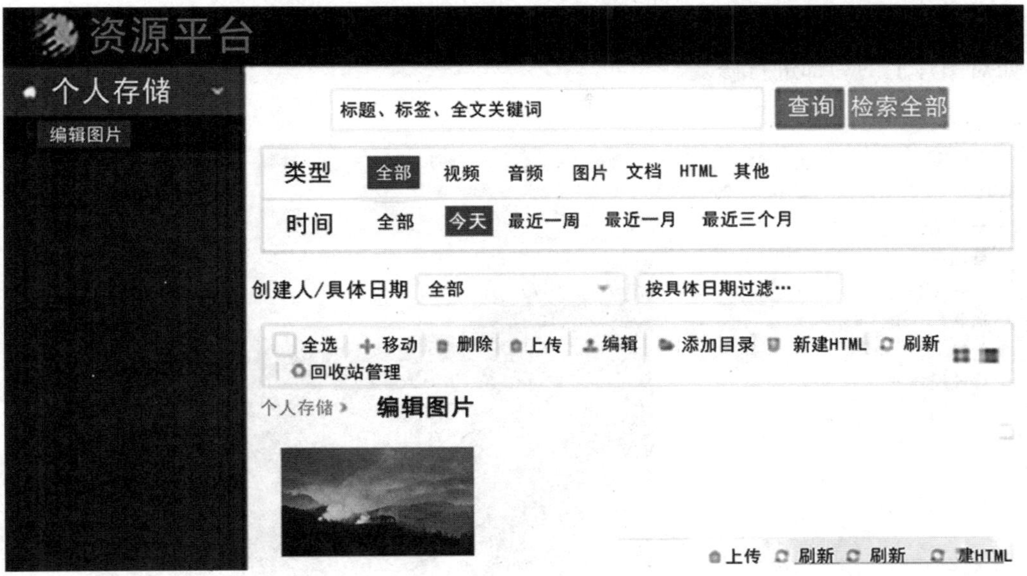

图 7-31　个人存储中的图片

四、图片在线修复

在融媒体平台上,还可以对资源库中的图片进行在线修复。

(1)选中一张图片:在资源库中选择需要编辑的图片,不需要下载或者传输,可直接在线编辑,如图 7-32 所示。

图 7-32　选中图片在线编辑

(2)打开“编辑图片”窗口:应用平台自带修图软件对图片进行处理(见图 7-33),如对图片上的局部进行修复。

图 7-33　编辑图片界面

(3)保存到“个人存储”栏目中:图片编辑完成后,应打开“保存与分享”或“保存图片”窗口保存,素材会被自动保存到资源平台中“个人存储”目录中,如图 7-34 所示。

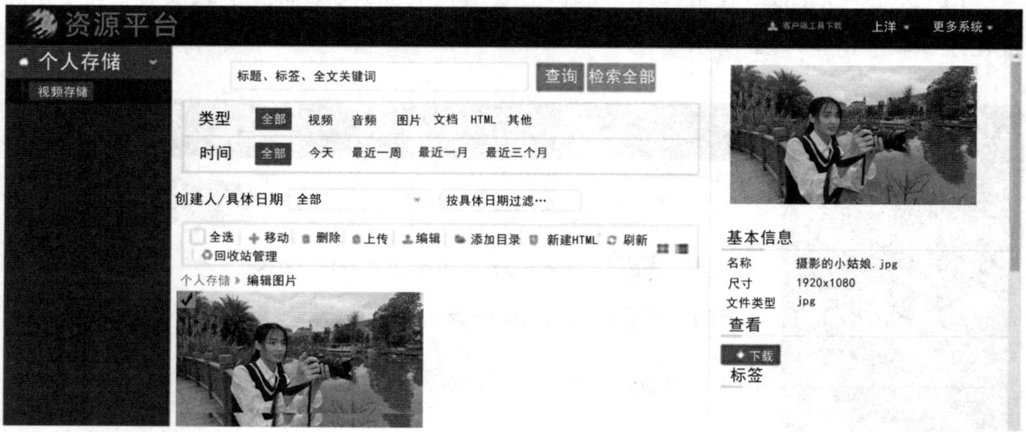

图 7-34　修复后保存图片

五、微信视频文件编辑

微信视频文件编辑是融媒体平台上的重点工程。视频文件数据比较大,而微信平台规定视频长度在 30 分钟以内,这就极大地限制了视频内容的上传发布。为了能够较好地应用微信平台，县级融媒体中心平台上建立的大数据云平台，较好地解决了视频文件大小问题。除了专门的视频编辑软件外，融媒体平台还绑定了软件开发商自带的视频编辑软件。与图片编辑一样，融媒体平台上的视频编辑软件也能够实现实时在线编辑、资源共享。资源库中的视频不需要进行上传下载，就可以在线实现编辑、保存。平台上有权限的用户可以实时观看、审核和提出修改意见。

(一)视频文件传输

微信视频上传系统与融媒体平台视频传输系统是一样的，只要在视频模块上进行编辑、保存，就能够实现微信视频上传。

第一，下载上传客户端。微信审片系统提供了专门的上传客户端，方便用户上传视频文件，它还可以实现素材的定时、批量上传。上传工具可以从系统 Web 登录页面下载，也可以从安装包中获取。

第二，登录审片系统。根据平台上的权限划分，有权限的用户使用自己的用户名登录审片系统上传工具，前提是用户的网络与审片服务器连通，如图 7-35 所示。

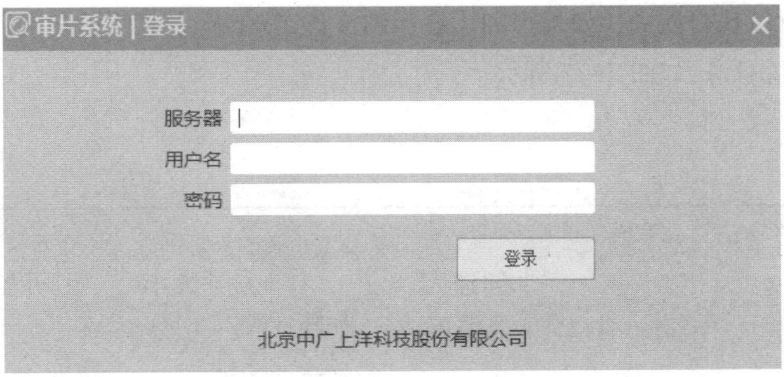

图 7-35　登录审片系统上传文件

第三，进入审片系统上传工具。视频文件不同于图片文件，需要一段时间来完成审核，比如《东桥畅想曲》风光片时长 3 分钟，审片人员就必须花费 3 分钟的时间来审核。也就是说，需要花费与视频时长相同的时间来审核。使用审片系统上传工具，可以直接在送审用户的栏目中或者视频编辑软件上进行实时审核，无须经过渲染生成、上传这一系列过程，如图 7-36 所示。

第四，上传视频文件。微信视频审片系统上传工具可以实现单条或批量的视频上传，也允许用户设定一个上传时间，避开用网高峰期，进行无人值守的自动上传。点击“选择文件”按钮，即可选择要上传的文件，可以单选或者多选。

第五，拖拽上传。打开 Windows 资源管理器，将想要上传的视频文件拖拽到上传任务列表中。点击“选择文件”按钮，弹出资源管理器窗口，选中要上传的视频，点击

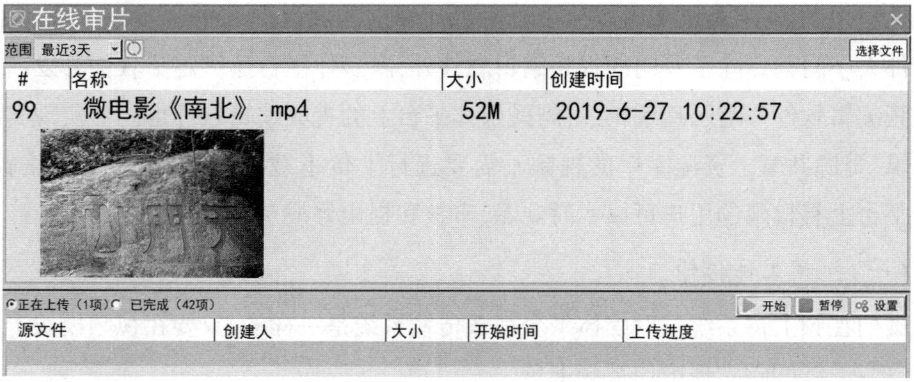

图 7-36 实时在线审片

打开。这种方法支持多选，可批量拖拽。当上传任务完成后，点击上方的“刷新”按钮，可以看到已经上传到审片系统的视频的文件名、大小和创建时间，据此可判断有无遗漏。

系统会自动过滤非视频格式的文件和一部分系统不兼容的视频文件。系统支持断点续传功能，无论是计划内的暂停上传，还是计划外的中止上传，之后都可以从上传的中断点继续执行任务。如果添加了错误的文件，在上传之前使用右键点击任务列表，可以删除任务，如图 7-37 所示。

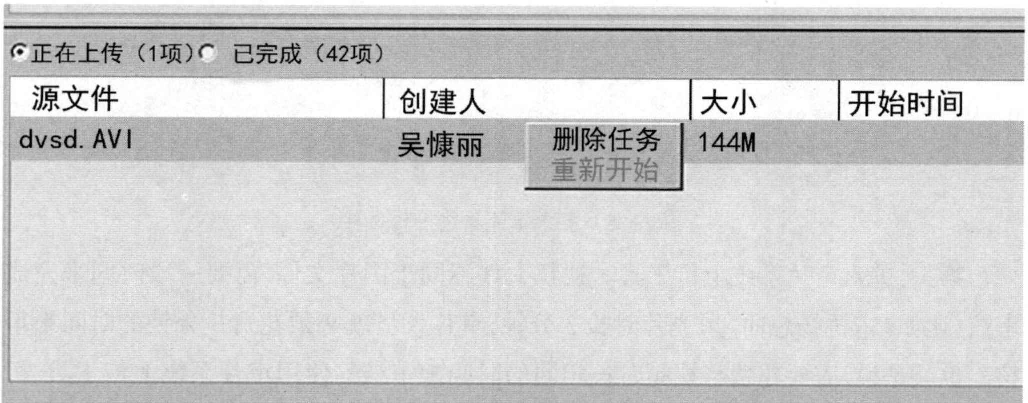

图 7-37 删除待上传视频

（二）视频浏览

拥有上传权限的用户可以进入 Web 审片系统“我的视频”模块。在此模块中，用户可以浏览自己上传的未被清除的所有视频，也可以查看视频的审核情况。

可在左侧视频列表中查看视频的转码状态，当“转码”列打√，说明视频转码已经完成,可以预览。点击视频,在右侧的播放窗中可以预览视频,如图 7-38 所示。

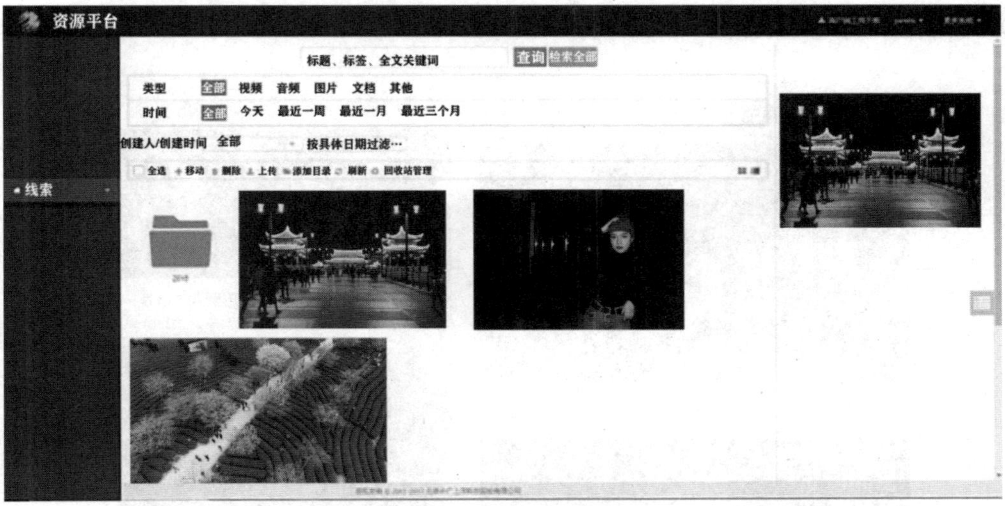

图 7-38　预览视频

当某一视频完成了审核之后,视频的上传者可以在“我的视频”模块中查看审核状态和审核意见,以便上传者对未通过的视频进行修改,重新上传。当视频审核完成,审核一栏中会出现对应的审核结果,如图 7-39 所示。点击审核结果,会弹出详细的审核意见。

# 标题	大小	上传人	上传时间	转码	审核	操作
电影《我不是药神》.mp4	52M	张闻	2019-6-27 10:22:57	✓	– –	重命名 删除
综艺《快乐大本营》.mp4	998M	周思捷	2019-6-20 13:32:47	✓	– –	重命名 删除
电视剧《小欢喜》.mp4	3.21M	程娇	2019-6-13 15:45:57	✓	– –	重命名 删除

图 7-39　在“我的视频”中显示审核结果

系统提供了检索功能,可以在搜索框里输入视频文件名进行检索。系统还有时间筛选功能,可以点击页签筛选出今天、昨天或最近一周的视频。

六、微信直播

在融媒体平台上选择直播平台,把直播间的链接嵌入微信公众号里面是一种便捷有效的方法。目前阳光融媒上的直播助手已具备这个功能,所以我们可以先登录阳光融媒后台,发起直播,获取直播链接后将其嵌入公众号里。

(1)登录后台后,在云直播里新建一个直播间。记下直播间的频道号、密码,复制供观众观看的直播链接。

(2)打开阳光融媒直播助手,输入记录的频道号和密码后登录。

(3)登录完成之后,选择视频源,这里可以选择电脑屏幕共享、PPT、摄像头直播等方式,点击开始直播,如图 7-40 所示。

图 7-40　微信云直播界面

(4)通过设置关键词回复,将之前复制的直播链接嵌入微信公众号里,如图7-41所示。选定微信公众号才可以看到微信直播信号。

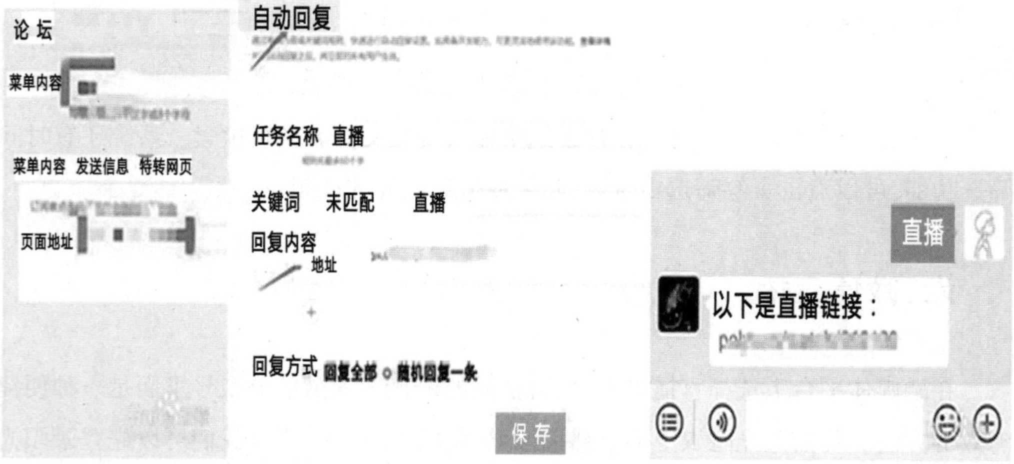

图 7-41　嵌入微信直播链接

第四节　微信视频采集工具及功能

一、微信视频采集工具

视频快编软件基于 Adobe Premiere Pro2018 架构设计，可通过浏览器调取资源平台中的视频资源进行在线编辑。其主要的功能特点有：

（1）内容预览，在 B/S 快编中快速引入资源平台的视频素材以供浏览查看；

（2）快速剪辑、缩微图显示、图形化显示操作、形成拆条任务；

（3）支持多文件合并，形成合成任务；

（4）支持任务单元控制；

（5）支持剪切或者合并的素材的快速下载。

阳光融媒体平台上使用的 U-Cut 是 B/S 架构的视频剪辑工具，可以对视频进行添加入出点、转码、剪辑等操作，如图 7-42 所示。首先选中平台中的视频素材，然后点击“视频剪辑”按钮，打开视频剪辑页面，如图 7-43 所示。

图 7-42　U-Cut 视频编辑工具

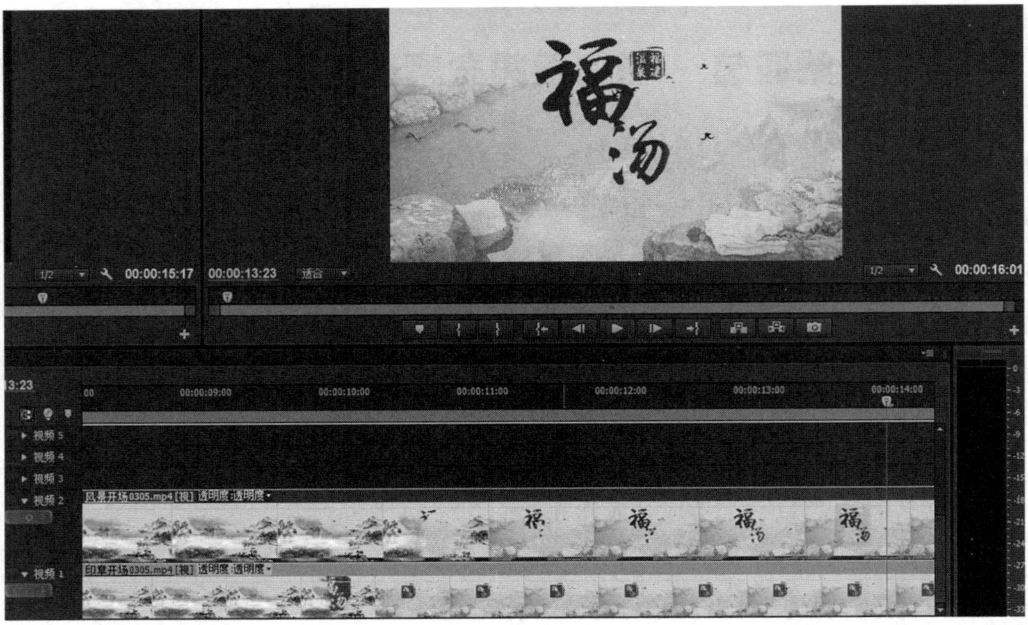

图 7-43　U-Cut 视频剪辑页面

可以点击“任务查看”按钮查询转码进度，可以直接将已经转码完成的任务下载到本地，如图 7-44 所示。在编辑软件上打入点和出点时，无须将整条素材拖入。

任务列表

名称	入点	出点	类型	状态	操作
《我的创业故事》.MP4	00:00:09	00:00:56	视频片段	转码完成	下载

图 7-44　打入点和出点的操作示意

二、采集技术

可通过平台上的视频编辑软件进行采集，或者通过转码器进行采集转码。目前融媒体平台通常使用软件公司绑定的视频编辑软件进行视频采集。

(1)融媒体平台可在电视现场直播的同时对视频文件进行采集，并将其传输到指定的存储位置。这时的视频采集分为三种形式，一是通过转码器进行视频采集，二是通过视频编辑软件进行采集，三是通过导播台直接存入指定位置。

(2)场外记者回传的视频文件分为两种形式，第一种是编辑成片的视频文件，第二种为素材视频文件。这两种视频文件都是通过记者回传通道回传的。

(3)对平台用户上传的视频文件的采集是在平台内部完成的，具有速度快、便捷等特点。对用户上传视频的采集可以通过平台内部的视频编辑软件或者采集工具进行。因为在平台内部传输,所以其传输速度极快。

三、视频格式转换

在微信平台发布视频需要进行格式转换,一般情况下都是通过微信平台进行格式转换的。微信平台对输入视频的格式没有具体限制,多数视频格式都能够被转换成微信平台要求的播出格式。

四、视频文件的在线编辑

与图片在线编辑一样,应用平台上的视频编辑软件可对视频进行编辑。融媒体平台上的微信视频编辑要求与电视视频编辑要求基本一致。

五、视频文件的存储

由于视频文件通常数据量较大,在资源库中进行“个人存储”会占据一定空间,因此融媒体平台会根据用户的岗位设定其个人存储空间的大小。融媒体平台上的“个人存储”,是管理员审核之后为用户指定的存储位置。负责微信公众号编辑的部门也使用这个模块,微信公众号编辑人员都有“个人存储”空间,可以根据自己的需要,将文件、视频、音频和图片等内容存入“个人存储”中(见图 7-45)。

图 7-45 “个人存储”界面

第五节　融媒体平台微信模块的基本功能

一、微信发布

(一)融媒体平台一键多发

平台上的新媒体实现了一键多发。平台可以根据用户的需要和受众群体的需要,选择性地将不同的推文发布给不同的群体。

(二)发布审核

发布审核功能与平台上的电视、报刊的相同(详见第五章)。

(三)发布流程

发布流程与平台上电视、报刊的相同(详见第五章)。

二、微信基本功能

(一)聊天

支持发送语音短信、视频、图片(包括表情)和文字,支持多人群聊。

(二)添加好友

支持通过查找微信号、查看 QQ 好友、查看手机通讯录、分享微信号、摇一摇、二维码查找等多种方式添加好友。

(三)实时对讲机功能

用户可以通过语音、视频聊天室和其他人语音或可视对讲,但与在群里发语音不同的是,这个聊天室的消息是实时的,并且不会留下任何记录;在手机屏幕关闭的情况下仍可进行实时聊天。

(四)微信小程序

2017 年 4 月 17 日,小程序开放“长按识别二维码进入小程序”的功能。经过测试,该功能在 iOS 以及 Android 上均可使用,如果你无法正常打开,请将微信更新至最新版本。

三、多功能综合平台

微信公众平台主要有实时交流、消息发送和素材管理等功能。用户可以对公众号的粉丝进行分组管理，与其实时交流，同时用户也可以使用高级功能——编辑模式和开发模式对用户信息进行自动回复。

当微信公众号关注人数超过 500 时，就可以申请认证了。用户可以通过查找公众号或者扫二维码关注公众号。

2013 年 10 月 29 日，微信发布了新版公众平台，新平台支持服务号进行新的微信认证。此外，微信还开放了部分高级接口和开发者问答系统。此次微信开放的高级接口权限包括语音识别、客服接口、OAuth2.0 网页授权、生成带参数的二维码、获取用户地理位置、获取用户基本信息、获取关注者列表、用户分组接口等 8 项。

2014 年 1 月 15 日晚，微信发布了货币型基金理财产品——理财通，它被称为微信版“余额宝”。

四、微信网页版

微信网页版指通过手机微信(4.2 版本以上)的二维码识别功能在 PC 端网页上登录微信。微信网页版具有和好友聊天、传输文件等功能，但不支持查看附近的人以及摇一摇等功能。当 PC 关机之后，微信对话窗口也随之关闭，下次再开 PC 时，需重新登录微信。

QQ 浏览器(微信版)保留了网页版微信通过二维码登录的方式，但是微信界面将不再占用单独的浏览器标签页，而是变成左侧的边栏。这样方便用户在浏览网页的同时使用微信。

思考题：

1.简单阐述微信的定义、性质、作用。

2.微信推文的基本创作要求是什么?

3.微信矩阵的建立有哪些意义? 如何使用微信矩阵?

4.简单阐述微信图文的编辑、在线编辑、发布流程。

第八章 社交媒体应用

〉〉〉〉 **重点提示**

①融媒体平台上社交平台的特点及建立意义
②微博的起源、定义及其作用
③新媒体时代微博的受众主体
④融媒体平台微博继续沿袭党政“官微”对民众的影响力
⑤QQ的起源和作用，融媒体平台上QQ的应用
⑥H5超文本标记语言的基本制作要求

〉〉〉〉 **学习目标**

①认识社交媒体的服务性、功能性和先进性以及社交媒体的多元化
②了解微博的定义、意义、作用以及它对人们生活的影响；掌握微博、H5等基本应用技能
③了解微博与微信的相同之处、主要区别，融媒体平台上的微博运营及其主要特征，社交平台的定义和意义。学习应用QQ群等技能

社交媒体拉近了人与人之间的距离。微博是新媒体中的另一支主力军，有巨大的受众群体。它与微信同属于社交媒体，同是社交媒体的典型代表。招聘类网站、QQ等都是融媒体平台中的主要社交平台。它们为人们的生活注入了活力。微博的市场空间大、影响力强，与微信共同构成了当今社交媒体的主体。在融媒体平台上，微博与微信也是最为活跃的媒体。它们的传播面和受众群体都是不可小觑的。社交平台具有对人力资源进行管理的功能，QQ与微信的许多功能可以互通。H5应用为人们的生活增添了许多色彩。融媒体平台融合了几乎所有的主要社交媒体，为当地经济发展、社会进步提供了强有力的媒体保障。

第一节 社交媒体概述

社交媒体凭借其高度的开放性和共享性,已经深深融入人们的工作、学习和生活中,成为不可或缺的工具。社交媒体兼具社会属性和信息技术属性,因此,实证领域和应用领域都有大量关于社交媒体的研究。实证研究更关注其社会属性,应用研究更关注其信息技术属性。情境作为这两种属性的结合点,对人们理解社交媒体用户行为、用户需求和用户偏好具有至关重要的作用。社交媒体被广泛运用于营销、个性化推荐和人工智能等领域。近年来,关于社交媒体情境的研究逐渐增多,应用领域不断扩大,涵盖的内容也更加丰富。

一、社交媒体的概念

随着互联网的发展,社交作为互联网应用发展的必备要素,不再局限于信息传递,而是与沟通交流、商务交易类应用融合,借助其他应用的用户基础,形成更强大的关系链,从而实现对信息的广泛、快速传播。社交媒体(Social Media)指互联网上基于用户关系的内容生产与交换平台。在移动互联网时代,借助大数据和移动社交技术,社交应用呈现显著的移动化、本地化特征,是很好的商业导流入口。目前,电商、游戏、视频、直播,甚至在线教育、互联网金融领域也都纷纷引入社交元素,扩大用户规模,提升用户黏性。

二、社交媒体现象

随着社交媒体的高速发展,越来越多的人在互联网中获取有关时事热点和重大新闻的信息,社交媒体成为信息传播的重要媒介,如图 8-1 所示。实时跟进的热点资讯能在不同社交平台上迅速引发热议。随之而来的还有根据自身不同需求而分化的网民,因此可能产生群体极化现象。

在群体内,个体意见本身就易趋于极端,经过集体无意识的讨论与内部决策阶段后则变得更加尖锐。以英国公投为例,在前首相特蕾莎 · 梅与欧盟的首轮有关脱欧方案的会谈后,议会保守党对于脱欧方案并不满意,对首相是否能继续带领英国完成脱欧的质疑甚嚣尘上,基于此,议会甚至发起了针对特蕾莎 · 梅的政府不信任投票。社交媒体中的群体极化现象的实质是针对某一引起热议的社会事件、某个矛盾争执点,内部立场或意见保持高度一致的两个或多个群体从各自角度向对方或他方进行攻讦

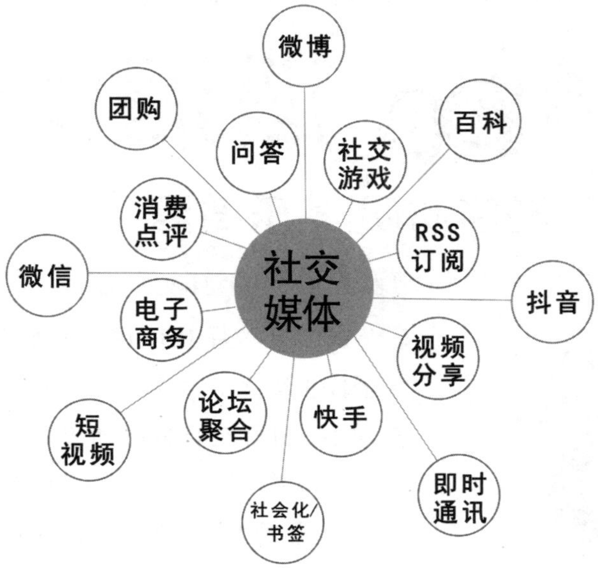

图 8-1 社交媒体示意图

指责的行为。

目前我国主要的社交媒体有微信、QQ、微博、贴吧、抖音、快手、豆瓣、知乎、美拍和天涯社区等。

第二节 微博制作

一、微博在中国的发展

2005 年底,著名博客技术先驱、Blogger 的创始人埃文 · 威廉姆斯(Evan Williams)与杰克 · 多尔西(Jack Dorsey)联合推出了 Twitter。在最初阶段(至 2006 年 3 月),这项服务只是用于向好友的手机发送文本信息。

2007 年 5 月,国际上总共有 111 个类似 Twitter 的网站,最受关注的仍是 Twitter,它的主要竞争对手是 Plurk 和 Jaiku。后来微博客的特色服务持续诞生,例如 Plurk 有时间轴,可以观看整合了视频和图片的分享内容,Identi、Pownce 整合了微博客与档案分享、事件邀请功能。Twitter 在国外的“大红大紫”,令中国的科技公司跃跃欲试。

以校内网起家的王兴在 2006 年把企业卖给千橡互动后,于 2007 年 5 月创建了中国第一家带有微博色彩的社交网站——饭否网,而腾讯作为一个当时拥有 4.1 亿 QQ 用户的企业,看到用户对随时随地发布自己状态和意见的强烈需求后,也忍不住尝试了一把，于是2007年8月13日腾讯滔滔上线，见图8-2。

图8-2　腾讯滔滔图标

2009年7月中旬，国内老牌微博产品饭否、腾讯滔滔停止运营，一些新产品开始进入人们的视野，包括同年6月开放的Follow5，7月开放的9911，8月开放的新浪微博（见图8-3），其中Follow5在2009年7月19日孙楠大连演唱会上的亮相，是国内第一次将微博引入大型演艺活动，与Twitter当年的发展路径颇有几分相似。

图8-3　新浪微博标志

2009年8月，中国门户网站新浪推出“新浪微博”内测版，成为中国第一家提供微博服务的门户网站，微博正式进入网民视野。随着微博在网民中日益火热，在微博中诞生的各种网络热词也迅速走红，微博效应逐渐形成。

2013年6月，中国微博用户规模达到3.31亿，当时97%以上的中央政府部门、100%的省级政府和98%以上的地市级政府部门开通了政府门户网站，政务微博认证账号超过24万个。微博每天发布和转发的信息超过2亿条。政务微博开通后，各级党政机关和部门通过官微向广大群众传递着信息，通过官微与网民进行互动交流，取得了较好的效果，得到了人民群众的一致赞扬。图8-4为2013年1月15日教育部新闻办公室官方微博“微言教育”所发的微博。

图8-4　“微言教育”所发微博

2013年年底，新浪微博注册用户数达到5.03亿，这得益于其抢占了互联网市场先机，而且在整体的战略执行上也做得比较到位，所以独占鳌头，赚得盆满钵满。仅仅几年时间，新浪微博就为新浪生下了一个价值几十亿美元的“金蛋”。

CNNIC发布的报告显示，截至2014年6月，微博用户数为2.75亿，网民使用率比2013年12月下降1.9%，微博和社交网站成为用户使用率下降的媒体。微博在全盛时期的用户量是3.31亿，网民使用率达到了56%，之后就一直处于下跌状态。

但2017年5月16日，新浪微博2017年第一季度财报显示，微博一季度月活跃用户增长了2,700万，已达3.4亿，超过同季度Twitter的水平。

而其他微博的发展并未一路向好。搜狐微博方面，2010年搜狐董事局主席兼CEO张朝阳声称要超越新浪微博，但不到一年的时间搜狐微博在市场上就几乎没有了声音，图8-5为搜狐博客标志。

图8-5 搜狐博客标志

2014年7月23日，腾讯正式宣布将腾讯网与腾讯微博团队进行整合，退出微博，图8-6为腾讯微博标志。

2014年11月5日，网易微博宣布即将关闭。网易微博页面提醒用户将内容迁移到轻博客保存，这意味着网易微博将不复存在。图8-7为网易微博标志。

图8-6 腾讯微博标志

图8-7 网易微博标志

二、微博的概念

微博是一种基于用户关系的信息获取、传播以及分享平台，是通过关注机制分享简短实时信息的广播式的社交媒体网络平台，用户可以通过PC、平板电脑、手机等多种终端接入，以文字、图片、语音、视频等多媒体形式，实现信息的即时分享、传播互动，如图8-8所示。

图 8-8　微博

三、微博的特点

（一）便捷

微博提供了这样一个平台：用户既可以作为观众在微博上浏览感兴趣的信息，也可以作为发布者，在微博上发布内容供别人浏览。微博发布的内容一般较短，具有自媒体性质，个人既是媒体人又是信息接收者。由于微博平台对个人发布内容的字数限制满足不了自媒体发展的需要，于是，新浪微博不断放宽字数限制。如今，微博已经更改为无字数限制，当字数超过 400 字时，用户可以选择编辑头条文章，如图 8-9 所示。

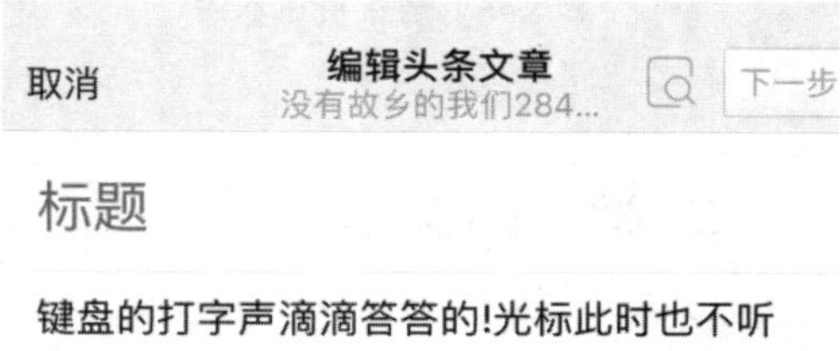

图 8-9　在微博上编辑头条文章

（二）快速

微博最大的特点就是信息发布迅速、信息传播迅速。首先，依托大数据平台，用户可以查看自己发出的微博的阅读人数。如果粉丝数量足够多，例如你有 200 万粉丝，你发布的信息会在瞬间传给 200 万人。用户还可以在个人主页查看阅读量,如图 8-10 所示。

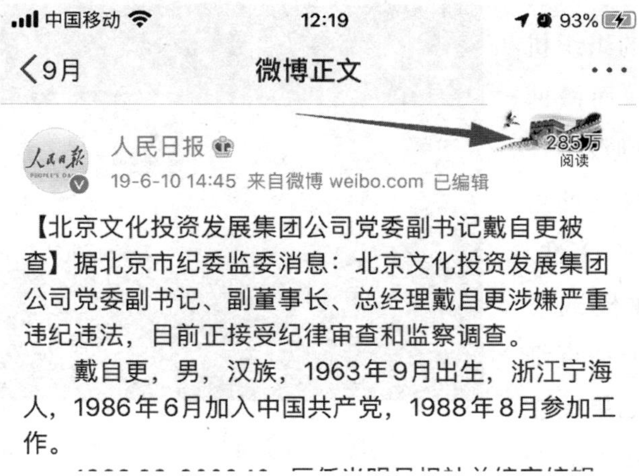

图 8-10　微博阅读量显示窗口

其次,用户可以通过手机等设备即时更新自己的个人信息。微博的即时通信功能非常强大,用户可以根据自己的喜好或者事件标题编辑带话题微博。在有网络的地方,只要有移动客户端就能即时更新自己的微博内容。

例如一些大的突发事件或引起全球关注的大事发生时,如果有微博用户在场,他们就可以在微博上发布。微博的实时性、现场感以及快捷性超过了大多数媒体,如图 8-11 所示。

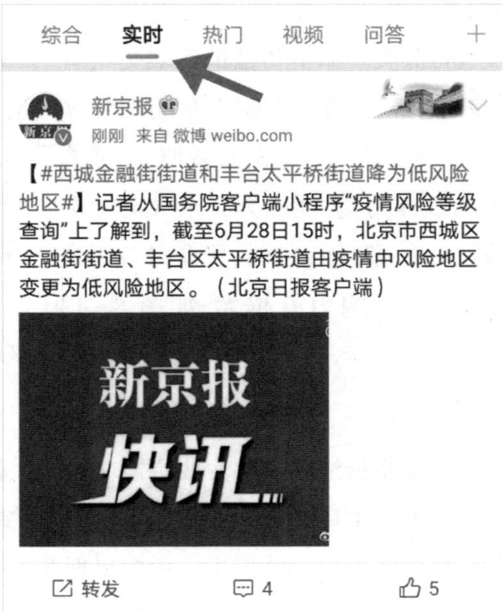

图 8-11　微博的快捷性示例

(三)广泛

传统媒体拥有较大的经济规模和较大的组织机构但缺乏草根性,而微博这种“草根媒体”则没有任何门槛,绝大多数人都可以使用,体现了广泛性。微博中多种商业模式并存,存在形成多个垂直细分领域的可能。如果关注的用户多,有足够多的粉丝,就可以申请成为大 V,拥有微博认证,如图 8-12 所示。

图 8-12　新华网微博主页

(四)融合性

在融媒体平台上开通微博通道,把微博接入融媒体平台,使其与传统媒体有效融合,就能发挥出巨大的影响力。微博上的信息获取具有很强的自主性、选择性、实时性,用户可以根据自己的兴趣偏好,依据某用户发布内容的类别与质量决定是否“关注”,还可对自己关注的用户进行分类。微博传播的影响力具有很大弹性,与其内容质量有关。微博的影响力基于用户现有粉丝的数量。因此,通过融媒体平台来发布微博,让微博与其他媒体融合成强大的媒体力量,能发挥其最大的社会效益。用户发布信息的吸引力、新闻性越强,受众对该用户越感兴趣,关注度也就越高,影响力就越大,如图 8-13 所示。

图 8-13　微博影响力的体现

(五)原创性

微博的自由编辑发布功能将普通民众和专业媒体从业人员拉到了同一水平线上,这使得大量原创内容爆发性地被生产出来。在融媒体平台上,微博与平台上的内容互相链接、资源共享,标志着自媒体得到广泛应用。微博出现在融媒体平台上,很难想象它的传播速度的极限,这使得互联网上的社交媒体向前推进了一大步。公众人物纷纷开始树立自己的网上形象,“沉默的大多数”也在微博上找到了展示自己的舞台。

2019 年 3 月 15 日,新浪微博数据中心发布《2018 微博用户发展报告》。新浪 2018 年第四季度财报显示,微博月活跃用户 4.62 亿,连续三年增长 7,000 多万,如图 8-14 所示。

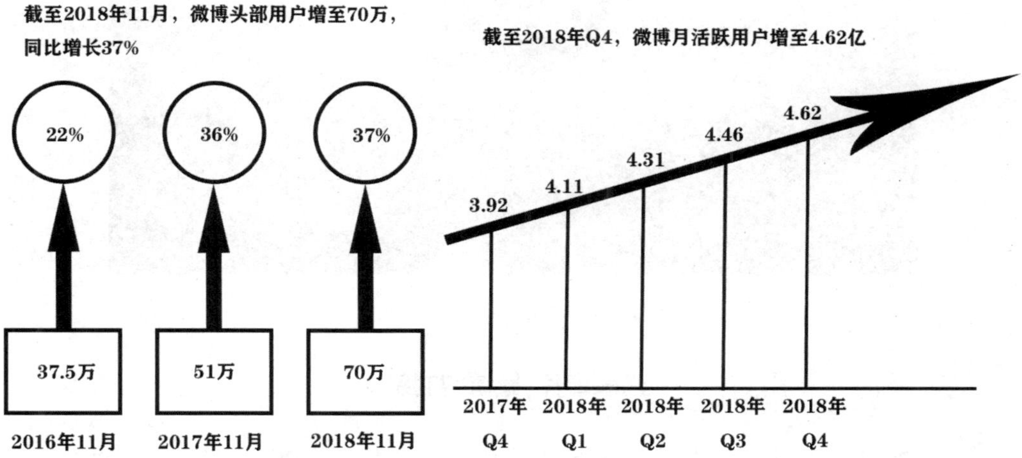

图 8-14　微博用户数增长示意图

四、微博的作用

(一)政民沟通

根据人民网舆情数据中心(人民网舆情监测室)发布的《2017 政务指数·微博影响力报告》,截至 2017 年年底,经过微博平台认证的政务微博达到 173,569 个(见图 8-15)。其中政府机构官方微博 134,827 个,公务人员微博 38,742 个。政务微博的规模继续稳定增长,并朝矩阵化、专业化、垂直化的方向发展。

代表事件:微博反腐

如今,网民会通过微博等新媒体对官员和国家机关进行批评举报。同其他形式一样,利用微博进行反腐最终还应回到法律的轨道上,并且针对微博反腐现状,应制订相应的措施,确保反腐工作持续开展,深入人心。

(二)公益参与

新浪微公益成立于 2012 年,是国内具备传播和筹款功能的社会化公益平台。2016 年 9 月 1 日,微公益成为民政部首批慈善组织互联网募捐信息平台之一。微公益通过联动名人、明星、企业家等,建立了一套公益传播体系。

图 8-15　政府部门的政务微博

代表事件:微博“打拐”

2011 年春节期间发生了一起非常值得关注的公共事件,就是微博“打拐”。网友零碎的、非专业的行动,与公安部门、媒体、人大代表及政协委员等社会力量结合在一起,迅速形成舆论焦点。或许,在微博的发展史上,这是一个值得被铭记的事件。事件起于中国社科院学者于建嵘教授所发的“随手拍照解救乞讨儿童”微博,该微博经热心网友不断转发,形成强大的舆论传播力量,并吸引了传统媒体的跟进与关注。一时间,“微博”与“打拐”分别成为当年春节期间的重要关键词。

在融媒体平台上,微博与党务政务信息相链接,能够快速传递人民的心声、党和政府的关注,这也是融媒体发展的巨大动力。

(三)推动公共事件发展

微博的影响力已经渗透到社会政治、经济、文化等各个领域,公众使用微博发布信息、参与公共事件也日益理性与成熟。众多公共事件通过微博快跑、微博直播、微博客等方式进行广泛传播。

代表事件:“器官转运绿色通道”入选微博年度影响事件

2014 年 12 月 1 日,陈静瑜在自己的微博上发声呼吁“开辟绿色通道,及时转运器官”;2016 年 3 月,国家民航总局发布《关于进一步做好特殊航空运输服务工作的通知》,要求保障人体捐献器官航空运输便捷顺畅。“器官转运绿色通道”以 1, 899.3 万的阅读量,入选微博年度影响事件,如图 8-16。

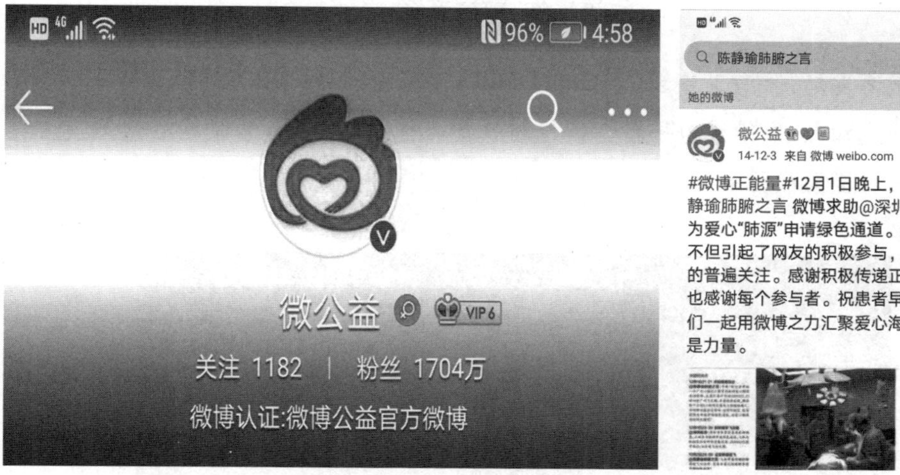

图 8-16　微博"微公益"转发"陈静瑜肺腑之言"

（四）辟谣与信息公开

新浪微博联合公安部推出"全国辟谣平台"并加入北京地区网站联合辟谣平台，探索了警民联动、全网覆盖的新机制。该平台是全国首个针对全网的谣言举报和辟谣平台，以全国 189 个网警巡查官微和各地公安局的平安系列微博为主力，在微博开设便捷渠道接受网民对互联网谣言的举报，为更多的职能部门开展网络辟谣提供支撑，为广大网民获取辟谣信息提供服务，如图 8-17 所示。

图 8-17　网络辟谣微博

（五）开展精准扶贫

2018 年 10 月 17 日是第五个国家扶贫日，国务院扶贫办开通官方微博"国务院扶贫办"，如图 8-18 所示，并在微博宣布，2017 年全国有 20 个省区市 125 个贫困县"脱贫摘帽"。

代表事件:微博扶贫

微博发起“扶贫助威团”,邀请政府部门、企业、媒体、明星名人、意见领袖和网友加入,以微博为平台持续传播扶贫正能量,并参与后续在各地开展的扶贫攻坚助威行活动。

图 8-18　国务院扶贫办微博

(六)推动社会文化繁荣

现在不少地区和单位重视加强微博内容建设,通过微博宣传科学理论、传播先进文化、弘扬社会正气、倡导良好风尚,推动了网络文化繁荣和网络文明的发展。

代表事件:微博随手拍

2017 年 6 月,微博 2017 随手拍话题总阅读量达到 175 亿。其中,短视频领域活动相关视频播放量达 20 亿。数千万微博用户参与互动。通过随手拍,微博原创图片及视频的多样性和专业性得以迅速提升,用户能够观看和分享的内容越来越丰富,美食、运动、旅游等领域的内容得到推广。

五、微博创建

可以通过手机或者 PC 端下载微博软件,利用手机号等进行用户注册、登录,如图 8-19 所示。《北京市微博客发展管理若干规定》2011 年 12 月推出,提出“后台实名,前台自愿”的原则。微博用户在注册时必须使用真实身份信息,但用户昵称可以自行选择。

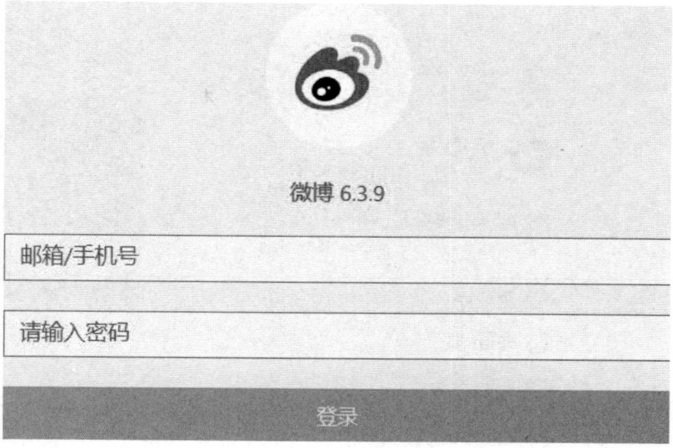

图 8-19　微博登录界面

六、微博认证

名人认证:为了保障名人的权益,新浪微博推出名人认证系统。名人认证的标志是在认证用户的名字后添加一个金色的“V”的标志。认证对象主要是各行业的明星、企业高管和重要的新闻当事人等。

网站认证:有独立域名和合法资质的网站官方账号认证。要求微博昵称和头像与网站名称、LOGO 一致,企业官网不在认证范围内。

媒体认证:微博使用实名,被公众熟知且主体为法定媒体机构的账号可以申请媒体认证。

高校认证:微博使用实名,被公众熟知且主体为高校的账号可以申请高校认证。

企业认证:为了方便企业在微博上进行宣传,会进行企业认证。与名人认证相同,经过企业认证后的用户名后也会添加一个字母“V”。个人网站、粉丝团体和自发性民间团体不能进行认证。

身份通认证:身份通于 2011 年 10 月 1 日登陆新浪微博试运行,用户对身份通这个保护个人信息的应用表示欢迎,并积极向粉丝和好友推荐,每天都有数万用户申请获得身份通勋章。用户身份通认证免费向持有中华人民共和国身份证的网友提供服务。

新浪微博 V 用户身份通认证和勋章馆“身份通勋章”的正式上线,标志着新浪微博在诚信体系建设中率先迈出了关键的一步。

微博达人:微博达人是草根中的明星,是微博中的活跃分子。微博达人可以拥有专属的身份标识、炫酷的微博达人勋章,还可以结识更多同城的、有共同爱好的朋友,获得更多粉丝,更可优先享受新浪微博各种线上线下达人活动带来的生活便利和优惠,如图 8-20 所示。

图 8-20　注册微博必须通过微博认证

七、融媒体平台上的微博及应用

通过将微博客户端与融媒体平台进行链接,可以在融媒体平台编辑视频、图片、文字,并将其一键发送到微博平台。融媒体平台提供适配门户网站、App、微信、微博等的内容编辑器,实现新媒体内容的融合编排。融媒体平台支持面向多终端的资源分发和推送,可直接将内容发布到指定的新媒体栏目、App、微信、微博上,如图 8-21 所示。

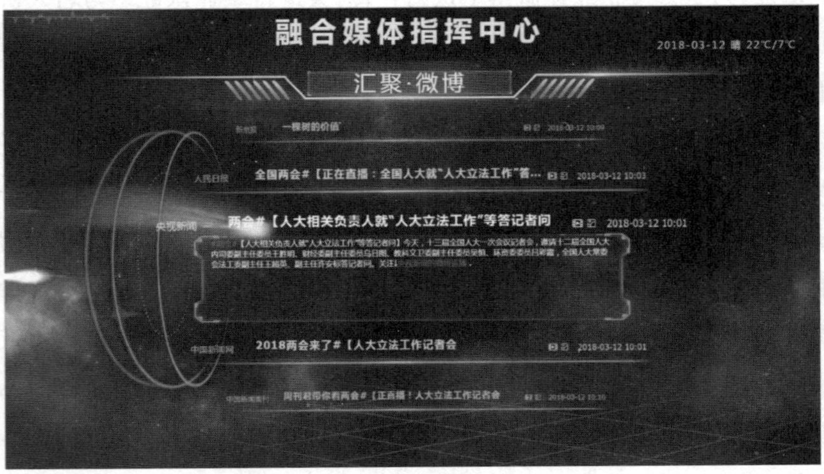

图 8-21　融媒体融合微博

八、微博矩阵

在融媒体平台上可以添加多个微博账号，接收微博推送的信息。微博群体是广泛的，要做到合理、有针对性地发布，就需要对微博群体进行分类。在融媒体平台上建立微博矩阵，对庞大的微博群体进行分类，目的是针对不同受众群体发布不同的信息，实现单发、小群体发、群发、全发等，如图 8-22 所示。

图 8-22 融媒体平台上的微博矩阵

微博矩阵的建立有着现实意义。首先是能够为平台管理者提供一个便捷的管理窗口，平台管理者通过矩阵能及时掌握微博动态，通过大数据云对微博进行舆情分析。其次，便于对微博群体进行管理，保留活跃的微博或删除已停止更新的微博，对党政官微、企业官微、党政个人微博、大 V 等进行分类。最后，能够及时为微博客户提供资源平台，实现资源共享。平台能够及时获得微博上有价值的信息，同时也能为微博发布者提供有价值的信息。

九、微博在融媒体平台上的作用

（一）推动政务信息公开

建设一个透明、公开的现代政府，是满足群众知情权、参与权、监督权的需要，是实施依法治国方略、推进依法行政的客观要求。互联网创造了公民对政治和社会问题展开讨论的公共领域，微博使公众有了新的对公共事务进行监督、表达意见、形成舆论的平台。利用微博公开政务信息，已经成为各级政府及行政部门公开信息的“时髦”方式，特别是近几年视频和直播的兴起，使得政务公开更加及时、生动、有效。2011 年 3 月 19 日，山东省莱阳市人民法院就一起买卖合同案通过“公正莱阳”微博账号进行了全程网络直播，这是我国司法系统首次将整个庭审过程通过微博面向社会公开。2018 年，微博平台庭审视频直播超过 9 万场。通过微博庭审直播，群众可随时随地了解庭审内容，为司法公开开辟了新途径。除了司法之外，还有众多领域开展了微博直播，如学校的公开课、网络家长学校、心理医师开设的心理辅导直播课程等。通过融媒体平台进行微博直播促使我国县级融媒体中心平台建设更好地朝着“引导群众、服务群众”的方向发展。

政务微博是近几年来兴起的一种宣传媒介，它能够快速传递政府的相关政策和信息，受到社会各界的极大关注。将微博引入融媒体平台，能产生强大的大众传播力量，推动政务信息公开。

（二）鼓励优质原创内容

在县级融媒体平台上的微博建设过程中，容易被忽视的往往是内容本身。县级媒体的内容生产力不足，是导致用户流失、黏性下降的最主要原因。因此，在县级融媒体未来的发展当中，“内容为王”的观念需要不断加强，更需深入媒体人心中，媒体人应以用户的实际需求为导向，制作原创性强、本地味浓的内容。在报道方式和手段上，直播等一系列新媒体视角下的传播方式将帮助县级媒体解决新闻报道同质化、新闻内容单一化的问题。基层百姓关注的民生政务问题将成为县级融媒体平台解决用户流失问题的切入口。县级融媒体平台可通过更加生动的报道内容和更加丰富的传播手段来提升自身在区域内的影响力。

（三）巩固阵地、引导舆论

县级融媒体平台建设作为国家媒体融合战略中的重要组成环节，其重要性不言而喻。相较于中央、省、市的融媒体平台建设，县级融媒体平台起步较晚、底子薄，但微博已经具有超强的影响力，它的发展前景依旧广阔，微博在平台上的作用也是举足轻重的，县级融媒体平台可借助微博巩固壮大舆论主流思想，为社会主义意识形态建设营造良好舆论环境。众所周知，舆论是影响社会发展的重要力量之一，新闻舆论工作处在意识形态斗争最前沿，县级融媒体平台作为党和国家在传播力建设上的“最后一公里”，应当坚持正确的舆论导向，做好党的舆论宣传工作。

(四)保障信息权威性

微博作为用户导向的开放性新媒体平台,以满足用户需求、发挥用户价值为目标,体现出用户多、内容多、热点多、资源多的特点,并且微博信息传播快捷、及时、覆盖面广,可以发布文字、照片、长图文、音频、短视频和微博故事等多种形式的内容,有利于被网民阅读和接受。

微博是信息传播最迅速的舆论场,也是县级融媒体平台建设过程中应坚守的舆论阵地。在"后真相时代",小部分自媒体和个人账号常常以捏造事实、断章取义或发表情绪化、立场化观点等方式,甚至诋毁他人等违法行为来吸引流量、博取关注,导致虚假信息满天飞,严重影响了基层舆论生态和媒体传播环境。这是决不能容忍的,要用法律武器保障微博的健康发展。

(五)服务群众

县级融媒体平台需要打造一个整合利用广播、电视、平面媒体、互联网的优势,使其功能、手段、价值得以全面提升的融媒体矩阵,实现"资源通融、内容兼融、宣传互融、利益共融",更好地引导群众、服务群众。

十、微博与微信的区别

(一)平台属性不同

微信是社会化关系网络,讲求的是深度,重在用户与用户之间的互动;微博是社会化信息网络,讲求的是广度,重在用户对信息的接收。

微信的主界面是聊天界面,微博的主界面是内容界面,这也在一定程度上反映了微信的关系属性和微博的信息属性。

(二)用户关系不同

微信的本质是社交,所以用户之间的关系是点对点的对等的强关系;微博的本质是媒体,用户之间是点对面的非对等的弱关系。

(三)二者用途不同

微信一般用于亲朋好友、工作伙伴之间的交际与往来,用户还可以通过语音和视频进行交流,评论朋友圈、点赞朋友圈;微博用于粉丝与偶像的交际与往来,用户还可以了解每天的热搜,关注热点话题。

(四)精准性不同

微信和微博最大的区别在于"精准"两个字。微博主发布一条微博,然后粉丝通过自己的微博主页就能看到微博主发布的内容了,但是如果关注的人太多,微博就会限流,微博主发的微博就会随机地出现在粉丝的主页上。而微信则不同,微信公众号发一条群发消息,所有关注的人都会收到这条消息。

(五)对话关系不同

微信用户之间是对话关系,微信普通用户之间要想交流需要互加好友,这构成了对等关系;而微博普通用户之间则不需要互加好友,双方的关系并非对等的,而是多向度错落、一对多的。

(六)交友形式不同

发微信是私密空间内的闭环交流,而发微博是开放的扩散传播。一个向内,一个向外;一个私密,一个公开;一个注重交流,一个注重传播。

(七)聊天形式不同

发微信主要是双方同时在线聊天;刷微博则是差时浏览信息,用户发布微博与其粉丝查看该条微博并非同步的,粉丝主要是刷新查看所关注对象此前发布的信息。这种同时与差时也决定了微信与微博的功能与内容之别。

第三节 招聘类媒体应用

一、招聘类媒体的含义

社交网络招聘(又称新媒体招聘、社会化招聘)在企业招聘中已应用得非常普遍,但目前在高校人才招聘中还应用得比较少。随着高等教育的发展和当前日趋激烈的全方位竞争,各高校越来越重视人才在学校建设中的特殊作用,纷纷将人才引进摆在关乎学校发展全局的战略性高度。在 80 后、90 后成为人才争夺的主要对象的今天,用人单位越来越重视运用社交网络平台提升人才招聘宣传力度、提高人才招聘效率、提升人才招聘匹配度,成熟的人才招聘模式最终形成。

社交网络招聘的形式有两种,一种是利用社交网络平台本身提供的招聘服务,例如国外的 LinkedIn 提供的社交招聘服务,国内的职业社交网站通常也以提供招聘服务为主。

另一种是通过社交网络平台的开放 API 开发招聘类应用,例如玄德招聘、Branchout、Bullhorn Reach,以及新浪微博上的"周伯通招聘"等,如图 8-23 所示。

图 8-23 周伯通招聘微博

二、招聘类媒体的特点

(一)速度快,范围广

社交网络招聘通过互联网发布信息,具有传播速度快、范围广的特点。社交网络招聘的优势在于,在会员活跃度较高的社交网站上,企业对于某个人才的了解不再局限于"简历"的层面,有的企业甚至把它作为一个广告平台,吸引更多的应聘者。同时应聘人员展示的"人脉圈",也是一个人的职业经历和自身能力的良好佐证。

(二)互动性强,双方共赢

互动性是互联网的特性,应聘者和企业通过招聘平台进行互动、了解对方,对双方来说都是有利的。国外的相关调查表明,45%的雇主和猎头会通过社交网站观察求职者,社交平台透露的求职者信息会给雇主和猎头留下深刻印象,这将直接对求职结果产生影响。

(三)信息匹配度高,可信度高

应聘者与企业通过互联网互动交流:企业通过互联网展示自身的形象,应聘者通过招聘平台晒出自己的工作成绩。这就增加了可信度,因此匹配成功率较高。相对于传统的简历式招聘,这种方式通过人际网络实现供求双方的对接,成功率更高。

(四)招聘成本低,专业性强

人才市场已经逐渐从线下走到了线上,这就为企业和用工单位节省了大量的人力、物力和财力。招聘平台上的应聘者和招聘方之间是通过互联网进行沟通的,这样就为双方节省了时间和费用。未来职业社交网站将成为招揽人才的重要渠道,尤其在招聘会计、销售、IT 等专业人士时将发挥巨大作用。

(五)便于形象宣传

用工单位或者个人可以通过招聘平台展示自己的风采。基于互联网的转发迅速、信息流动量巨大的特点,通过社交网络招聘也是有利于企业自身的一次广告行为,如图 8-24 所示。在县级融媒体平台设置招聘类媒体模块,利用融媒体平台的公信力和影响力,为当地经济发展招揽人才,其传播力度是显而易见的。

图 8-24　企业通过网络招聘人才

三、融媒体平台上招聘类媒体的应用

在融媒体平台上的招聘类媒体窗口中,可以根据内容,在线实时制作和编辑人才招聘消息,并在平台上实现全网同时发布,这提高了人才招聘和人力资源管理的效率,如图8-25。招聘类媒体与新媒体、党政服务模块等融合在融媒体平台上,将会汇集更多的用工信息,为更多的高等院校毕业生、待岗人员提供就业信息,让求职者精准找到自己理想的工作,让用工单位找到适合岗位的高素质人才。

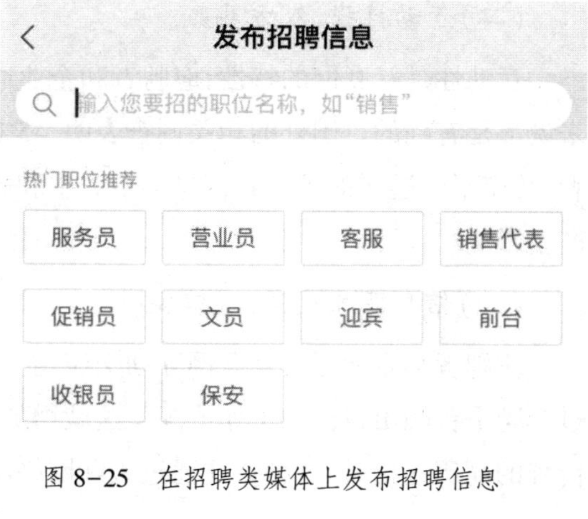

图 8-25　在招聘类媒体上发布招聘信息

四、招聘类媒体的发布

招聘类媒体通过融媒体平台收集、制作、发布用工信息(见图 8-26),求职者通过融媒体平台上传自己的个人信息,这些信息将进入平台的大数据中心。平台会及时对求职者的个人信息进行分析和比对,将其快速配发到相应用人单位的信息库中。如果有求职者咨询,平台也可以快速便捷回复或为其推送用工信息,如图 8-27 所示。

图 8-26　发布招聘信息

图 8-27　推送招聘信息

第四节　QQ 的应用

一、QQ 的概念

QQ 是腾讯公司开发的一款基于互联网的即时通信软件。目前 QQ 已经覆盖 Microsoft Windows、OS X、Android、iOS 等主流系统,其标志是一只戴着红色围巾的小企鹅(见图 8-28)。QQ 作为一个社交平台,其用户量一直位居前茅。它是一对一的精准互动工具,对用户来说是一个便捷、实用的社交平台。

图 8-28　QQ 标志

二、QQ 的应用

QQ 支持在线聊天、视频聊天、语音聊天、点对点断点续传文件、共享文件、自定义面板、远程控制、传送离线文件等多种功能,可被多种通信终端使用。QQ 营销也是互联网营销的一种模式,有巨大的市场空间,由于是点对点的营销模式,成功率较高,因此它也是企业产品营销的重要手段之一。

三、在融媒体平台上建立 QQ 模块

融媒体平台上的 QQ 模块,主要服务于平台上的用户。由于 QQ 用户数量巨大,其影响力不可小觑,因此各融媒体平台往往同等对待 QQ 模块建设与新媒体模块建设,把 QQ 与微信、微博汇集在融媒体模块上,形成一个信息资源共享、发布及时、受众群体广泛的平台。QQ 用户可以通过 QQ 在线、QQ 邮箱等形式进行社交活动,传输相关资料。目前,一般用户通过 QQ 邮箱传输的文件大小被限制在 3G 以内。

四、形式多样

QQ 最大的特点就是传输形式具有多样性,这是用户喜欢使用 QQ 的原因之一。它不仅传输形式多样而且具有稳定、可靠、方便等特点,深受白领阶层的喜爱。QQ 在移动端的应用,使得 QQ 用户倍增,凸显了其便利性。QQ 的功能多样性体现在手机聊天、点对点断点续传文件、传送离线文件、共享文件、发送贺卡、储存文件等功能上(见图 8-29)。QQ 不仅仅是简单的即时通信软件,它还与全国多家移动通信公司合作,实现了 GSM 移动电话的短消息互联,是国内最为流行、功能最强的即时通信软件之一。QQ 状态分为忙碌、请勿打扰、离开、隐身、在线、Q 我吧等,用户还可以自己编辑 QQ 状态。

图 8-29　QQ 的多种功能

第五节 H5制作

一、H5概念

H5是超文本标记语言第五版(HTML v5)的简写(见图8-30)。HTML文本是由HTML命令组成的描述性文本,以说明文字、图形、动画、声音、表格、链接等形式展现。HTML的结构包括头部(Head)、主体(Body)两大部分。头部描述浏览器所需的信息,主体包含所要说明的具体内容。

图8-30 H5的版本标识

二、H5制作

H5可通过移动端来制作,具有多彩性、交互性强、个性化等特点。

(一)多彩性

版面是基础,在进行H5制作时要先确定版面的布局框架,再考虑配色、字体等,力求体现版面的多彩性。优秀的版面设计,不仅在视觉上能起到正确引导用户的作用,而且也能明确信息主次,实现有效信息的最优传播。

(二)交互性

交互性是移动端H5设计中不可忽视的因素,好的版面分割可以增强引导性、强化点击冲动,在视觉上辅助交互应用。常见的版面类型包括圆形版面、三角形版面、直线型版面、斜线型版面。

(三)个性化

制作H5文件时,可以通过不同的个性设计风格对不同版面存在的不足进行弥补,根据内容的不同,清晰地进行版面分割。居中的版式和文案,能给人以专业、高端之感,适合高端消费领域的品牌,如图8-31所示。

图 8-31　个性化 H5 设计

三、H5 发布

融媒体平台可实现 H5 的在线制作、融合发布。目前在移动端上进行 H5 制作开始盛行，它广泛用于邀请函、企业产品信息发布、政府政务信息公布、盛大活动说明、个人相册、培训招生、音乐相册等，受到人们的青睐。为图片添加字母和炫丽动感的特效，再配上切合主题的音乐，能带给人们视听享受，如图 8-32 所示。

图 8-32　H5 应用示例

四、融媒体平台对 H5 工具的基本要求

随着 H5 越来越受到用户的青睐，它被融合到县级融媒体平台上，产生了一定的影响。在平台上使用 H5 工具需要注意以下基本要求：

第一，平台应支持以可视化、自定义方式创建 H5 页面；

第二，支持后台文稿编辑器预设 H5 版面模板，同时支持自定义配置；

第三，支持可视化自定义问卷、投票、抽奖等交互应用的 H5 表单的创建；

第四，支持可视化自定义创建宣传类单页；

第五，支持文字、图片、音频、视频等在同一页面内混合编排。

思考题：

1.简述微博的诞生过程、概念和特征。

2.简述微博与微信的区别和共性。

3.举例说明社交平台的建立有助于人力资源的管理和人际交往。

4.融媒体平台对 H5 制作工具有哪些具体要求？

第九章 融合播出发布与指挥大屏

重点提示

①融合播出发布的意义、播出接口、发布平台、选择播出

②融媒体平台融合播出发布的技术创新

③融合播出发布日志的建立

④指挥大屏的建立、意义、内容，分屏的定义

⑤指挥大屏统一调度和指挥协调

学习目标

①掌握融合播出发布技术应用、播出发布分离切割、发布技术

②掌握在融媒体平台播出发布的流程管理技术，统一指挥传统媒体和新媒体的发布渠道，应用一键多发、单发、全发技术

③掌握建立指挥大屏分屏模块的核心技术及其应用

融合播出发布是融媒体平台上的关键技术之一，其主要内容包括融合播出接口技术、融合发布的形式、关键技术应用和播出通道分离；融合播出发布的内容、发布类型和选择性播出，是相对统一播出发布而言的；融合播出发布能实现单发、多发和群发，体现了融媒体的意义。建立发布日志有助于融媒体的综合管理。设置指挥大屏是为了媒体与媒体之间、相关部门之间统一协调、统一管理、统一指挥，更好地为社会服务。

第一节　发布管理

一、融合播出发布的意义

新兴媒体的快速发展，使互联网成为社会生活中表达民意、畅通民情、汇聚民智的重要渠道，成为网民交流的重要平台，具有充分发挥媒介强势、弘扬社会正气、通达社情民意、做好舆论监督等方面的重要作用。

基于多终端发布的融媒体平台能实现一次采编多终端发布，对外可一键播出发布到电视台、广播电台、PC 端网页、手机客户端等媒介上；对内具有指挥大屏投放、发布日志、文件展现、预览等功能。融合发布提高了信息的传播力、影响力，实现了传统媒体和新媒体的融合播出发布。首先，在融媒体平台上应用融媒体资源管理系统来实现多渠道汇聚、资源统一管理，形成一个综合性平台。其次，通过资源管理平台展现形式和便捷交互功能为融合生产业务提供播出发布方面的技术支撑，实现对各类信息来源、信息采编方式进行有序管理和共享应用的融合发布。最后，实现同条信息在同一个时间段内同时播出发布，并且能够对同条信息进行媒介分类，在电视台、报刊和新媒体上采用不同形式进行播出发布，如图 9-1 所示。

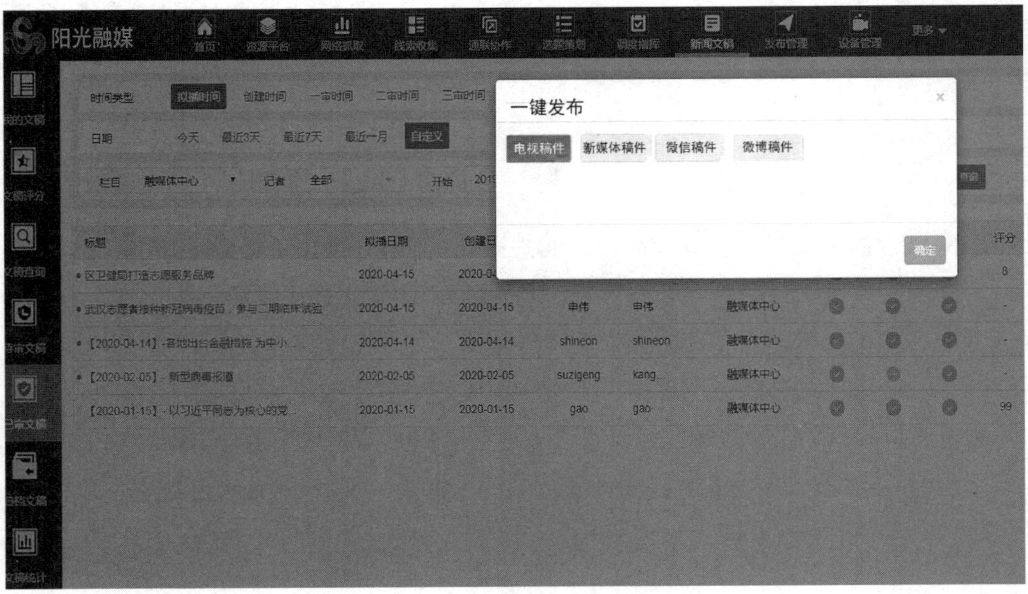

图 9-1　同条信息不同的发布形式

二、融合播出发布平台

在融媒体平台上，把各类媒体采编的新闻或者信息，经播出发布流程之后，汇聚到播出发布平台上，播单窗口将显示播出信息，可实现信息一键多发、单发；把编辑制作完成的信息通过发布流程，对接主流媒体渠道，可实现多元化发布。信息可以在同一个时间段内在平台上的不同媒介上播出发布，也可以选择某一媒介单独发布，还可以把信息推送到互联网上和传统媒体上，如电视台、广播电台、报刊等，实现多渠道、多平台、多媒介发布同一条有价值的信息。

各媒体可查看融媒体平台上资源管理系统中的某条信息，对其进行分析，再根据媒介特点进行加工再创作，使这条信息在不同媒介上以不同形式播出发布，其产生的社会效益也就不同，如图 9-2 所示。

图 9-2　融媒体发布多元化

三、选择播出

融媒体平台的播出系统可以根据需要对播出内容进行合理分配，设置成单播、多播和全播几种形式。

(一)灵活的条目播放控制

融合播出发布可以采用自动和手动模式。目前大部分融媒体平台实行的是自动播放。在播出管理系统中添加播出信息，指定播出时间段，可以实现对播放节目的灵活控制，如图 9-3 所示。电视台播出系统具有时间性强、流程严谨等特点，新媒体相对于电视台就宽松多了。比如，一条信息在新媒体平台播出没有播出时间限制，没有时间长短限制，审核流程相对宽松，随时都可以播出；而在电视台播出，则需要相应的栏目和时间段，有时长的限制，审核也比较严格等。

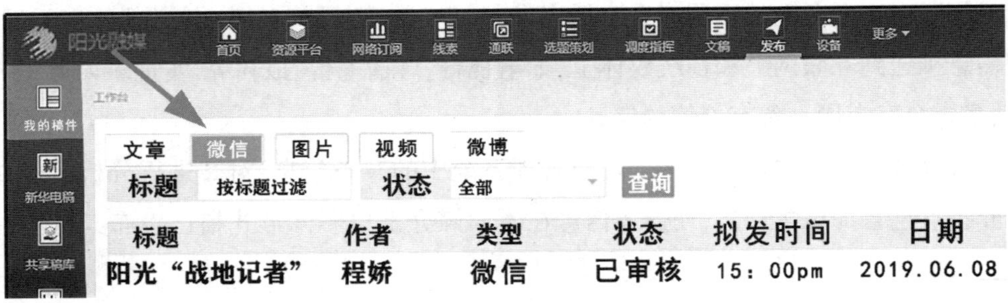

图 9-3　审核后待发布的微信推文

（二）快捷显示审核结果

融媒体平台的视频审核页面可以直接显示审核的简要结果和相应的视频、图文等。每条视频文件下有“一审、二审、三审”页签，默认显示审核人员和状态，鼠标选中页签即可查看对应的审核情况，并在右窗中显示视频或图文。审核内容横向排列，不需要逐条点开查看每条视频的审核详情，节省了审核工作时间，如图9-4所示。

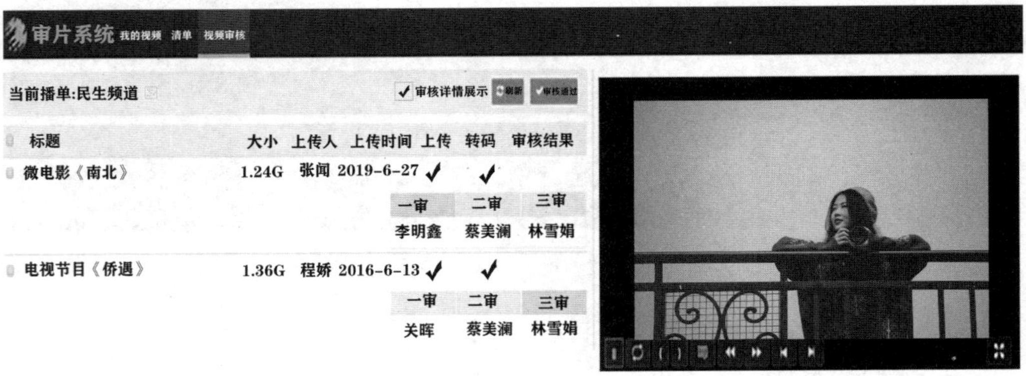

图 9-4　快捷显示审核结果

（三）设置发布管理权限

播出的媒体不同，管理的权限就不同。传统媒体的播出管理权限体现在播出系统中，当总编审核通过后，由播出管理部门负责视频播出。融媒体平台同样设置了播出管理权限，由管理员划分播出部门的负责人权限，负责人审核点击之后，播出系统就会自动播出。新媒体播出发布权限的设置较为简单,由管理员将新媒体部门负责人设置成既有审核权限又有发布权限即可,如图 9-5 所示。

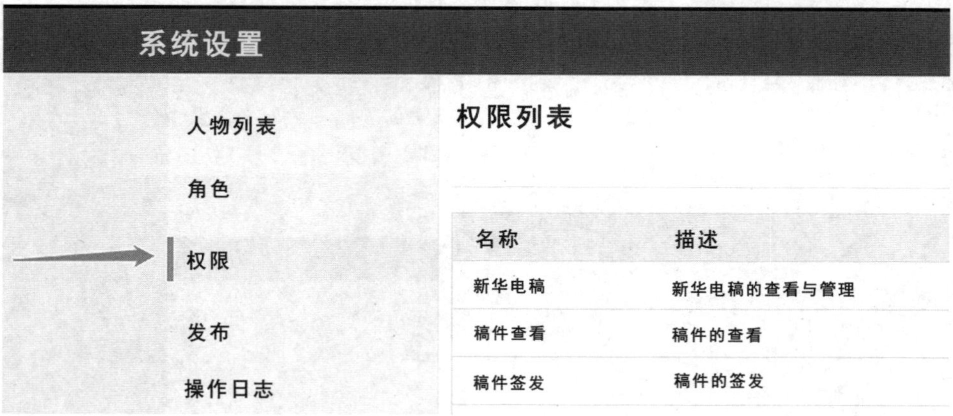

图 9-5　播出发布权限的设置

第二节　发布平台

一、融媒体平台的核心设备

在实际应用过程中,融媒体平台需要采用先进技术对播出发布进行调整,只有这样才能够更好地满足社会大众对信息质量的要求。这是由融媒体平台的核心设备——服务器来完成的,它也是融媒体平台的整体工作体系的运营中枢。这就要求融媒体平台根据不同的工作需求选择合适的服务器设备,采用不同的途径和方式进行数码信息的编译,以确保播出发布的质量。只有根据融媒体平台上的不同媒介来选择服务器类型,才能满足融媒体播出发布的需求。

二、融媒体发布通道

融媒体平台拥有快捷的发布管理系统、功能齐全的内容发布平台,可以对视频、图文等内容进行编、审、发,使视频、图文应用得更加广泛。融媒体平台的播出发布窗口链接了各媒介发布通道,选择播单上的文件,确认要发布的媒介后点击播出即可完成发布,如图 9-6 所示。

图 9-6　阳光融媒体发布通道示意图

三、日志记录

在融媒体平台上，日志记录对播单上已播出内容的发布过程进行选择性记录。记录内容包括：播出发布模块对新闻文本、信息内容、视频等的编辑、修改、删除的记录；对引用资源平台上的共享资源、本地上传资源、应用平台上的素材等操作的记录；对按照文章标题、日期、栏目进行检索的检索记录；审核人员对文章进行编辑、删除、审核，对已发布文章进行再编辑、删除、更新、下线和查看链接操作等方面的记录，以及通过日志查看文章发布情况的记录。

四、审核管理

融合播出发布管理包括上传、浏览、删除、审核素材，其中审核是重要的步骤。平台可通过勾选功能权限的方式赋予用户具体的操作权限。比如，具有审核权限的用户可以对播单内容进行审核，审核的状态及意见会体现在日志记录中，如图 9-7 所示。

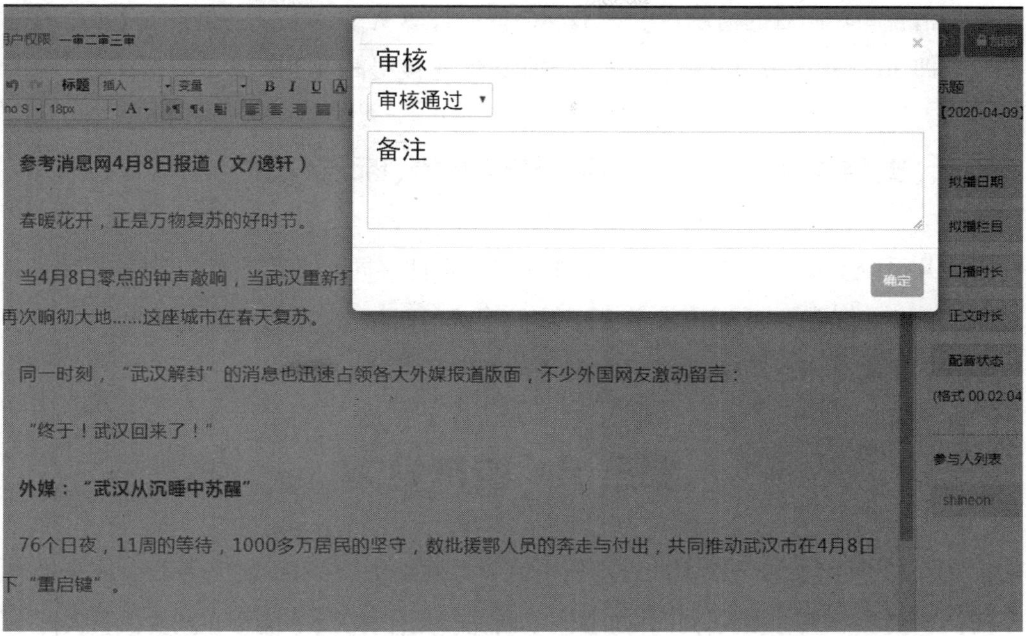

图 9-7　审核的业务功能

五、播出发布通道技术

融媒体平台上的电视节目播出系统是支持高标清媒体视频文件和图文发布的新技术系统，在 2021 年前，将支持 4K 视频的播放。该系统可以接收平台上任何形式的编辑制作文件和电视节目，通过播单审核发布的文件会被自动分配到媒介的发布通道上。该系统支持融媒体平台外部和内部的播出发布，支持三级审核机制以及新媒体、自媒体审核制，允许用户对待审文件添加批注意见。

六、先进的技术架构

融媒体平台上的数据库使用更灵活的 MYSQL（一种开放源代码）数据库，后台主要使用微服务等技术框架，并广泛采用业界成熟的技术，提升了系统整体的稳定性、灵活性和可访问性。

七、全新优化的转码底层

融媒体平台的播出发布审片系统采用优化的转码底层，大幅提升了系统的转码效率和高清视频转码后的清晰度。在 i7/8G 普通计算机平台上,优化后的速度大约是 30∶1,即 30 分钟的节目素材,需要 1 分钟转码,速度提高近 200 倍。

八、支持文件的批量上传、定时上传、断点续传

审片系统上传客户端支持多个文件或多个文件夹同时上传。上传列表中存在未处理或处理中的任务时,软件会提示上传或下载的时间、速度和完成的进度。审片系统上传客户端重新启动时,会自动加载之前软件关闭时未处理的列表。

第三节　发布分类

在互联网时代,科学技术的进步使生活节奏逐渐加快,对我们完善社会体系提出了更高的要求。只有在具体工作过程中不断完善工作体系,才能够在减少人员实际工作量的基础上给用户更好的服务体验,人们的生活品质才能进一步提升。融媒体平台将随着互联网的发展走进千家万户,提升人们的生活品质。在互联网时代,媒介融合把"内容为王"转变成"用户为王",将"人找信息"转变成"信息找人"。信息找人,就是要求融媒体精确对准用户,发布有价值的信息。因此,融合播出发布在融媒体平台上就显得尤为重要。

为了满足用户需求、适应地域性的特征,我们将融媒体平台上的播出发布分为两大类(详见第五章):一类是播出管理,如客户端、报刊、音频广播、电视、新媒体等的播出管理;另一类是播出后的市场反馈,如网媒排名、发布统计、任务统计、资源贡献等。

一、播出管理

(一)客户端

客户端包括 PC 端和移动端。

(二)报刊

随着互联网的发展,我国县级以下的报刊面临着严峻的挑战。目前,基本上已经看不到县级报刊的踪影,内部发行的报刊还保留着一部分。

(三)音频广播

融媒体平台的音频广播发布主要是将内容推送到广播电台上。

（四）电视

县级融媒体平台基本是以县级电视台为主体组建起来的。融媒体平台上的电视节目播出以原先的电视播出系统为基础，通过融媒体平台链接端口，与其配对播出。

（五）新媒体

在融媒体平台上进行新媒体发布，主要是通过新媒体或用户账号发布信息，如在微信、微博、官网、抖音等发布微视频或 H5 产品，见图 9-8。其主要的功能有：内容预览，在 BS 快编工具中快速引入资源平台的视频素材进行浏览查看；快速剪辑、显示缩微图、图形化显示操作、形成拆条任务；支持多文件合并，形成合成任务，控制任务单元，剪切或者合并的素材支持快速下载等。

图 9-8　融媒体平台上的新媒体发布

二、市场反馈

（一）网媒排名

这是对信息发布结果的管理。信息发布之后，用户在自动模式下通过平台大数据可实时获得点击量、评论量、分享量、阅读量等数据，通过平台指挥大屏实时获得大数据分析结果，了解信息的网络排名，获取最具价值的互动反馈和评论，如图9-9所示。这为融媒体平台的发展，融媒体中心领导层、媒体工作者、融媒体运营部门等的工作提供了科学的依据。

图 9-9 融媒体平台上的网媒排名模块

（二）发布统计

常见的信息发布之后的数据统计有电视台的收视率、广播的收听率、报刊的发行量、新媒体的点击量等。该模块通过接收已发布文章的网络反馈，提供文章的点击、评论等信息，展现已发布文章的传播效果，如图 9-10 所示。

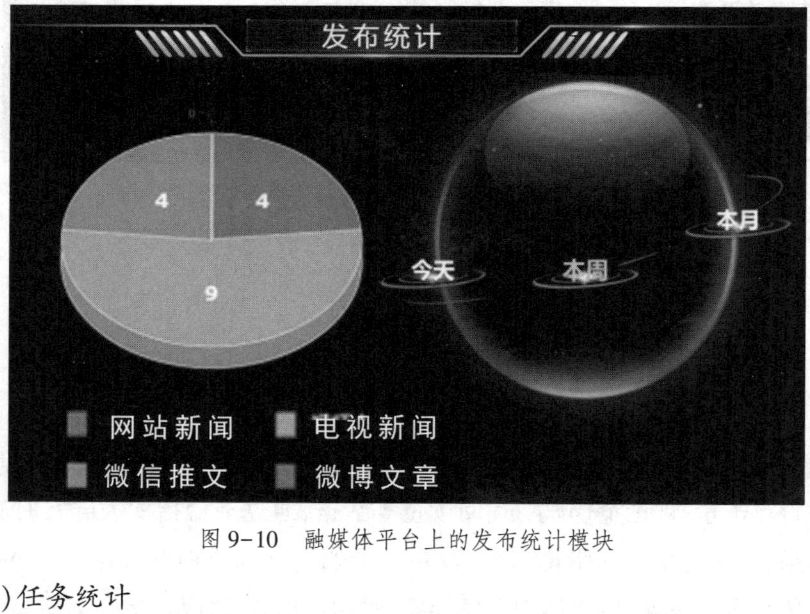

图 9-10 融媒体平台上的发布统计模块

（三）任务统计

该模块主要针对融媒体平台内部的管理，对用户在一定时间内通过融媒体平台发布信息的数量、未发布或在修改中的信息数量等进行统计（见图 9-11）。各部门负责人、中心领导通过该模块可直接掌握员工所完成的工作量和工作业绩。该模块分为全中心任务统计、部门任务统计和个人任务统计。

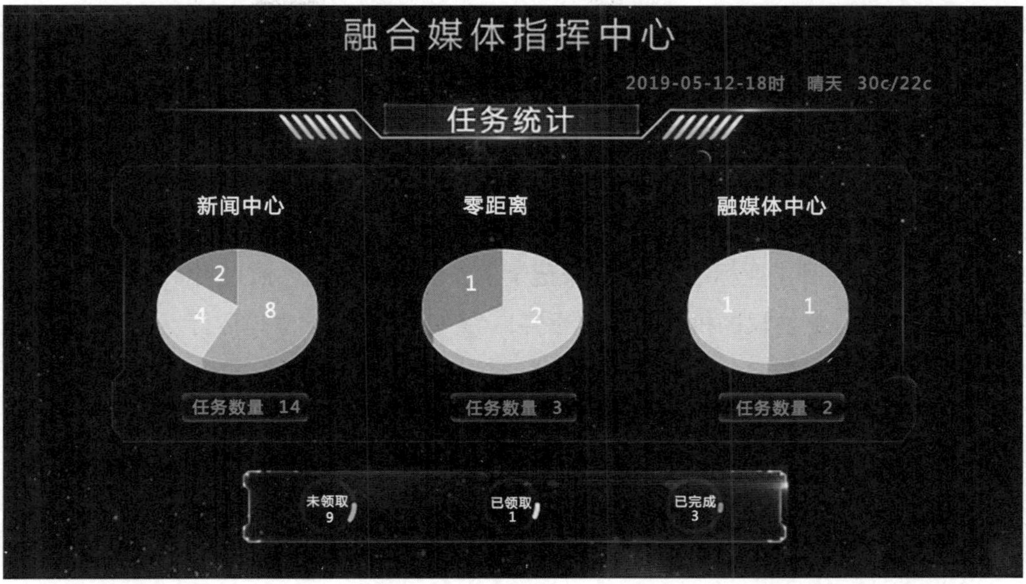

图 9-11 融媒体平台上任务统计模块

（四）资源贡献

该模块主要是对融媒体中心的部门或个人采编的信息上传到资源共享平台后，信息在一定时间内被其他部门或者个人应用的次数、信息利用率的统计。通过统计，各部门或个人贡献的信息资源类型、数量和概况将以图表的形式展示出来，如图 9-12 所示。

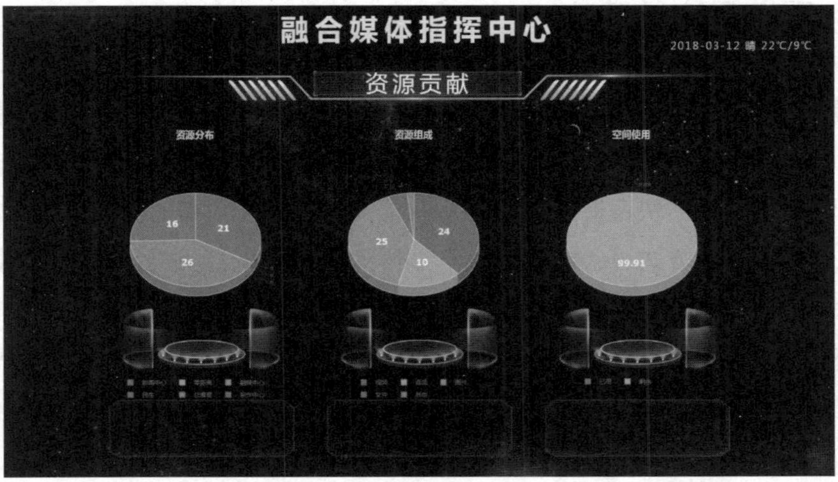

图 9-12 融媒体平台上的资源贡献模块

第四节　发布日志

一、系统日志的概念

系统日志是指操作系统、应用系统及设备产生的日志信息。系统日志也被称为“Syslog”,这是一种工业标准协议,用来记录设备的运行情况。通过对系统的配置,可以实现运行 Syslog 协议的机器之间的通信。系统日志可以独立地运行。通常来讲,运维服务是指对运行的服务(软件、硬件)进行实时的监控,随时发现运行的异常情况,并进行及时的处理,尽可能地避免因问题扩大而终止服务。一般的运维工作都是通过人工对系统进行巡检,查看系统是否处于正常工作状态。此方法只能检查出系统当前的总体运行状态,不能发现一些潜在的内部的错误和报警信息,例如操作系统记录内存不足、应用系统记录磁盘空间不够、网络设备报告端口供电异常、安全设备报告资源不足、物联设备报告耗材损耗等,这些异常情况通常都不会被常规的检查维护发现。这时,利用系统日志来搭建一个高质量的运维平台能够很好地解决上述问题,运维者可以从界面上随时掌握系统的健康信息;平台还可以与电视台、电台、微信、微博和官网等联动对接,让运维人员随时随地都可以收到预警信息,为融媒体平台提供高质量运维服务。

二、系统日志的建立

在融媒体平台上,系统日志记录系统中软件(设备)和系统问题的信息,同时还可以监视平台上各系统、硬件在运行中发生的事故。维护人员可以通过它来检查错误发生的时间和原因,便于快速地解决问题。但是,随着系统(设备)的增加,日志量也日益增加,采用人工的方式逐条检查已经满足不了融媒体平台正常运行维护的需求。此时便需要使用一套先进的、高质量的方法对日志进行综合分析、即时展示和监测预警。因此,搭建一个能帮助平台正常运行、让维护人员快速发现问题的运行、维护平台,对整套系统具有十分重要的意义。

三、日志处理

融媒体平台在接收到日志信息后要进行初步的处理,之后才可以进入分析阶段。

日志处理环节包括:第一,对日志的格式进行统一,以便在接下来的其他处理环节中减少处理时间;第二,对数据进行初步的分类,可依照日志的 8 个级别进行分类;第三,分类完成后再对数据进行计量操作,用于对数据的统计;第四,根据分类和计量结果来计算日志分析需要的线程数量;第五,进行日志分析的任务分配。融媒体平台提供日志监管、日志错误告警、日志查询等功能,可快速定位服务运行过程中出现的异常。

四、任务分配

任务分配是将平台上各模块的日志分配给平台日志分析处理模块的过程,是日志分析的起点。当前环节在接收到日志信息后判断目前已分配的线程数,结合线程的运行状态分配新的数据给另一个线程。若全部线程还未运行完成,则反馈信息给多线程数据量计算处理环节,检测硬件资源是否可以支撑更多的线程来分析。如果支持则可以增加线程数据量;如果不支持则继续等待,同时将该信息反馈给日志分析处理模块,用于提示用户日志信息处理的情况。这里需要注意的是,整个日志处理环节形成了一个闭环,为下一个分析阶段做好了充分的准备,也为运维平台的日志处理分析能力打下了基础。

五、日志分析

日志分析是平台经过日志处理后再按分类要求提取有用的信息,形成结论后对数据加以详细研究和概括总结的过程。这保证了融媒体平台有高质量运维管理体系的支持。日志分析可以帮助维护者作出判断,并采取适当的行为。

六、可用状态分析

系统(设备)的可用状态即系统(设备)是否可使用,定义为 5 分钟的状态频率判断(不同系统定义时长不同)。在 20 分钟内查询系统(设备)是否产生日志信息,若未产生则需要使用 5 分钟的状态判断频率来获取系统(设备)的在线状态;若已产生则跳过检查。检查完成后记录设备的最后更新状态,为预警做好数据准备。

七、紧急事故分析

紧急事故是指系统(设备)发生的急需处理的事故,若不处理则会导致系统(设备)不可使用,也指系统(设备)本身发生的事故,例如发生故障、资源不足等。我们需要对日志进行分析,过滤排除掉这类信息,并将其记录下来,推送至紧急事故处理表中。

八、错误提示分析

错误类信息是指系统(设备)发生的常规异常信息,这类信息在短时间内不能反映系统(设备)的健康程度,但是可以提示系统(设备)在之后的一段时间内有可能发生的故障。维护人员通过错误提示发生的频率来判断错误有可能发生的时间点,就可以提前做好维护准备,不用担心事件突然发生。

九、告警分析

告警分析主要用来分析、提取出系统(设备)目前发生的比较紧要的事件信息。告警信息通常包括状态、事件两大类,将二者整合在一起的告警分析功能是用于界面提示的。

十、异常行为分析

系统(设备)的异常主要指维护异常。平台会结合维护人员对系统(设备)的在线维护所产生的登录日志进行分析,如非维护期间产生的登录信息就是异常行为,系统会及时地记录此类异常行为并将其推送给展示平台,用于告警维护。

十一、动态展示及预警

从预警日志收集到日志处理再到日志分析,这些准备工作都是为了日志展示和预警。展示是为了更加直观地体现系统(设备)的运行情况,预警是为了及时地掌握系统(设备)事件信息,这都是为了提高维护人员的运维能力。

十二、系统安全

系统(设备)安全是指系统(设备)自身安全和运行安全,主要反馈系统(设备)被攻击的频率和运行环境的安全性。互联网+时代的到来,使融媒体平台可能受到来自各界的各类攻击，安全防护已成为建设和监控的重点，因此我们需要随时掌握系统（设备）的安全状态，并提前做好防范，以保障系统（设备）的安全运行。

十三、应用状态展示

应用状态是指系统（设备）的可运行状态，这里将其分为可用和停用两类。融媒体平台设置轮播巡视界面显示监控对象的运行状态，通过这种简单直接的方式可以更好地对系统（设备）进行监控。

十四、运行健康展示

运行健康是指系统（设备）发生综合性事故的频率，包括带故障运行。

第五节　发布监管

一、发布管理系统

便捷的内容发布管理系统，可以对文本、音视频和图片等内容进行编、审、发。此系统发布素材引用渠道更加多样，自定义三级审核策略；用户可根据业务需要自主配置，审核人员可对待发布文章进行管理，如编、删、审。

二、内容管理

（1）必须支持新闻、视频、微信推文、微博等内容的编辑、删除，可引用资源平台上的共享资源和本地上传资源。同时还要支持按照标题、日期、栏目进行文章内容检索；根据业务需要制定审核策略；

（2）平台审核员或管理员可以对待审核内容进行编辑、删除、审核；

（3）平台发布渠道的管理者可以对已发布文章进行再编辑、删除、更新、下线和查看链接等操作；支持通过日志查看文章发布情况。

三、监测监管总体要求

监测监管对象是县级融媒体中心。监测监管业务范围包括县级融媒体中心的内容合规、内容一致、技术质量合格、业务可用和网络安全。

县级融媒体中心的监测系统应对直播过程、综合服务、发布内容和网络安全进行自我监测,通过监测告警、回溯可查为县级融媒体中心的业务运行提供保障;应按照监测监管机构的监管要求,部署监管平台相关设备、满足设备运行的必要条件,并向监管平台提供准确、完整、真实、有效的信号和相关数据。

监测监管机构应根据监管要求,通过在县级融媒体中心部署的监管平台相关设备,采集辖区内县级融媒体中心的发布内容,同时接收辖区内县级融媒体中心的监测数据,通过分析、处理和展示数据,为综合管理和决策服务。

第六节　指挥大屏概述

一、指挥大屏的概念

融媒体指挥大屏属于平台融合发布的内部展示范畴,是信息展示与指挥调度系统,见图 9-13。建立面向各个业务系统的统一生产、管理和指挥系统,实现对互联网

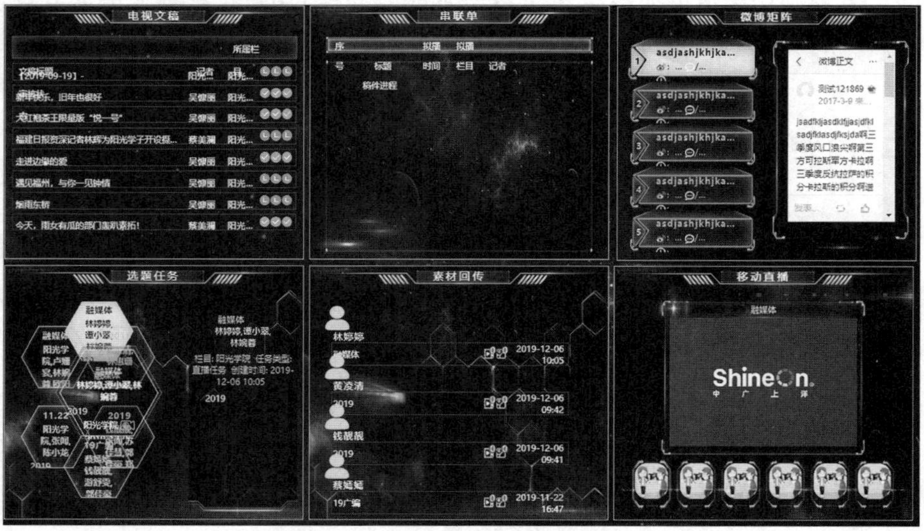

图 9-13　阳光融媒指挥大屏

大数据挖掘、新闻内容采编生产、媒体融合发布的统一策划、分发、业务状态管理与全程监控，并通过 PC、大屏的联动方式实时以可视化数据的方式呈现融媒体中心平台上的互联网新闻、记者报题、采访任务、稿件库、发布库等，供领导、编辑集中查看，为新闻管理和内容决策提供支持。

在系统中进行用户授权，已被授权的用户可以直接输入用户名、密码登录系统，点击界面上的指挥中心图标进入指挥中心界面，如图 9-14 所示。

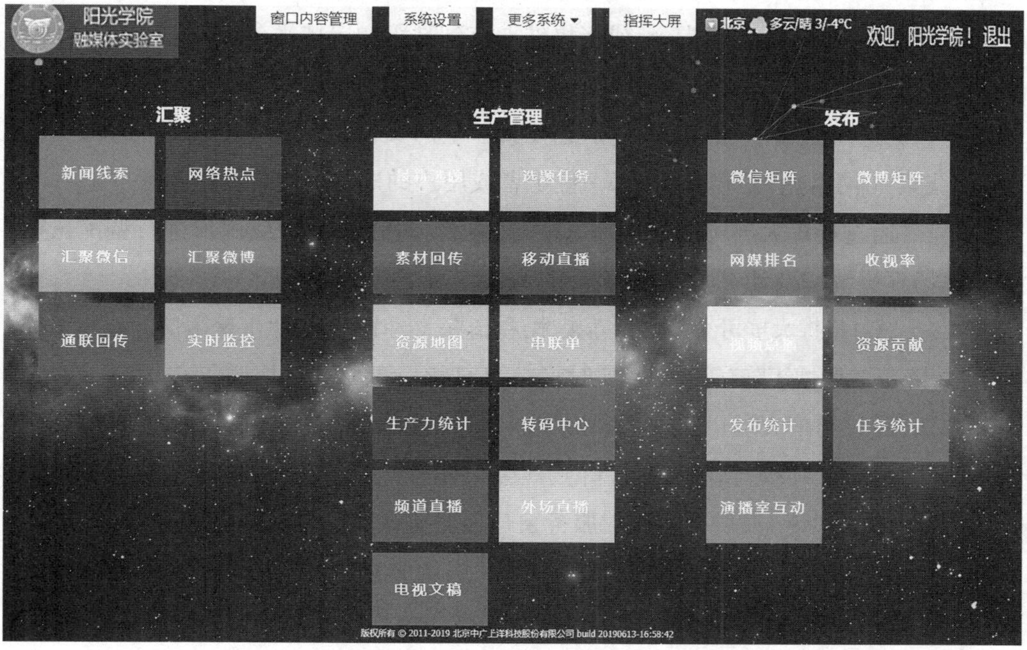

图 9-14　指挥中心界面模块选择

二、指挥大屏的内容

指挥大屏的内容涵盖了融媒体平台上所有模块的内容，展示各个模块的即时数据和分析结果，将数字直观化、数据形象化，见表 9-1。

表 9-1　指挥大屏的内容

汇聚微信	选题任务	频道直播	发布统计	网媒排名
汇聚微博	素材回传	外场直播	任务统计	视频点播
新闻线索	移动直播	转码中心	电子报	微信矩阵
通联回传	资源地图	生产力统计	传播分析	微博矩阵
网络热词	电视文稿	最新选题	资源贡献	自定义

三、指挥大屏的作用

（一）统一指挥

第一，新闻通联系统是上下级单位之间进行稿件传送的一个有效桥梁，既能帮助县级融媒体平台用户汇聚多个分平台用户提供的稿件资源，又能派发相关的专题任务。通过指挥大屏，可下发指令，或将稿件上传到县级融媒体平台稿件池，汇总分平台稿件；指挥大屏上可显示绩效考评统计、提交稿件总数和采用率，以及已签发文稿；视频支持一键进入非编系统；指挥大屏上可展示全部文件；在“最先选题”“选题任务”“新闻线索”“网络热词”模块中，每一位记者或用户的选题可展现在指挥大屏上。

第二，通过指挥大屏可统一指挥电视台、电台，对在线记者或用户进行调配，这对电视现场直播统一调动有关键性的作用。

第三，通过指挥大屏可统一指挥新媒体，在指挥大屏上可看到“汇聚微信”“汇聚微博”“微信矩阵”和“微博矩阵”等新媒体实时状态，实现统一调度、统一协调和统一指挥等。

第四，通过指挥大屏可实现通联协作。县级融媒体中心融合了党务政务的各服务窗口，同时汇集了县级行政机构各部门、社会团体等，实现了全地域通联协作；通过指挥大屏的“通联回传”模块可实现对服务窗口通联协调、统一指挥。

第五，通过指挥大屏可实现应急事件统一协调应对。“资源地图”和“通联回传”模块可将突发事件、党务政务服务窗口情况展示在指挥大屏上。相关人员可通过指挥大屏对事件现场进行统一组织、统一指挥，及时有效地应对突发事件和自然灾害。

（二）操作日志

管理员通过指挥大屏可直接调取平台操作日志，对每一个模块的日志进行查阅、分析，并作出相应的决策，采取相应的措施。模块上每一步操作都有较为详细的记录，提供模块运行的安全级别信息，提升安全性，如图 9-15 所示。

（三）统一调度

任务调度：支持快速派发、任务组管理、直播任务管理、播出发布管理、审核流程管理等。

直播：移动直播，即手机 App 推送直播流，大屏实时监督；频道直播，即电视台电视节目直播；网络直播，基本上是以新媒体等为主的直播形式。通过指挥大屏可进行统一调度，打通渠道。

资源地图：任务情况直观展现，记者位置实时获取。功能包括记者即时定位（见图 9-16）、现场直播定位、广播播音地点定位，可为直播提供资源支持。

操作日志

操作	描述	操作IP	操作时间
稿件保存	shineon 稿件保存	106.38.99.195	2020-02-24 16:23
稿件保存	kangzhiyu 稿件保存	106.38.99.195	2020-02-24 16:22
稿件保存	kangzhiyu 稿件保存	106.38.99.195	2020-02-24 16:22
添加站点	kangzhiyu 添加站点	106.38.99.195	2020-02-24 16:17
提交审核	yangbowen 提交审核	114.254.35.232	2020-02-21 17:30
稿件保存	yangbowen 稿件保存	114.254.35.232	2020-02-21 17:29
提交审核	yangbowen 提交审核	114.254.35.232	2020-02-21 17:28
稿件保存	yangbowen 稿件保存	114.254.35.232	2020-02-21 17:28
稿件删除	yangbowen 稿件删除	114.254.35.232	2020-02-21 17:27
稿件保存	yangbowen 稿件保存	114.254.35.232	2020-02-21 17:27

1 2 3 4 5 6 7 8 9 10

图 9-15 指挥大屏操作日志

图 9-16 记者即时定位

消息中心:实时获取 PGC 文稿、发布系统推送的任务消息、审核消息,发布通知、热点新闻、网络热点、新闻串联单等,为资源管理平台提供素材。

回传素材:回传的视频、音频、图片、稿件等素材自动进入资源平台、自动关联,平台上的用户可即刻使用。

语音助手:App 集成语音助手功能,支持录入语音自动转化为文字,实现了外采记者稿件的快速录入。

设备管理:平台内设备使用状况一目了然,支持客户端扫码借出、扫码归还,操作方便。

即时通信:支持记者点对点即时通信,方便工作沟通;支持文件的点对点即时传送,提高工作效率。

栏目管理:主要是通过指挥大屏对电视台节目播出进行管理,支持栏目空间的自动创建,支持面向栏目的素材管理,包括上传、检索、下载。

自动关联:将记者外采稿件或用户上传内容,按照性质和内容进行自动归类。PGC 回传的资源按任务自动关联,可提高内容查找调用效率。

智能转码:系统智能识别文件格式,并对视音频进行后台转码,便于实时在线浏览。

权限设定:支持面向文件目录的权限设定,支持面向使用者的角色及权限设定。

(四)发布管理

融合编排:提供适配门户网站、App、微信、微博等不同发布渠道的内容编辑器,实现新媒体内容的融合编排。

统一审核:内容审核及审核状态可以实时推送到“融媒助手”App,用户可随时随地获取审核消息。

多元发布:面向多终端的资源分发和推送,可直接将内容发布到指定的新媒体栏目、App、微信公众号、微博、抖音等平台上。

(五)资源调度

指挥大屏对资源管理库进行统一调度,将资源推送到互联网上或提供给第三方。可运用智能传感终端实时掌握人员位置,便于及时安排人员;合理分配外采记者任务,实现资源的共享;实时监控外采记者任务执行进度和回传素材存在的问题,调整记者执行任务的方式方法,如图 9-17 所示。

图 9-17　利用资源地图调度在线记者

第七节　指挥大屏的功能

一、指挥大屏模块

指挥大屏模块是指在融媒体平台上按照不同的功能和性质类型划分的性能模块(见图 9-18)。

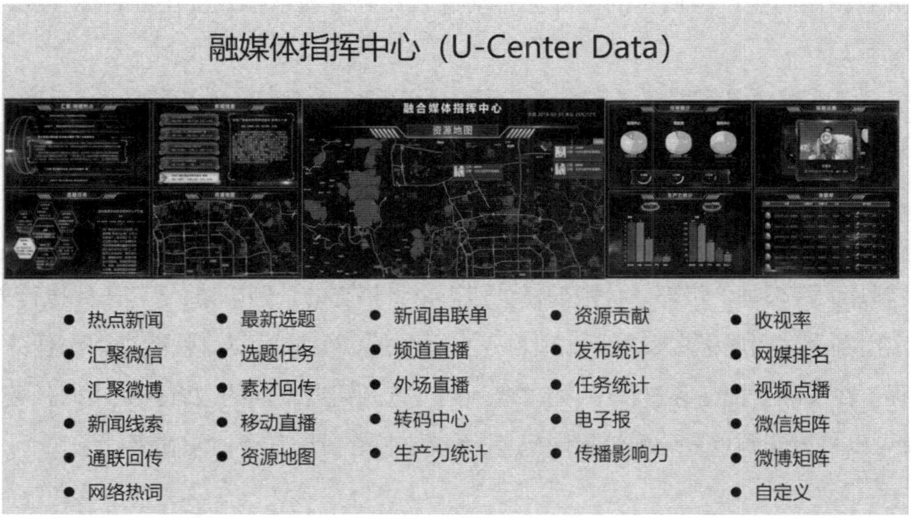

图 9-18　阳光融媒指挥大屏模块

界面:在平台上各模块具有体现各自特性的界面,便于用户根据界面区分模块。

命名:根据模块的性能,按照简单扼要、一目了然的原则进行命名。

灵活:使用灵活是指挥大屏的一大特色,可灵活进行节目列表排序。

便捷:指挥大屏界面的转换十分便捷,只要点击选中的文件,就可转换指挥大屏界面。

通过融媒体调度指挥系统可以有效地掌握新闻采访任务的执行情况。指挥系统支持基于地理信息系统的用户爆料,派发选题,采访记者、采访车辆、采访设备可视化定位显示;支持指挥中心与采访记者的远程音视频通话;支持采访任务的申请、派发、管理和删除,集资源地图定位、设备管理等功能于一体,有效帮助用户协调与监控新闻的采制过程。

二、分级管理内容

融媒体平台将不同权限划分给中心主任、总编、部门负责人和制片人,有权限的人员可以直接通过指挥大屏对所辖部门和业务进行指挥调度。

三、任务管理

任务管理在指挥大屏上是一项繁重的工作。从任务的选派、执行到审核、播出发布,都属于任务管理。在任务执行过程中,任务参与人员可以针对此任务进行资源(视频、图片、文本)的回传,实时将移动设备内的资源回传到资源管理平台,并进行后续的资源调用与生产。回传的资源会自动进入资源管理系统并按任务名称存放,直到播出发布。

四、任务派发

在指挥大屏上能进行任务派发工作。任务派发是指由融媒体中心相关人员、部门负责人、制片人等根据上级部门分配的任务或由记者提交的选题申请,制订任务执行方案,再决定由哪个部门或记者来执行此项目。在平台的任务派发窗口就能查阅到任务派发的流程。在实际分配任务过程中,如果遇到同一选题需要不同的记者完成不同任务的情况,就可以将该选题重复分配给不同记者,系统支持在分配任务时重命名任务。

五、资源地图定位

通过调度指挥系统的 Web 端可以实时定位记者或摄像人员、派出车辆和设备所处的位置。资源地图还可以为空闲的记者创建新任务。记者只需要在后台打开 App,管理员登录系统的 Web 页面后就可以查看每个记者的位置,如图 9-19 所示,以及当前的任务状态,并且可以为空闲的记者创建新任务。

图 9-19　记者的定位

六、音频直播管理

通过指挥大屏的音频管理界面可实现对广播音频直播的管理。在任务创建的时候选择音频直播,记者就可以通过手机 App 的直播功能进行现场直播;通过 PGC 后台服务可以进行直播信息预览,并且可以通过收录系统对直播信号进行录制。

七、设备借还管理

在指挥大屏上有中心设备库窗口，用户能在线查看每一种型号设备的实时使用情况。设备管理功能支持器材类型的管理、器材的添加、借还日志查询等（见图 9-20），支持手机端扫码借出与归还。

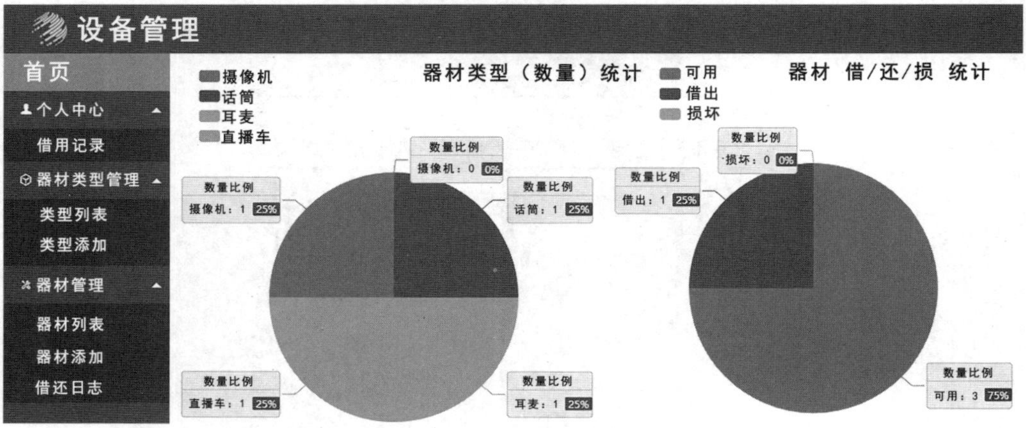

图 9-20 设备管理中的“器材管理”界面

八、直播总控

可通过指挥大屏的直播总控功能对外采直播团队或记者从现场传输到平台的电视信号或音频信号进行采集、播发。现场记者也可以通过手机 App，将现场信号实时地回传到融媒体平台上，为新闻提供线索。在直播总控后台可以对直播流进行实时监控预览，如图 9-21 所示。

指挥大屏的“外场直播”栏实时汇聚前端线索和网络热点，包括记者录入的内容、用户爆料、网络舆情数据，并将其全部回传到平台大数据库中。指挥大屏对现场进行监控并生成最新选题，实时监控已通过的选题，对新闻线索和地方台提交的选题进行采集播发；有时通过拟播栏目当前播单监控，监控当前拟播栏目的新闻串联单情况；通过平台监控审核发布流程，监控新闻生产完成后的审核发布过程。直播频道可以添加多路直播信号源，对多路直播信号进行排序，修改流信号的网络地址，预览流信号，并将直播信息推送至指挥大屏。

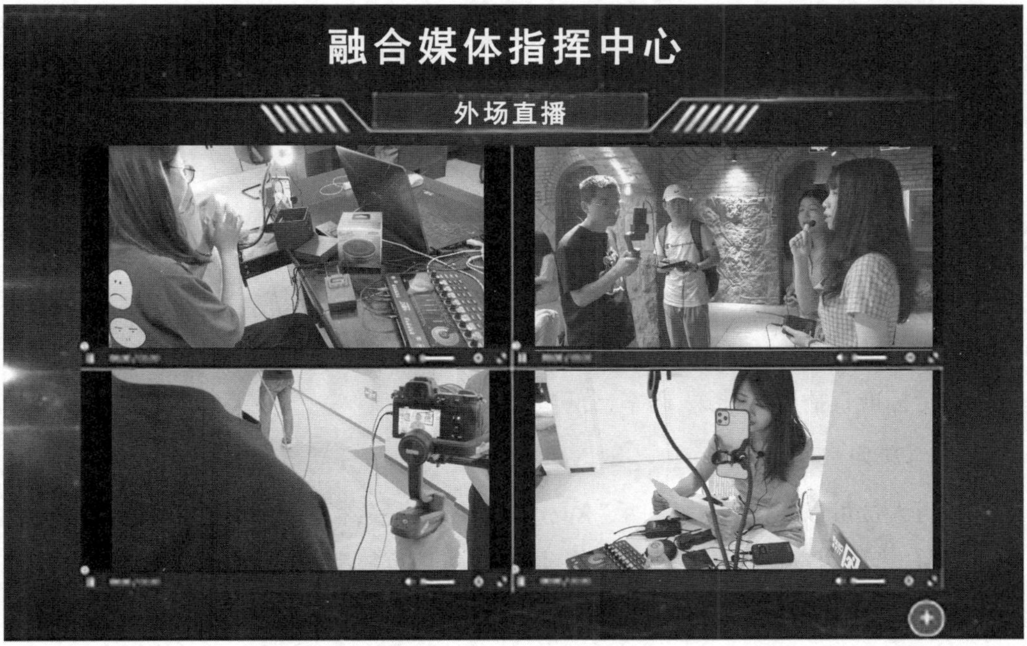

图 9-21 指挥大屏上的直播监控

九、高效的派题系统

指挥大屏支持专题的快速创建,支持面向多目标的专题快速派发;支持同时向多人约稿和多人同时创作、编写实施方案;支持专题稿件随时查阅,图片、视频在线浏览;提供便利的供稿系统,编辑、修改和提交稿件均可通过浏览器完成;支持各类附件及素材的极速回传入库,实现全方位的回传管理;支持自定义区县和区县管理员创建的分站管理用户,适应不同分支机构。

第八节 指挥大屏的模块

一、按照类型分割大屏

(一)线索汇聚模块

记者可通过手机 App 进行线索的添加、删除、收藏和报选题等操作。

(二)选题模块

记者可以使用移动端创建选题、推送选题审核通知,负责人也可以创建选题。

(三)采访任务模块

支持快速派发任务、指定任务执行人、设定任务的类型等,记者可以通过手机 App 快速回传音视频、图片及稿件。

(四)设备模块

记者外出执行采访任务时,可以通过移动端扫码的方式借用采访设备,同时也可以通过扫码归还设备。

(五)直播模块

支持标准直播流的推送,码率、分辨率的调整设定。

(六)新闻文稿模块

栏目人员可以通过"融媒助手"App 实现移动写稿;栏目负责人可以使用移动端进行写稿、审稿、打分、归档文稿等操作,同时也可以审核串联单上的稿件。

(七)资源平台模块

栏目中具有相关编辑权限的人员可以通过移动端管理资源库里面的素材,包括预览、重命名、下载及删除,同时记者可以通过手机剪辑软件对资源库里的素材进行快速在线编辑和回传。

(八)发布模块

记者可以通过移动端调用素材库里面的素材、编辑稿件,审核通过后将其发布到相关新媒体平台,这实现了移动端快捷写稿、审稿和发稿。

(九)消息通知

支持消息发送及各项审核、任务通知的推送。

二、按照内容分割大屏

(一)选题编辑

通过线索汇聚系统一键提交选题,进入"新建选题"节点也可以创建全新的选题。填写完选题标题、内容、所属栏目、优先级、拟发渠道等,即可完成创建。

(二)选题审核

可以进入"我的选题"查看已创建的选题。未提交的选题对其他用户不可见。

(三)直接派题

可以使用选题的快速派发功能,直接创建一个选题并且派发采访任务,不需要经过选题审核流程。这一功能通常用于紧急情况下的新闻选题派发。

三、生产统计分析

县级融媒体中心记者或其他用户当月编辑的稿件数据、稿件的评分情况以及用户提供的爆料,可以通过指挥中心大屏以可视化数据的形式展示出来,如图 9-22 所示。

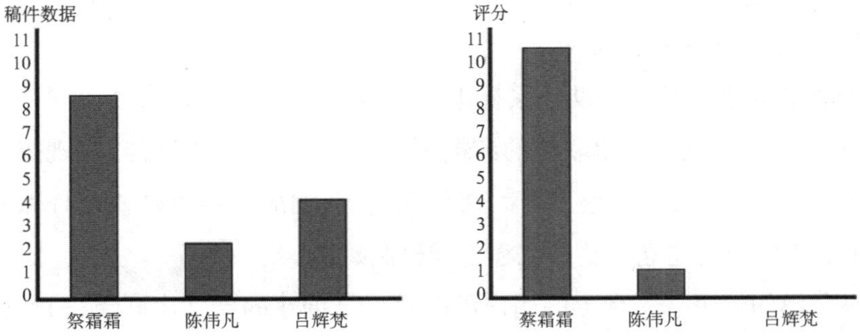

图 9-22 指挥大屏展示生产统计信息

四、串联单

(1)串联单的数据接收和更新有两种模式:自动模式和手动模式。在自动模式下,系统可以按照设定时间自动接收并实时更新当前文稿串联单的内容。在手动模式下,可以导入、导出当前播单,手动抓取最新数据,并将数据信息推送至大屏,如图 9-23 所示。

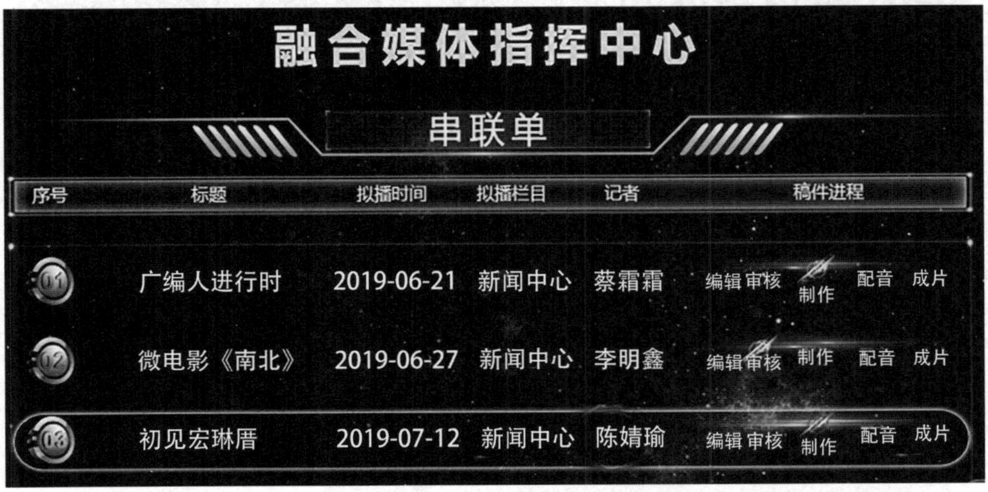

图 9-23 指挥大屏上的串联单信息

(2)串联单一栏具备检索功能,可根据稿件的正文和标题,按稿件创建时间列出检索到的稿件。除此之外,串联单一栏还增加了串联单条目审核功能,尤其是电视台的串联单,可在同一页面完成内容查看、稿件修改、审核、评分等操作,让审核更加快捷方便;对于已经填写完成的串联单,增加了"月度串联单",支持按栏目及月份下载稿签,便于统计。

(3)串联单的审核。平台应有串联单审核功能(一般串联单由责编排单,由主任或者台长审核确定),同时要支持对文稿默认语速的调整和对串联单的管理。文稿提交后,可将需要的文稿添入串联单中。

(4)串联单编播功能。可以用鼠标上下拖动串联单中的条目以排序。在支持在视频非编中引用创建完成的串联单的前提下,要支持编辑播出功能,实现播出单的快捷编辑。可自由组合、提取标题、口播、文稿等内容,相应内容可被快速提取到编辑窗中,因此在串联单中要建立完整的流程管理机制。

(5)串联单的管理。平台上的用户可以对自己创建的新闻串联单进行管理,如进行归档和删除。指挥大屏的串联单监控对应文稿串联单,可调取新闻文稿的数据并在大屏上展示(见图9-24)。

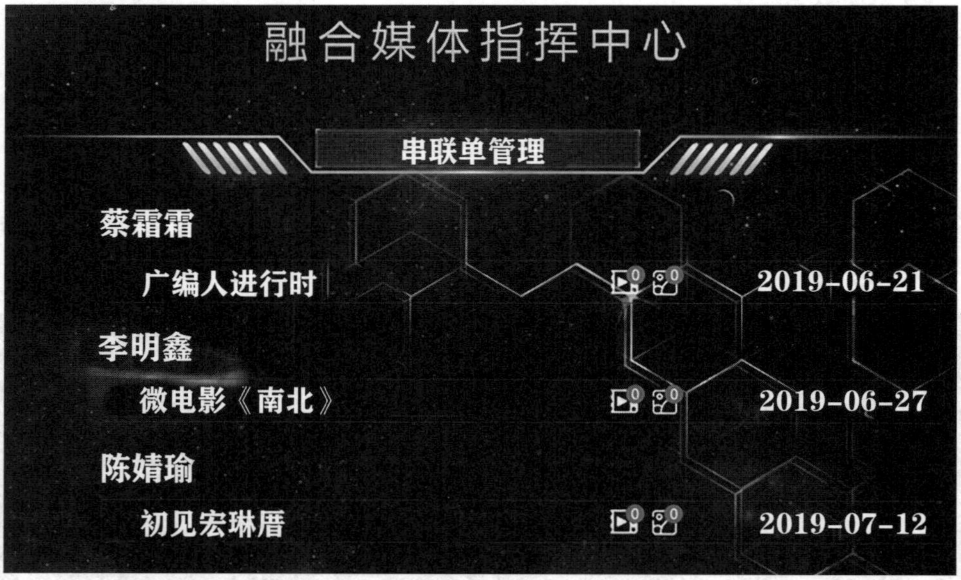

图9-24 串联单管理

五、播单

现有播单功能包括:上传、浏览、排序、删除、审核素材,可通过勾选权限的方式赋予用户具体的操作权限(见图9-25)。比如,具有审核权限的用户可以审核播单内容,审核的状态及意见会体现在日志记录中。

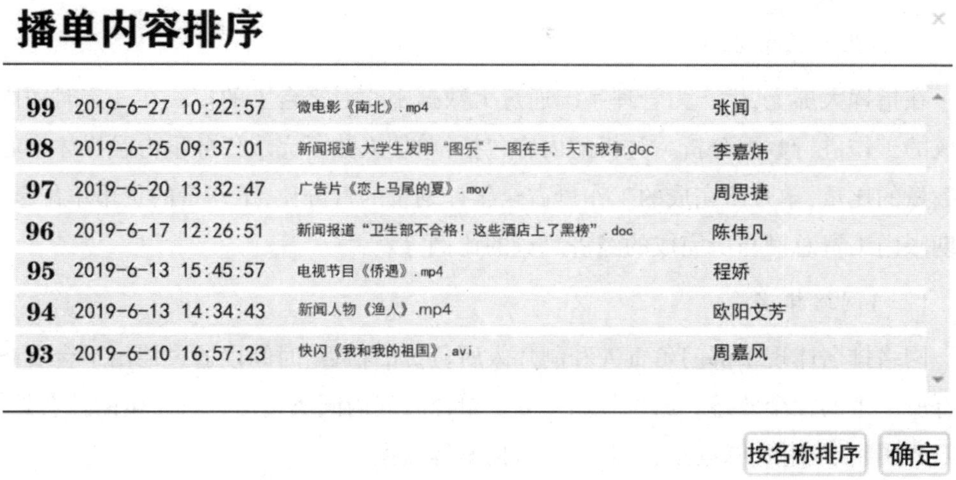

图9-25　融媒体平台上的播单内容排序

六、数据统计分析

(一)收视率统计

收视率主要是对电视台播出的节目的市场调查,是指在某一时段内收看某电视频道(或某电视节目)的人数(或家户数)占电视观众总人数(或家户数)的百分比,如图9-26所示。作为“注意力经济”时代的重要量化指标,它是深入分析电视收视市场的科学依据,是节目制作、编排及调整的重要参考,是节目评估的主要指标,是制订与评

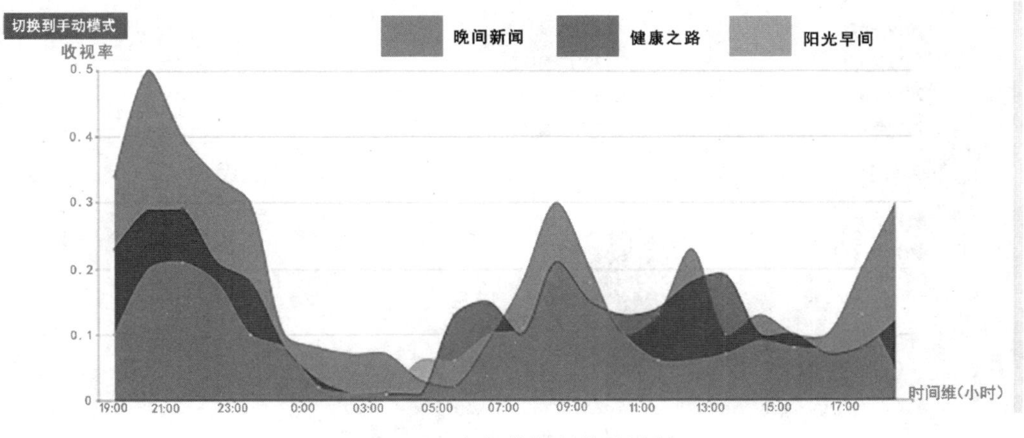

图9-26　电视收视率统计图解

估媒介计划、提高广告投放效益的有力工具。虽然收视率本身只是一个简单的数字，但是在看似简单的数字背后却是科学的基础研究、抽样和建立固定样组、测量、统计和数据处理的复杂过程。

（二）生产力管理系统

在指挥大屏上，生产力管理系统通过大数据中心对平台上的模块在一定时间内所完成的工作进行数据分析。分析的内容包括：单位人数所完成任务量占融媒体中心总任务量的比重，单月所完成的工作量占全年计划量的百分比，工作量的货币单位量，单位期限内工资总额与所完成的经济总量的比例等。

（三）网络排名

网络排名体现了部门负责人和制片人所负责的栏目、时间段通过播出平台发布的信息所产生的社会效益。通过数据库分析单位时间内同类型信息所产生的社会效益，一般要用到点击量、阅读量、下载量和传播量等数据。

（四）任务统计

任务统计分析的是部门或个人所完成的工作量，具体分为播出发布、未播出发布、待播出发布等的数量。该模块对各个部门在单位时间内的采访任务进行统计，体现各个部门记者的采访工作量，如图 9-27 所示。

图 9-27　指挥大屏任务统计展示

(五)发布统计

该模块通过接收已发布内容的网络反馈,提供相关内容的点击、评论等信息,体现已发布内容的传播效果(见图 9-28)。

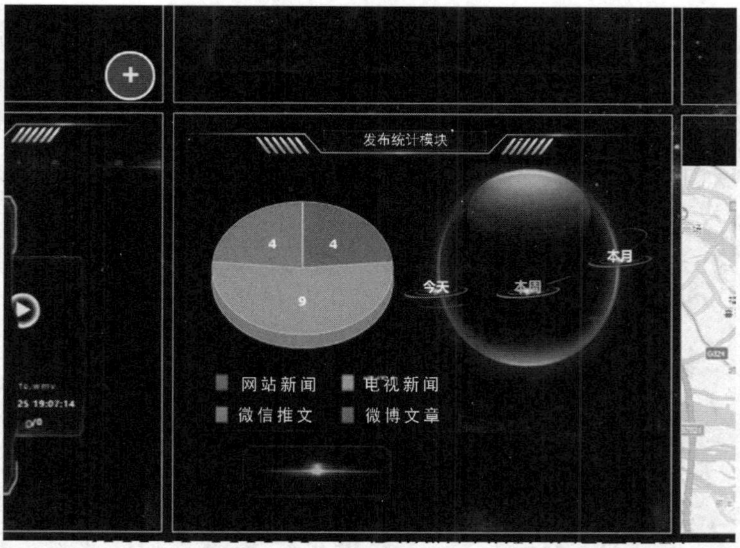

图 9-28　指挥大屏发布统计模块

(六)生产力统计

该模块通过新闻稿件数量和稿件评分这两个维度显示生产力状况(见图 9-29)。

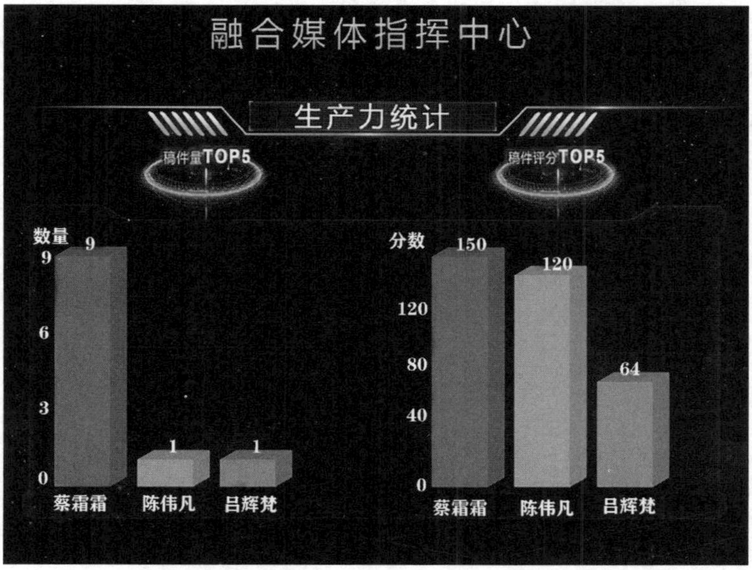

图 9-29　融媒体平台上的生产力统计模块

（七）资源贡献

该模块统计各栏目所贡献的资源类型和数量，将其以图表的形式展示出来（见图9-30）。

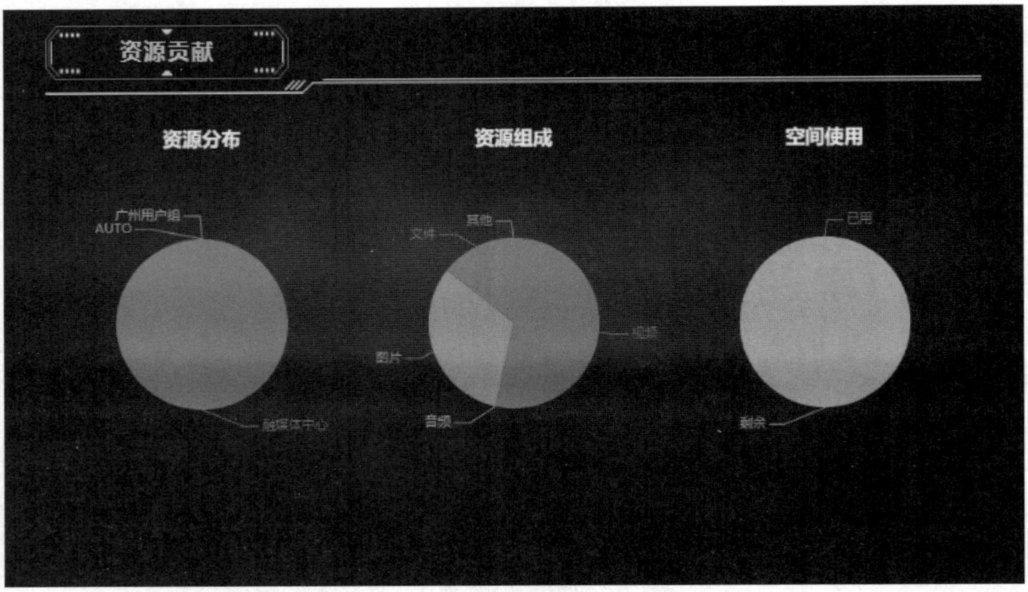

图 9-30　融媒体平台上的资源贡献模块

思考题：

1.融合发布在互联网时代具有什么意义？

2.融合发布有哪些类型，它们的作用有哪些？

3.在融媒体平台上建立发布日志有什么作用？

4.县级融媒体中心的指挥大屏有哪些模块？

5.指挥大屏分屏作用有哪些？怎样才能做到统一管理、统一协调、统一部署、统一指挥？

第十章　大数据云平台建立

〉〉〉〉 **重点提示**

①大数据的概念、意义、作用

②大数据采集工具，融媒体是大数据采集的基础

③融媒体平台为大数据的建立提供基本保障

④大数据为融媒体平台提供智能服务，智能融媒体概念雏形

〉〉〉〉 **学习目标**

①学习大数据采集，掌握大数据分析技能、大数据主要分析指标，为融媒体发展提供科学依据

②应用融媒体平台建立资源管理库，掌握数据采集、数据储存、数据挖掘和数据分析等大数据技术

③认识智能融媒体的基本概念，在融媒体平台上实现人工智能化，最终实现选、采、编、审、播全部智能化

大数据在互联网时代具有里程碑意义，它是未来互联网发展的动力源泉，推动了人类社会进步。大数据是人工智能的基础，是智能融媒体的根基，是社会化的重要体现。融媒体平台是大数据的基础，它是大数据采集的源泉，大数据为融媒体平台提供更多的服务和智能化服务。大数据的到来将改变人类的生活方式。

第一节 大数据概述

一、大数据的概念

大数据(Big Data),又称巨量资料、海量资料,是近年来IT行业最热门的术语之一,是具有复杂性质的数据集合。它没有一个准确的概念,通常是指无法在一定时间范围内用常规软件工具进行捕捉、管理和处理的数据集合,是需要新处理模式才能具有更强的决策力、洞察发现力和流程优化能力的海量、高增长率和多样化的信息资产。

美国麦肯锡全球研究所(McKinsey Global Institute)给出的定义是:一种规模大到在获取、存储、管理、分析方面大大超出传统数据库软件工具能力范围的数据集合,具有海量的数据规模、快速的数据流转、多样的数据类型和较低价值密度四大特征。

大数据技术的战略意义不在于掌握庞大的数据信息,而在于对这些有意义的数据进行专业化处理。换言之,如果把大数据比作一种产业,那么这种产业实现盈利的关键,在于提高对数据的"加工分析能力",通过"加工""分析"实现数据的"增值"。

从技术上看,大数据依附于云计算,它们之间的关系就像一枚硬币的正反面,密不可分。大数据无法用单台计算机进行处理,必须采用分布式架构。它的特色在于对海量数据进行分布式数据挖掘,但它必须依托云计算的分布式处理、分布式数据库和云存储、虚拟化技术。

随着大数据在各行业中的应用,有学者认为大数据应用是一场革命,因为海量的数据资源给各个领域带来了巨大改变。社会各个领域都将被这场革命影响。

大数据吸引了越来越多的关注。大数据通常用来形容一个公司创造的大量非结构化数据和半结构化数据,若将这些数据下载到关系型数据库用于分析,则会花费过多时间和金钱。大数据分析常和云计算联系在一起,因为进行实时的大型数据集分析,需要像MapReduce(一种编程模型)的框架来向数十、数百甚至数千台电脑分配工作。

大数据需要特殊的技术,适用于大数据的技术包括大规模并行处理(MPP)数据库、数据挖掘、分布式文件系统、分布式数据库、云计算平台、互联网和可扩展的存储系统。

二、大数据的特点

在维克托·迈尔-舍恩伯格(Viktor Mayer-Shǒnberger)及肯尼斯·库克耶(Kenneth Culeier)编写的《大数据时代》中,大数据指不用随机分析法(抽样调查)这样的捷径,而采用所有数据进行分析处理。大数据的5V特点由IBM提出:Volume(大量)、Velocity(高速)、Variety(多样)、Value(低价值密度)、Veracity(真实性)。大数据的特点可以总结为以下几点:

容量大(Volume):数据的大小决定数据的价值和潜在的信息;

多样性(Variety):数据类型具有多样性;

高速(Velocity):获得数据的速度快;

可变性(Variability):可变性妨碍了处理和有效地管理数据的过程;

真实性(Veracity):数据的质量较高;

复杂性(Complexity):数据量巨大,来源渠道多;

价值(Value):合理运用大数据,可以用低成本创造高价值。

"大数据"是一个体量特别大、数据类别特别多的数据集,并且这样的数据集无法被传统数据库工具抓取、管理和处理。

三、大数据的类型

大数据中的数据分三种类型:

(1)结构化的数据:有固定格式、长度有限的数据;

(2)非结构化的数据:不定长度、无固定格式的数据,例如网页、语音、视频、图文等。现在非结构化的数据越来越多;

(3)半结构化数据:XML或者HTML格式的数据。

四、对大数据的认识

大数据包括结构化、半结构化和非结构化数据三种类型,非结构化数据逐渐成为数据的主要部分。IDC的调查报告显示,企业中80%的数据都是非结构化数据,这些数据每年都按指数增长60%。大数据是互联网发展到现今阶段的一种表象或特征,没有必要神化它或对它敬畏有加,在以云计算为代表的创新技术的支持下,这些原本看起来很难收集和使用的数据变得容易被利用了。通过各行各业的不断创新,大数据会为人类创造更多的价值财富。

我们应该从以下四个层面来认识大数据。

第一个层面是理论。理论是认知的必经途径,也是被广泛认同和传播的基线。我们可以从大数据的概念和特征出发理解行业对大数据的整体描绘和定性;从对大数据价值的探讨来深入解析大数据的珍贵之处,这是应用大数据的前提条件;洞悉大数据的发展趋势;从大数据隐私这个特别但重要的视角审视人和数据之间的长久博弈。

第二个层面是技术。这是大数据的核心,正是因为高新技术的支撑,大数据技术才得以深入应用。技术是体现大数据价值的手段及其前进的基石,可以从云计算、分布式处理技术、存储技术和感知技术的发展来说明大数据从采集、处理、存储到形成结果的整个过程。

第三个层面是实践。这是大数据的应用过程,实践是大数据价值的体现,可以从互联网的大数据、政府的大数据、企业的大数据和个人的大数据四个方面来描绘大数据已经展现的美好景象及即将实现的蓝图。

第四个层面是分析。这是大数据的结果,是实现人工智能的根基。智能融媒体就是建立在大数据基础上的,包括智能编写新闻稿、智能编剧、智能撰写分镜头脚本、智能编辑语音、人脸识别、图文内容智能审核、视频内容智能审核、视频智能编辑成片等功能,如图 10-1 所示。

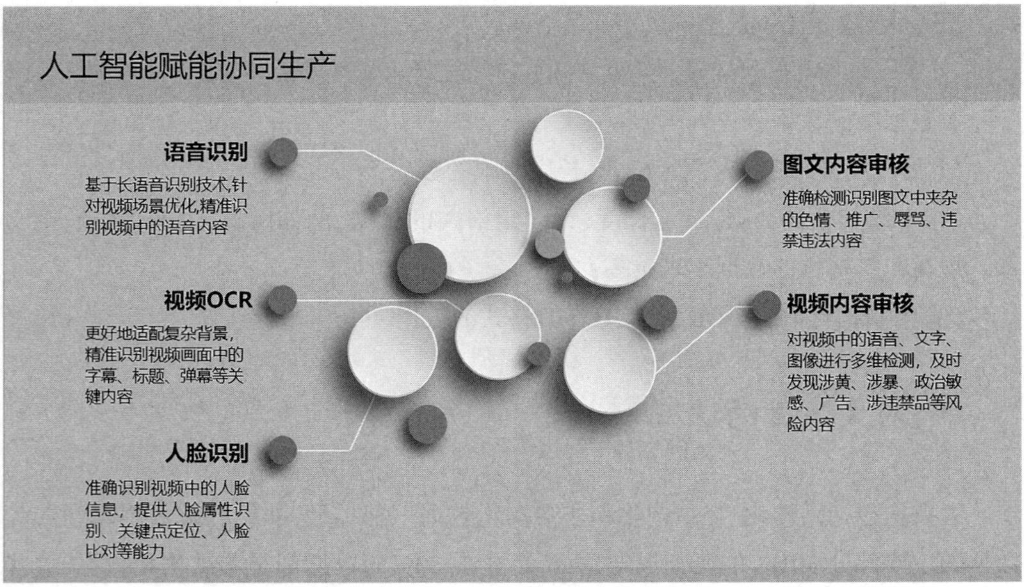

图 10-1　智能融媒体的内容

第二节 大数据采集

一、大数据采集的分类

大数据技术一般分为数据采集、数据计算、数据分析、数据服务以及数据应用几大层次。数据采集通常有两种解释:一种是从数据源采集、识别和读取;另一种是数字化记录、电子扫描系统的记录过程以及内容和属性的编码过程。

(一)数据源采集、识别和读取

数据源(Data Source),顾名思义,是数据的来源,是提供某种数据的器件或原始媒体。这种采集方式也被称为日志采集,是目前大数据的主要采集方式之一。它主要是在数据源中存储所有建立数据库链接的信息,就像通过指定文件名称可以在文件系统中找到文件一样,通过提供正确的数据源名称,用户就可以找到相应的数据库链接。

用户采集到数据之后,可以立即将其发送到数据中心,也可以进行适当的汇聚之后延迟发送到数据中心,这个策略取决于不同场景的需求。

(二)数字化记录、扫描记录过程

这种采集方式主要是将外部数字设备记录的数据通过采集卡传输到数据库,是大数据采集的主要方法之一。数据采集上来之后,需要在服务端进行一定的扫描清洗和预处理,比如清洗假流量数据、重复数据选择、识别攻击、数据的正常补全、无效数据的剔除、数据格式化、数据隔离等。

二、数据源采集的主要方式

数据源采集、识别和读取,是大数据采集的主要方式之一。云平台上一般有专用统计 SDK,用于 App 数据源(客户端)的数据采集。客户端数据的采集具有高度的专业性,自定义要求比较高,因此除应用环境的一些基本数据以外,更多的是从“事件”的角度来采集数据,比如点击事件、登录事件、业务操作事件等。

基础数据由 SDK 默认采集即可,其他事件按业务定义后,按照规范调用 SDK 接口。

由于现在越来越多的 App 采用 Hybrid 方案,即 H5 与 Native 相结合的方式,所以对于日志采集来说,既涉及 H5 页面的日志,也涉及 Native 客户端上的日志。在这种情况下,可以分开采集、分开发送,也可以将数据合并到一起之后再发送。

目前通过移动客户端采集数据越来越普遍,因此 App 上的数据采集成为一个重要手段。融媒体平台建立后,“融媒助手”App 得到广泛使用。可应用“融媒助手”App 通过融媒体平台进入资源管理库,这为大数据采集提供了基本数据。

数据源收集“标准化”“规范化”“制度化”,是必须建立起来的“三化制”。只有采集的方式制度化、标准化、规范化,才能最大限度地减少收集成本,提高数据源收集效率,更高效地完成统计工作。

三、数据化采集的主要方式

数据化采集、扫描记录过程是大数据采集的主要方法之一。完整的大数据平台工作流程一般包括以下几个步骤:数据采集→数据存储→数据处理(分析)→数据展现(可视化报表和监控),如图 10-2 所示。其中,数据采集是必不可少的步骤,随着大数据越来越受到重视,数据采集的挑战也变得尤为突出。数据化采集一般有以下几种方法。

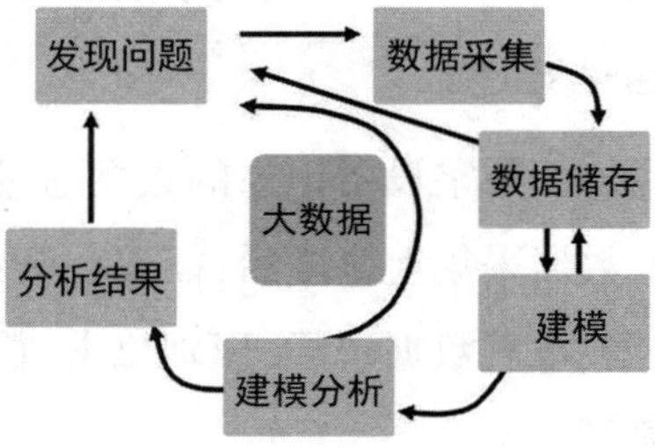

图 10-2　完整的大数据平台工作流程

(一)离线采集

在数据仓库的语境下,使用工具 ETL 进行数据采集。ETL 基本上就是数据采集的代表,包括数据的提取(Extract)、转换(Transform)和加载(Load)。在转换的过程中,需要针对具体的业务场景对数据进行整理,例如进行非法数据监测与过滤、格式转换与数据规范化、数据替换、保证数据完整性等。

(二)实时采集

实时采集主要用在考虑流处理的业务场景中,所使用工具为 Flume/Kafka,比如:用于记录数据源执行情况的各种操作活动、网络监控的流量管理、新媒体点击率、网站浏览量、服务器记录的用户访问行为。在流处理场景中,数据采集会将原始数据进行汇聚,然后根据业务场景做对应的处理,比如查重、除噪、砍杂、去中间计算等,之后再将数据写入对应的数据存储位置。这种采集方法所使用的工具均采用分布式架构,能满足每秒数百 MB 的日志数据采集和传输需求。

(三)网络采集

Scribe 是 Facebook 开发的数据(日志)收集系统,所使用的工具是 Crawler、DPI 等。Scribe 又被称为网页蜘蛛、网络机器人,使用非常普遍,对视频、音频、图文等的收集都是按照一定的规则自动地抓取融媒体平台信息的程序或者脚本,如图 10-3 所示。

图 10-3　数据采集示意图

除了网络中包含的内容之外,对网络流量进行采集可以使用 DPI 或 DFI 等带宽管理技术。

(四)其他数据采集方法

融媒体平台上的客户数据、视频数据、图文数据等都是要求较高的数据,这是因为融媒体平台的数据量大,数据流也非常大。目前视频文件已经进入 4K 超高清阶段,时长一分钟的视频的数据量往往是高清视频数据量的数倍。这是数据采集中数据量最大的一种文件形式。

数据采集是挖掘数据价值的第一步,当数据量越来越大时,可提取的有用数据必然也就越多。只要善用数据化处理平台,便能够保证数据分析结果的有效性,助力融媒体平台实现数据驱动,向智能化方向发展。

第三节　大数据分析

一、大数据分析的功能

融媒体平台上设有大数据分析模块，且功能强大。大数据分析的功能如下：首先是支持多渠道数据整合；其次是支持传播效果分析、用户画像、舆情热点等应用的数据收集和加工；最后是支持内容聚合与数据清洗，同时提供多样化数据分析、呈现工具。

在如今的互联网时代，大数据几乎无处不在，不管是云计算、社交网络，还是物联网、移动互联网、智慧城市、融媒体平台，都与大数据紧密相关。大数据已经成为有特别含义的专用词语，不再单指数据体量大。大数据的应用越来越广泛，逐渐得到社会的认可。

二、大数据分析的工具

数据分析是指用适当的统计分析方法对收集来的大量数据进行汇总、分析和消化，以求最大化地发挥数据的作用。数据分析是为了提取有用信息和形成结论而对数据加以详细研究和概括总结的过程。数据分析是数学与计算机科学相结合的产物。

使用 Excel 自带的数据分析功能可以完成很多数据统计、分析内容，其中包括：直方图、相关系数、协方差、各种概率分布、抽样与动态模拟、总体均值判断、均值推断、线性、非线性回归、多元回归分析、移动平均等。在商业智能领域，常用的软件有 Cognos、Style Intelligence、Microstrategy、Brio、BO 和 Oracle 以及国内产品 Yonghong Z-Suite BI 套件等。

目前，常用的大数据分析工具有：

老七种工具，即排列图、因果图、分层法、调查表、散步图、直方图、控制图；

新七种工具，即关联图、系统图、矩阵图、KJ 法、计划评审技术、PDPC 法、矩阵数据图。

三、大数据分析的影响力

（一）对融媒体平台的影响

大数据对融媒体平台的影响和意义体现在：第一，帮助融媒体平台了解客户；第二，帮助融媒体平台锁定资源；第三，帮助融媒体平台规划大众传播；第四，帮助融媒体平台开展服务。

大数据的出现将引发数据中心的大规模分化，融媒体平台的维护专家必须应对层出不穷的新挑战。例如，融媒体平台需要管理大规模的数据以及源源不断采集的新数据，这可能导致基础设施中需新增数百个或数千个集群服务器。融媒体平台的维护专家还要管理不同节点的服务配置与协调，并实现大数据管理套件与传统管理套件的集成。简单地说，大数据分析就是将海量的碎片化信息数据进行及时筛选、分析，并最终归纳、整理出用户需要的资讯。这就需要建立信息平台，管理者通过大数据分析、日志管理快速地发现用户需求的变化和媒体发展趋势，从而帮助融媒体平台决策者及时做出决策，使融媒体平台具备不断开拓创新的能力，获得最大的社会效益和经济效益。

（二）重视民生，改善生态

第一，改善民生一直是国家的首要任务，因此要加强对政府部门数据的国家统筹管理，加快建设国家政府数据统一开放平台；推动公共机构公布民生数据，优先推动信用、交通、医疗、卫生、就业、社保、地理、文化、教育、科技、资源、农业、环境、安监、金融、质量、统计、气象、海洋、企业登记监管等民生保障服务相关领域的政府数据集向社会公布。

第二，作为新生的资源要素，大数据顺应了生态环境治理的数字化发展趋势，推动数据和信息在融媒体平台的传播下逐渐趋于大众化、扁平化，促进形成以政府部门为主、公众等多元群体广泛参与的立体化治理体系。同时，大数据还能为构建综合性的生态环境治理体系提供强有力的技术支持，加强生态环境治理主体间的互动，使市场组织和社会组织发挥独特的作用，提升信息和数据使用效率。

（三）经济发展的有力推手

媒体从来都是经济发展的有力推手，它生产出来的信息是有价值的，而消费者是体现信息价值的关键。消费者不认同的信息就没有价值；只有消费者认同，信息的价值才能得到体现。大数据将有价值的信息精准地发送给消费者，消费者将有价值的信息转化成生产动力，从而促进社会经济的发展。

（四）变革组织的力量

随着数据基础设施和数据资源的发展，融媒体大数据组织结构和组织流程变得更加复杂，融媒体平台上的大数据将推动网络结构产生无组织的组织力量。最先反映这种结构特点的是各种去中心化的 Web2.0 应用，如微信、微博、抖音和 H5 等。大数据之所以成为时代变革的力量，在于它通过追随意义而获得智慧。

第四节 大数据与融媒体

一、大数据与融媒体的融合

大数据可分成大数据技术、大数据工程、大数据科学和大数据应用等领域。目前人们谈论最多的是大数据技术和大数据应用,工程和科学问题尚未被重视。大数据工程指大数据的规划、建设、运营管理的系统工程;大数据科学在大数据网络发展和运营过程中发现和验证大数据的规律及其与自然和社会活动之间的关系。互联网时代的主要特征就是融合,媒介融合为大数据采集和技术应用提供了一个平台,随着我国融媒体产业的发展,大数据平台的建设也随之加快,为今后智能融媒体发展打下了坚实基础,如图 10-4 所示。

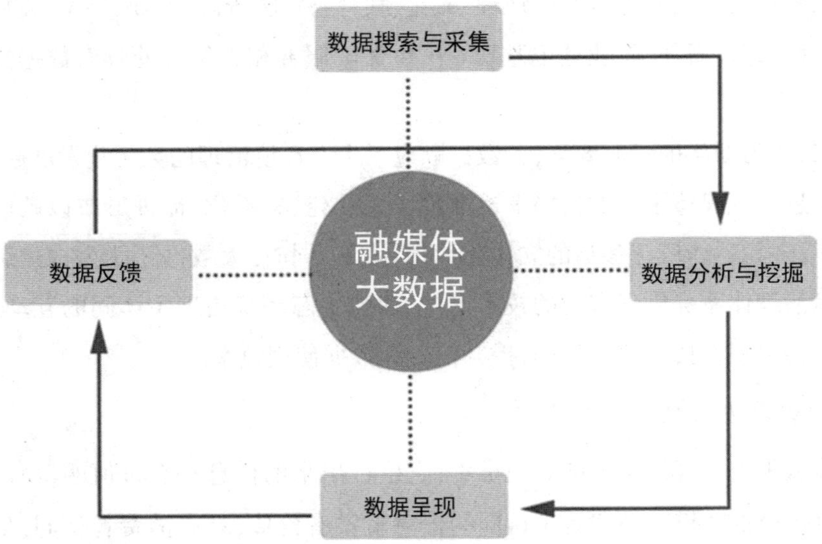

图 10-4 大数据与融媒体融合示意图

二、融媒体平台上数据库的建立

物联网、云计算、移动互联网、车联网、手机、平板电脑、PC 以及遍布地球各个角落的各种各样的传感器,无一不是数据来源或者数据承载方式,再加上来势汹汹的 5G 技术甚至是 6G 技术,网络传输速度极速提升。网络日志、社会网络、社会数据、互联网文本和文件、互联网搜索索引、呼叫详细记录、视频直播、电子商务、党务政务服务等,都在融媒体平台上汇聚。这些数据被采集后,经过云平台处理,将形成强大的数据库。

三、大数据对融媒体平台的意义

(一)前沿性

大数据的应用减少了媒体获得数据、内容的时间成本和经济成本,使得同一平台能够融合多种内容,不同介质的媒体可互联互通,促进了媒体融合的发展。例如,人民日报社在媒体融合发展的过程中,搭建起全媒体发展核心平台,即"中央厨房"。"中央厨房"实现了传媒内容的一体化策划、一次采集之后生成适应不同平台的多种内容,已推出多款融媒体新闻产品。"中央厨房"的良好运营,是前沿性大数据思维的突破。2016 年 11 月,南方报业集团整合优势资源,成立南都光原娱乐有限公司,依托大数据获取传媒领域最有价值的 IP,开创纸媒与资本融合发展的新模式。凭借大数据这一前沿科技的应用,人民日报社"中央厨房"、南方报业集团等探索的媒体融合发展之路更加引人注目。

(二)可操作性

大数据思维的应用,为媒体融合指明了一条切实可行的路径,其实际操作效果明显。媒体运用大数据思维,可以提升媒体运营的整体水平。一方面,媒体从业者采用大数据技术挖掘分析内容,得到受众关注的焦点内容,追踪内容在传输过程中的变化和发展,使传播内容更能吸引受众的眼球,针对性更强;另一方面,基于大数据的网页数据抽取技术,媒体从业者可以精准表达内容,使得内容更加"原汁原味"。此外,基于受众评论、反馈数据,媒体能够与受众展开良性互动,从而大幅度提升可操作性。

(三)传播性

媒体运用大数据思维,转变传统媒体的传播方式和形式,能实现精准传播和预测传播。媒体从业者运用大数据分析受众需求之后,为受众推送定制化内容。媒体从业者具体分析个人需求,不再是"点对面"地为所有受众提供相同内容,而是为不同受众"量身打造"个性化、差异化的内容,这就增强了内容传播的实效性,体现了"信息找人""用户为王"的转变。此外,在大数据的作用下,媒体基于多种形态的传播平台提取内容。内容生成之后,可以实现跨媒体、跨平台传播,媒体之间的多屏联动也取得了长足发展。大数据思维的传播性进一步推进了人们对媒体发展和传播格局的预测,通过大数据传播思维,智能融媒体的未来更加清晰。

第五节　舆情分析

舆情分析是大数据应用分析的具体体现,舆情分析就是根据特定问题的需要,通过大数据平台对这个问题的舆情进行深层次的思维加工和分析研究,得到相关结论的过程。

一、舆情的概念

舆情是“舆论情况”的简称,是指在一定的社会空间内,围绕中介性社会事件的发生、发展和变化,作为主体的民众对作为客体的社会管理者、企业、个人及其他各类组织在政治、社会、道德等方面产生和持有的态度。它是较多民众对社会中各种现象、问题所表达的信念、态度、意见和情绪等的总和。

(一)舆情分析的意义

舆情分析向决策者提供客观、准确的舆情信息,有利于决策者作出正确的决策。当前,日益丰富的社会经济文化生活使社会舆情多元、多变的特征凸显,也使领导决策面临前所未有的复杂性。正确的决策源于正确的判断,而正确的判断则取决于对客观情况的详尽调查与分析研究。舆情分析在大量收集有关信息的基础上,用科学的方法对舆情信息进行集中、归纳、融合、提炼,进行去粗取精、去伪存真、分析综合、选择推荐等加工,对不同途径得来的数据进行对比分析,判断哪些数据是准确的、可靠的、具有代表性的,哪些是夸大的、不符合实际情况的。通过对原始信息的分析和论证,判断其是否正确,以便得到比较切合实际的科学结论。在数据库中,舆情分析是基于大量信息资料和分析软件的逻辑方法进行的,较能真实反映客观事物的本来面目,比一般的报道和评论更准确、可靠、客观,能够向决策者提供更为客观、准确的舆情信息。决策者掌握了准确的社会舆情,才能增强工作的针对性和有效性,才能做出正确的判断,做出正确的决策。

(二)舆情分析的社会效益

舆情分析向决策者提供系统、综合的舆情信息,便于决策者在短时间内了解大量的信息,提高决策效率,启发决策思维。因为决策是一项复杂的、综合性的、全局性的活动,往往要从科技、经济、社会、环境等多方面的宏观角度来系统地考虑问题,需要综合、系统、完整的信息,才能得出全面正确的结论。舆情分析对来自不同信息源的几十篇甚至成百上千篇散乱无序的原始资料进行归纳、浓缩和概括,使分散无序的信息有序化、密集化，使不同层次和类别的信息整体化，使不同时间出现的反映同一中介性社会事项的舆情信息连续化，为决策者提供经过优化组合的，有对比、有分析的系统化的精准信息，有利于决策者全面系统而又简明扼要地掌握某一时期或与某一问题有关的社会舆情。这样一方面可使决策者对决策对象的历史、现状和未来有完整的了解，并从中发现社会舆情的发展规律和发展趋势；另一方面也可使他们的决策思维得到启迪，做出的决策有所创新和发展。

（三）舆情分析的应用

融媒体中心上的舆情分析可向融媒体中心决策者和管理者提供具有针对性和预测性的舆情信息，是融媒体中心决策者和管理者进行决策的“耳目”和“参谋”。舆情分析的针对性不仅表现在选题的目的性上，还表现为信息产品的适用性。目前县级融媒体中心的舆情分析是以县为区域单位，针对特定时间、特定地区、特定领导的决策目标而进行的，并服务于领导决策，向决策者提供满足其需要的决策依据和建议。舆情分析的预测性即从已知的社会舆情入手，探索其未来发展趋势，在分析研究的基础上，对决策对象作出评价和预测，提出有依据的建议。舆情分析紧紧围绕本地区经济建设重点、事关改革发展稳定的重要问题、事关全局工作的重要决策部署、民众所关心的热点难点，及时反映舆情动态，深入分析舆情走势，科学预测未来发展，提出有效的对策建议，为促进科学决策提供重要依据，发挥着决策“耳目”和“参谋”的作用。

二、融媒体平台舆情分析的作用

（1）大数据技术助力网络舆情监测与分析，互联网的普及推动信息指数级增长，大数据环境下的舆情分析的价值凸显。对海量数据进行舆情分析，快速有效地进行数据挖掘，发现非显性信息，分析舆情，掌握先机，为管理者提供舆情引导和决策支持，这是当前研究的重要方向。

（2）在大数据、云计算、人工智能等技术飞速发展的新时代，政府工作要最大限度地利用先进的科学技术，不断尝试和探索人机共同解决问题的新路径，舆情分析工作更是如此。大数据环境下的舆情分析必须依托大数据技术。要想对舆情进行全面准确的分析，必须有实时的大数据资源作为支撑，因此舆情分析必须以舆情监测为基础。

（3）“工欲善其事，必先利其器。”在信息爆炸的互联网上实时监测舆情变化，传统的人工方式是行不通的，必须依托大数据技术。在舆情监测和分析阶段，利用大数据技术自动抓取互联网舆情数据、自动进行舆情分类或聚类（自然灾害、安全事故、群体性事件、社会思潮等）、确定舆情所处的阶段（酝酿期、发展期、高潮期、处理期、反馈期、衰退期等),根据监测到的舆情撰写简报、报告或制作视频、音频、图表等可视化分析内容,能够为政府全面掌握公众思想动态、有效引导舆论提供帮助。同时,结合人工智能技术,还可以在更长时段和更广领域对网络舆情进行比对分析,使舆情研究的视角更加多元化。

(4)人工智能中的机器学习算法、深度神经网络技术等可以在大数据平台上以自组织自学习的方式不断迭代,增强智能舆情分析能力,这样就可以及时发现舆情话题并自动追踪,准确把握公众情绪,分析统计舆情信息,做出倾向性研判等。

三、注重网络舆论引导与人才培养

如果说在舆情分析阶段强调“人机结合”主要是依托技术与人的共同作用,尤其是技术助力,那么在舆情引导与应对阶段,则主要依靠政府主导、思维模式的转变、积极的人才培养策略,以及完善的制度保障。再先进的技术、再完美的制度,最后都要落实到人的层面。因此,舆情分析人才的培养对于县级融媒体中心尤为重要。舆情是一个充满理性和非理性表达的矛盾体,在各种因素的综合作用下在网络中传播,容易导致舆论危机。

四、建立完善的网络舆论引导与管理机制

互联网时代的网络舆情逐渐呈现出常态化趋势,有效引导舆论成为政府创新社会治理方式的重要课题之一。培养专业的舆情处理团队、提升广大公务人员的信息素养的基本依据是引导舆情需要以人为本,而要使人的作用得到充分发挥,还需要以不断完善的体制机制作为保障。

(1)建立科学的舆论引导机制,建立常态化宣传机制。公众的思维方式会影响舆论的导向,政府需要着力培养公众理性的思维方式,包括建立常态化的宣传机制,培育社会公众的法治精神和理性思维;建立健全互联网信息传播的法律法规;加强网络法规宣传,提高公众的法治意识,形成引导网络舆论的长期保障;建立现代化媒体舆论引导机制,充分发挥主流媒体的优势,有效引导舆论。舆论引导的关键是及时发布信息,避免信息不对称引起的不必要的猜疑和恐慌,用事实回应社会关切。因此,政府应充分发挥主流媒体优势,通过数量众多的政务平台传达官方权威信息,第一时间将真相公之于众,杜绝谣言滋生,最大限度地扩大正面言论的影响,从而掌握舆论的主动权,使主流媒体舆论引导规范化、制度化、常态化。

(2)完善常态化的舆情管理机制,建立舆情处理预警机制。在舆情监测阶段,舆

情监测系统应实时产生监测报告并结合专家的质化舆情分析对舆情设置等级，一旦舆情进入预警等级，要立即介入，有效把握黄金 24 小时。要建立舆情处理联动机制，在舆情引导和处理阶段就必须充分考虑到舆情的复杂性，由于舆情处理涉及的部门可能并不单一，因此还要建立舆情处理评估机制。网络舆情的发生发展是有生命周期的，在舆情的衰退期仍需要对舆情保持关注，避免二次发酵，同时要建立舆情处理的事后评估机制。

(3)舆情热点功能以互联网数据为基础，通过数据采集、挖掘、分析等手段，汇集网络舆情，如图 10-5 所示。舆情热点功能包括热点新闻事件排行、热点事件分析、行业舆情分析、舆情检索、舆情预警和舆情简报定制；大数据舆情分析支持全网热词排行，按地域、领域等进行热词筛选，支持查看热词相关文章等。融媒体平台支持按区域查看微信公众号、微博排行榜，提供公众号总阅读数、文章数等指标；支持自定义微信公众号、微博排行榜等以及自定义热点新闻事件跟踪等功能。

图 10-5　融媒体平台的舆情热点功能

(4)用户分析基于融媒体平台对用户日常行为的积累。平台上的用户分析的主要功能有：用户画像分析功能，对新增用户量、用户留存率、用户活跃度、使用时段、用户轨迹、用户流失与回流用户偏好等维度的数据分析功能；基于用户画像的内容推荐、基于位置信息的内容推荐。

五、传播分析的内容

在互联网数据基础上，融媒体平台综合自有系统数据完成传播分析，主要要求包括以下几点：

(1)大数据分析要支持基于阅读数、点赞数、评论数、发布渠道分布、媒体分布、地域分布、访问终端统计等维度的传播力分析。

(2)大数据分析要选用稿件打分考评功能，支持新闻稿件在不同渠道播发后的综合评价功能；同时支持对用户反馈内容进行情感分析的功能。

(3)大数据分析应支持以图形化方式展示传播路径、媒体转载量排行、传播渠道占比等功能。

六、用户行为分析

用户行为分析，是指在获得网站或 App 等平台访问量基本数据的情况下，对有关数据进行统计、分析，从中发现用户访问网站或 App 等平台的规律，并将这些规律与网络营销策略等相结合，从而发现目前网络营销活动中可能存在的问题，为进一步修正或重新制定网络营销策略提供依据。这是狭义的网络用户行为分析。

用户行为分析应该包含以下内容：

(1)用户的来源地区、来源域名和页面，用户在网站的停留时间、跳出率、回访者数量、新访问者数量、回访次数、回访相隔天数；

(2)注册用户和非注册用户，分析两者的浏览习惯，常用的搜索引擎、关键词、关联关键词和站内关键词；

(3)用户选择的入口形式(广告或者网站入口链接)，分析用户选择什么样的入口形式更为有效，同时分析用户访问网站的流程，以此判断页面结构设计是否合理；

(4)用户在页面上的热点图分布数据和网页覆盖图数据以及不同时段的用户访问量等，还包括用户对网站的字体颜色的喜好程度。

七、智能融媒体

移动技术、大数据、人工智能与媒体的结合，形成了最初的智能融媒体概念，也带来了内容革命(见图 10-6)。基于计算机和互联网的机器具有类似人类的思考能力，其有以下特征：

图 10-6　智能融媒体图解

一是智能融媒体在内容采集和整理上进一步为受众的潜在需求服务；

二是智能融媒体打破了不同媒介之间的界限，真正实现了多对多的传播；

三是智能融媒体节约了大量的人工成本。

智能融媒体可以在短时间内提供信息，还能完成内容推送并且迅速覆盖上亿名用户。腾讯的自动化新闻写作机器人 Dreamwriter 能自动配图及剪辑，成文仅需要 0.5 秒；新华社的"快笔小新"作为官方媒体智能技术的尝试，在两会报道中表现出色；美联社的 Wordsmith 可以用最快的速度生成新闻报道，每秒钟最多可以生产出 2,000 篇报道。今天的智能媒体技术不仅带来了多样化的信息传播方式，还是商业化和科技化的综合体现。当前的智能媒体通过各种技术手段为传统媒体的转型提供方向，传统媒体可以依赖先进技术和已有的用户数据，打造深度融合的媒体环境。

(一)知识产权的开发与创新应用

在智能融媒体时代，内容的革新首先从知识产权的开发和应用做起。我们把整个媒介产业看成一个知识产权运营的系统，新智能技术的应用使得媒体再一次扩展了知识产权概念的外延。借助新的智能硬件平台，拥有知识产权的传统媒体已经不甘于以单一的媒体形态面向用户，而是将移动化、智能化融入内容的再加工、设计、包装及功能添加等方面，生产出形态丰富的智能媒体产品，媒体机构开始变成知识服务的提供商。

(二)新媒体算法的生产与推荐

智能融媒体无法绕开的技术基础便是算法。比较通俗的解释是，媒介平台在掌握大量用户数据后,根据这些数据推算用户的使用习惯等信息。如今日头条 App,我们很难把它看作一个媒体机构,因为它更像是一款个性化推荐引擎。算法在该平台的应用已经深入到可准确把握用户的阅读习惯,从而在随后的推荐中更精准地定位用户喜好的类型,依靠算法筛选新闻并且推送给用户,这成为信息生产的内在逻辑。

(三)融媒体领域的扩大

在自媒体阶段已经出现了垂直领域细分的明显趋势,到了智能媒体阶段,垂直领域的细分可以带来更多的竞争机会,让信息生产与传播反馈的互动更为便捷和频繁。如果说自媒体阶段的内容产品还只是形态的创新,那么在智能媒体阶段则是利用大数据、人工智能技术实现媒介内容的转化、吸纳和传播,从而达到内容生产专业化这一目的。

不管是过去的纸质媒体、电视媒体,还是现在的互联网媒体、移动媒体、智能媒体,在智能融媒体时代,内容分发系统可以决定哪些内容向哪类媒体投放,这是依据由后台大数据处理得到的媒体特征决定的。

思考题:

1.阐述大数据提供的分析数据具体有哪些。

2.什么是融媒体平台舆情分析、收视率和生产力统计?

3.大数据平台上的基本工具、技术有哪些?

4.智能融媒体有哪些特征?

参考文献

吴子珺.北京中广上洋融媒体技术白皮书 3.0[EB/OL].(2019-01)[2019-06-28].http://www.shineoncast.com/file/data/shineonimedia.pdf.

李卫东.网络与新媒体应用模式[M].北京:高等教育出版社,2015.

孙敬全,孙柳燕.创新意识[M].上海:上海科学技术出版社,2010.

中国互联网络信息中心.第 43 次《中国互联网络发展状况统计报告》[R/OL].(2019-02-28)[2019-08-10].http://www.cnnic.net.cn/hlwfzyj/hlwxzbg/hlwtjbg/201902/P020190318523029756345.pdf.

中国互联网络信息中心.第 41 次《中国互联网络发展状况统计报告》[R/OL].(2018-01-31)[2019-08-12].http://www.cnnic.net.cn/hlwfzyj/hlwxzbg/hlwtjbg/201803/P020180305409870339136.pdf.

支庭荣."互联网+"时代的媒体融合:概念界定、评价标尺与操作路径[J].教育传媒研究,2019(3).

托夫勒.未来的震荡[M].成都:四川人民出版社,1985.

舍恩伯格,库克耶.大数据时代[M].盛杨燕,周涛,译.杭州:浙江人民出版社,2013.

刘鹏,张燕.深度学习[M].北京:中国电子工业出版社,2018.

罗昕.网络新闻实务[M].北京:北京大学出版社,2014.

德布雷.媒介学宣言[M].黄春柳,译.南京:南京大学出版社,2016.

奎恩.融合新闻报道[M].张龙,侯娟,曾嵘,译.北京:北京大学出版社,2015.

肖凭,文艳霞.新媒体营销[M].北京:北京大学出版社,2014.

卡热.媒体的未来[M].洪晖,申华明,译.北京:中信出版集团,2018.

高菲.《纽约时报》受众拓展研究[M].北京:人民出版社,2017.

吴惠凡.融媒体时代新闻实务教学的创新与思考[J].新闻知识,2017(5).

李彪,刘泽溪.思维、创意与技术:融媒体时代传媒产品的生产路径创新[J].新闻战线,2018(5).

张丽萍.加快推进县级融媒体中心建设[N].光明日报,2019-02-19(7).

张吕,宋莉,赵玉桥.融媒体时代媒介应用型人才培养的实践与思考[J].长沙大学学报,2013(1).

龚万国.浅谈互联网时代如何走好网络群众路线[J].新闻研究导刊,2017(22).

张志安,束开荣,刘颂杰.应用新闻传播研究的困惑、追问与反思 —— 中国新闻史学会应用新闻传播学研究委员会成立研讨会会议综述[J].现代传播,2016(11).

中国网络视听节目服务协会.2019 中国网络视听发展研究报告[R/OL].(2019-05-28)[2019-09-11].http://www.cnsa.cn.

鞠立新.中外新媒体产业发展现状的比较研究[C]//中国传媒大学第六届全国新闻学与传播学博士生学术研讨论文集.2019.

图书在版编目(CIP)数据

融媒体实务 / 王宏主编. --北京 : 中国传媒大学出版社, 2020.7 (2024.9 重印)
ISBN 978-7-5657-2717-7

Ⅰ. ①融…　Ⅱ. ①王…　Ⅲ. ①传播媒介　Ⅳ. ①G206. 2

中国版本图书馆 CIP 数据核字(2020)第 106737 号

融媒体实务

RONGMEITI SHIWU

主　　编	王　宏		
策划编辑	王雁来		
责任编辑	王雁来		
特约编辑	陈　默		
封面设计	风得信设计 · 阿东		
责任印制	李志鹏		
出版发行	中国传媒大学出版社		
社　　址	北京市朝阳区定福庄东街 1 号	**邮　　编**	100024
电　　话	86-10-65450528　65450532	**传　　真**	65779405
网　　址	http://cucp. cuc. edu. cn		
经　　销	全国新华书店		
印　　刷	北京中科印刷有限公司		
开　　本	787mm×1092mm　1/16		
印　　张	18.5		
字　　数	352 千字		
版　　次	2020 年 7 月第 1 版		
印　　次	2024 年 9 月第 4 次印刷		
书　　号	ISBN 978-7-5657-2717-7/G · 2717	**定　　价**	59. 00 元

本社法律顾问: 北京嘉润律师事务所　郭建平